孙子兵法与中国管理智慧

李鸣鸿　著

中国法制出版社
CHINA LEGAL PUBLISHING HOUSE

管理者需要知道的打法

李鸣鸿先生邀我写序，我因此得知他结合自己的经历和见闻写了一部结合《孙子兵法》解读企业管理的书，感到非常高兴。李鸣鸿自2008年进入振石控股集团工作至今，一直从事法务管理工作。他与各个业务单位都有着密切的联系，广泛参与公司的经营管理活动，熟悉企业的管理实践。他善于观察，勤于思考，把这一段工作经历中积累的丰富经验总结成书，是一件十分值得肯定并且有意义的事情。

我起初只是准备从书中找几个感兴趣的点来读一读。然而，就在我不经意打开书稿之后，发现这本书中的案例都是真实的，紧贴企业管理实际，分析简明扼要，由点到面，系统总结了企业商战的打法，对企业经营管理者来说既有启发又非常实用。于是，我不由自主地抽出时间来，认真阅读了这本书。书中的很多内容激发了我对企业管理更多深入的思考。

说到《孙子兵法》，相对于研究者来讲，我是一个行动者。这么多年商场征战，一路披荆斩棘，尽管我没有去系统总结，读完本书发现一些成功的重大决策暗合了兵法原理，这是对兵法智慧的不自觉应用。此外，我也有了另外一个感受，我们很多企业家和管理者，都结合自己的经历总结出了不少有用的管理经验，基本也暗合《孙子兵法》的精髓。

正确的道路有一条，错误的则有千万条，李鸣鸿熟读兵法，熟悉企业管理，并将二者有机结合起来，这种结合很有意义。关于管理学的书，以美国、日本为多，然而管理与人的关系极为密切，传统智慧一直是我们文化和思想的基因和源流，更加契合我们的思维习惯。

李鸣鸿认真总结，本书中既有我们的传统兵法智慧，又有现今管理的真实案例，希望这本书能够丰富本土现代管理理论。我相信，这本书中的“道”与“术”，如果能够掌握好、运用好，我们可能会像孙子大将军一样找到一种叱咤风云、决胜千里的感觉。我理解，这也是一种真正的大智慧。有了这种感觉，我们就可以穿越眼前的事物，去通晓背后的那个“理”，真正掌握管理之道，透过现象抓住本质，接近正确的“道理”，获得成功，这不就是我们所需要的打法吗?

这本书凝聚了李鸣鸿的所学所思，纵贯古今，跨界融通，站在读者的角度，从孙子兵法中最核心的理念出发，总结出了管理的13条纲领、44条法则和40字秘诀，对企业家、管理者和《孙子兵法》的学习者都有很好的实务指导和参考价值。特别是，本书采用通俗易懂的表达方式，深入浅出，让读者感觉到传统兵法其实十分贴近现实的管理工作和生活，带给我们更多的共鸣和启发，具有相当的启发作用。

因此，我愿意向读者隆重地推荐这本书，是为序。

张毓强

振石控股集团有限公司　董事局主席

中国巨石股份有限公司　总裁

巨石集团有限公司　董事长、首席执行官

2022年7月18日

《孙子兵法》对现代企业仍然能产生强大的活力和动力

李鸣鸿先生邀请我为他的新书《打法：孙子兵法与中国管理智慧》写序，我感到很欣喜。首先是这本书向我们介绍了《孙子兵法》的商战应用智慧，这是一个兼具中国传统文化传承和现代企业管理实践意义的主题，更加难能可贵的是，这本书中的案例讲述的正好是我十分熟悉的一位中国民营企业家张毓强和他创办的振石集团和中国巨石这两家优秀企业，就此而言，李鸣鸿和我在同一个真实案例上产生了相得益彰的共鸣。

我至今还清楚地记得，2017年8月应邀参加北京电视台播出的一档节目《总裁读书会》，和中国建材集团董事长宋志平探讨德国管理学家赫尔曼·西蒙的著作《隐形冠军》。该书剖析了德国出口产品在世界上持续领先的奥秘，是德国拥有一批目标明确、专注偏执、掌握客户、在细分市场上数一数二而公众知名度较低的企业。宋志平告诉我，中国巨石就是一个“隐形冠军”。“巨石的张毓强，每天早上6点就开始跑步，7点多就上班了，数十年如一日，效率非常高，从未松懈过。”由于宋志平的介绍，我上网搜了一下，发现张毓强先生早在2009年就被《福布斯（中文版）》评为当年“中国上市公司最佳CEO（首席执行官）”。

从此，我开始走近张毓强，对他和他创办的企业进行了长期的深入调研。张毓强出生于1955年，是浙江嘉兴桐乡人。1989年，他创立了振石，今天的振石是中国民营企业500强、中国制造业企业500强，是一家多元化、国际化的集团。

1993年，振石发起创办的中国巨石，主要经营玻纤的生产和销售。玻纤是一种无机非金属新材料、复合材料中的增强材料，这些名词对大多数人来说都很遥远，但玻纤离我们的生活其实很近。2018年12月23日晚，中央电视台《对话》栏目播出名为《中国工业的力量》的节目。张毓强在节目中这样介绍——“玻璃纤维的主原料是玻璃，有人将它做成了平板，做成了玻璃瓶，我们将它做成了纤维，做成了工业中的结构材料。每个人身上都带了玻璃纤维材料，比如手机里的线路板的主材就是玻璃纤维。玻璃纤维可以用来生产的产品有6万多种，比如风能发电的叶片，70米左右的叶片要用7吨玻璃纤维，1组3个叶片就要用21吨。”中国巨石目前是世界上规模最大的玻璃纤维企业，年产能占世界玻纤总产能的20%以上，中国玻纤总产能的40%以上。

张毓强的经历让我隐约感到，在我们国家的经济中，已经有一批效率极高、具备世界级水平和竞争力的企业，它们是大机器工业的代表，为无比丰富的终端产品提供原材料，但公众对它们并不太了解。为了让公众更多地了解这些特定时代背景下的优秀企业家和成功企业，我走近了张毓强，走进了他的企业，并由此向公众解读一个世界级中国工业家的精神谜语。我写了一部关于中国工业的，充满企业家创新精神的企业传记——《新工业时代——世界级工业家张毓强和他的“新石头记”》，该书在2019年由中信出版社出版发行。这本书展示了以张毓强为代表的企业家精神，和以振石集团、中国巨石为缩影的新工业时代“隐形冠军”的成长历程。

可以说，以张毓强和振石集团、中国巨石为代表的“隐形冠军”的成长故事不仅震撼了我，而且触动了很多人，李鸣鸿就是其中一位。他对这些故事深度思考——我们知道了这些“隐形冠军”之所以胜，但不知道他们因什么“制胜”，他们制胜的秘诀究竟是什么？李鸣鸿对这一问题不断思索，建立了《孙子兵法》和现代企业管理的联系。

李鸣鸿的这本书，结合张毓强成功创办振石集团和中国巨石，以及做到“让拥有成千上万人的组织，人人热爱企业，人人自觉奋斗，人人参与创新”的真实管理案例，从《孙子兵法》出发，提炼出一套企业管理的战略原则和方法。可以说，这本书以“隐形冠军”为例，为企业家和管理者提供了一套通用的打法，这套打法简单实用，对于现代企业运用中国传统文化精髓提升运营实效，具有十分重要的指导意义。

优秀的文化和智慧都是有张力的，这种张力是一种文化和智慧自身的渗透与扩张，及其对于时代带来的影响力。这种力量在潜移默化中演变和发展，与时俱进，就如同李鸣鸿所关注的，《孙子兵法》对于现代企业管理仍然能够产生强大的活力和动力，让我们的传统文化在得到更好传承的同时，也可以与现代生活很好地对接起来，我想，这也是《打法：孙子兵法与中国管理智慧》一书带给我们值得深思的启示和值得弘扬的价值。

秦朔
人文财经观察家
秦朔朋友圈发起人
中国商业文明研究中心联席主任
2022年7月28日

序言

用《孙子兵法》解决企业运营的实际问题

每个企业管理者都会面临这样的痛点和难点问题

在当今百年未有之大变局的时代背景下，每个企业管理者都会面临如下问题：

- 企业如何因时因地制定行之有效的发展战略,进行战略计划实施准备和有效分解落实战略目标?
- 企业如何找到经营困境的突破口,从激烈而残酷的竞争中脱颖而出?
- 企业如何在价值创造过程中提升质量、增强实力、放大资源效能?
- 企业管理者如何提升领导力、如何打造高效协同的团队，提升组织战斗力?

以上这些问题涉及企业的战略发展、市场竞争、价值创造、组织绩效和领导力等方面，决定了经营的成败。然而，诸如此类问题，往往包含复杂的因素，很难很好地解决，即便用西方现代管理学和经济学理论来回答和解决，也很难理解、掌握和落地。事实上，我们也往往没有那么多精力去理解和掌握那些系统复杂的西方管理学理论和应用模型。那问题该怎么解决呢？

用兵法中的两个字解决一个棘手的实际问题

中国传统智慧朴素实用并且更契合我们中国人自己的思维方式，用之回答和解决实际问题更“接地气”。事实上，我们只要掌握并应用好中国古代圣贤的几句话就能受益无穷，从而指导我们解决遇到的绝大多数难题。

我有一个顾问单位是一家房产开发商，这家开发商多年前开发过一个当地十分出名的高端楼盘，楼盘的品质很好，已经在3年前完成清盘和交付，物业管理也同步完成了交接。但是，没有想到的是，当时通过招标方式选定的物业公司与部分业主发生了矛盾，矛盾的焦点在物业服务品质的问题，和开发商所交付的商品房没有关系。有一天发生了一件十分棘手的麻烦事，几十名业主集合在开发商单位门口，要求开发商协调解决物业公司和业主之间的纠纷，理由就是“你是开发商，你的能量大，我们只能找你”。

我接到开发商的求助电话之后，第一反应是摊上了一件敏感的大事。但是，几秒钟的忐忑之后，我想起了《孙子兵法》中的一句话：“散地则无战。”

所谓散地就是在自己的地盘上，孙子针对散地的战争策略和处理方法就是两个字——“无战”，不打仗。为什么呢？因为在自己的地盘上作战要承受战场损失，包括财产毁损、平民伤亡、居民流离失所、外交被动等不可估量的负面影响。企业面临类似的群体事件，如果在自己的地盘上不及时平息，就有可能带来不必要的负面影响升级、扩散。

因此，问题解决的办法找到了。很简单，先不管谁对谁错，不管冤枉还是不冤枉、应该还是不应该、合理还是不合理。总之，什么都可以先放在一边，眼前就只要把握两个字：“无战。”

于是，这家开发商第一时间来到现场，向聚集喧哗的业主表态：开发商把每一个楼盘都当作最完美的产品，每一位业主都是开发商最尊贵的客户，开发商愿意全力配合业主解决问题，满足业主的合理要求。同时，开发商告诉业主，想要快速解决问题就需要首先全面了解实际情况和业主的要求，请业主迅速推选三到五名业主代表到开发商单位的会议室开会，专题了解业主的要求并沟通解决方案。聚集的业主很快冷静下来，然后分散开来，数十人参与的群体事件顷刻平息。

两个字就解决了一个复杂的实际问题，这让我们感受到了兵法运用的神奇力量。

因此，如何通过兵法智慧通俗易懂地回答和解决企业所面临的各种痛点、难点，以便更加自觉、轻松地应用兵法智慧决胜商战？这就是本书要解决的问题。

用好一本《孙子兵法》就足够成功了

《列子》中有个故事叫“歧路亡羊”。说有个人叫杨子，他的邻居把羊弄丢了，叫了很多人一起去找。杨子问他为什么要叫这么多人？邻居说岔路太多，每一条路都要分一个人去找。最终，邻居无功而返，说岔路中还有岔路，不知道羊跑到了哪条岔路上，找不到了。所以古人说：“大道以多歧亡羊，学者以多方丧生。”

那么，这个世界上到底有没有一个公式，可以让我们总结出企业成功的定律，让我们少走一些弯路呢？我以为，一定有！先秦时期的老子就说过，“抱一为天下式”，这里的“抱”就是“持守”，“式”就是法则，“一”就是少到不能再少，简单到不能再简单。关于企业经营管理智慧方面的理论很多，丹经万卷，怎么可能是人生百年能够学得过来的？如果不能抱一精进，就像一直在岸上找船却不上船一样，永远也到不了成功的彼岸！

因此，“抱一”是成功的根本。我以为，战争作为最强的竞争形式，最能体现企业在市场风云变幻中所面临的竞争和压力，兵法哲学也最能直击要害，破解企业经营中所面临的痛点和难点。基于此，我避开了西方管理学等浩瀚星空的诱惑，简单“抱一”，专注于《孙子兵法》智慧。

2500多年前，孙子写出《孙子兵法》献给吴王阖闾，被吴王视为珍宝，作为独家秘籍，以此打天下。最终，小小的吴国因此成为“春秋五霸”之一。于是，战国时期就出现了“孙子热”，韩非子说“境内皆言兵”，每个大家族都会珍藏《孙子兵法》。《孙子兵法》经历了2500多年的历史考验和洗礼，如今仍然充满神奇的魅力，许多发达国家的政治家、外交家、军事家、企业家都热衷于学习《孙子兵法》。

《孙子兵法》是一部高度抽象的军事哲学著作，它探索的是制胜之“道”，它的价值超出军事单一领域，可以从思维方式的高度让不同领域的人获得灵感，融会贯通。因此，《孙子兵法》扩展到了商业领域、医学领域乃至体育竞技等领域，生命力越来越旺盛：

- 美国国防大学将官班、西点军校、哈佛大学商学院都将其列为必读书。
- 阿里巴巴大股东日本软银孙正义先生说，没有《孙子兵法》就没有他的今天。
- 美国西北大学教授，在中国被誉为营销大师的菲利普·科特勒也非常推崇《孙子兵法》，他说，如果凯玛特、施乐、通用汽车这些企业的前CEO读过《孙子兵法》，就可以避免数以亿计的损失。

其实，《孙子兵法》是一部集认识论、方法论和具体战法工具于一体的兵学圣典。也就是说，《孙子兵法》不仅有慎战、先胜、全胜的军事思想，还有一整套完整的作战体系以及具体的操作方法、工具和模型。因此，《孙子兵法》既有哲学层面的抽象性，又有实战层面的操作性。

这就让成功之路变得简单了，用好一本《孙子兵法》足矣。

如何将兵法理论运用到现实的企业管理中？

由于工作经历的原因，我跟随张毓强14年，从事企业管理工作，熟悉企业管理的实践。并且，由于多年研习《孙子兵法》，对其理论有着较为系统的理解，所以我在工作中会经常用兵法的原则来对接企业管理，尝试用兵法的智慧来寻求解决企业经营痛点的办法。我经常会思考，如何将《孙子兵法》的理论运用到现实的企业管理中。因此，企业发展和管理过程中的很多事件，在我的脑海里逐渐和兵法原则一一联系起来，无意间，竟然形成了比较系统的《孙子兵法》商战智慧，便有了撰写本书的设想。

不仅如此，我还惊喜地发现，《孙子兵法》的制胜哲学不仅可以应用到企业管理中，而且可以分解成相对独立的法则，每一条法则既可以单独应用，也可以和其他法则综合运用，融会贯通。这样，我们就可以透过复杂的管理学和经济学知识壁垒和迷雾，直接“一键”轻松打开企业管理的成功之门，简单、实用、有效。

一个世界“隐形冠军”企业兵法商战的典型案例

恰逢其时，2019年末，著名媒体人、人文财经观察家秦朔先生出版了《新工业时代——世界级工业家张毓强和他的“新石头记”》一书，全面记述了世界“隐形冠军”企业、2018年中国工业大奖得主巨石集团有限公司（以下简称巨石或中国巨石），及其发起方振石控股集团有限公司（以下简称振石）的发展历程，同时向世人展示了创始人张毓强从自己的家乡浙江省桐乡市石门镇起步，从无到有、从小到大，成功创业、不断创新，在工业领域攀登世界最高水平，为打造世界级中国工业企业努力奋斗的故事。这些故事既震撼了秦朔，也激发了我对振石和巨石的成功经验进行系统总结的强大动力。

中国巨石是B2B（Business to Business，企业与企业之间进行的商品、服务、信息交易的经营模式）领域的“隐形冠军”，是央企混合所有制改革“国民共进”的亮丽样板，是“一带一路”投资的璀璨明珠。作为振石董事局主席、中国巨石总裁、巨石集团董事长兼首席执行官，张毓强被《福布斯（中文版）》评为“中国上市公司最佳首席执行官”，其创办的振石也是一家多元化、国际化的企业，名列中国民营企业500强、中国制造业企业500强。所以，振石和巨石已然出众，成就其伟大，其战略决策和经营管理经验本身具有巨大的现实意义，值得总结、借鉴。

令人欣慰的是，我发现振石和巨石从企业卓越领导力到战略决策和经营管理的先进经验能够全面体现《孙子兵法》的商战智慧。我将多个小案例整合组成一个完整经典的大案例，通过这一个大案例来系统地介绍《孙子兵法》的商战智慧，将复杂的兵法问题简单化，将分散的企业经营智慧立体化，“抱一还原”，一人一企作为一案，展示一部兵法成功哲学的精华，就是如此简单。于是，本书和大家见面了。

真诚地感谢

你们的信任和支持就是我勇往直前的信念和力量：

- 感谢正在阅读本书的读者们，正是你们不断促使我去做深入的思考。
- 特别感谢振石控股集团董事局主席张毓强先生，为我进行《孙子兵法》

商战智慧应用研究提供了很好的实践平台和真实的案例素材，并且同意我将这些真实的案例写进书中，增强了本书的实践性、系统性和可读性。

- 同时感谢爱妻张红玲，对家人的温馨照顾和付出，使我能够集中精力撰写书稿；感谢儿子李圣开，和我一起背诵《孙子兵法》，让我的写作过程充满了乐趣；也感谢儿子李定非的聪明懂事，在我辛苦写作的时候为我端茶倒水，才保证了我专心写作。

- 感谢同事张雅婷，对本书案例进行修订，锦上添花，增强了案例的故事性；感谢同事郭珍珠、李春苗，承担了校对和统稿的部分工作。

最后还要感谢中国法制出版社的赵宏老师、陈晓冉老师，在选题和审稿方面的辛勤付出，以及在写作思路上提供了诸多有益的建议。

本书尝试找到简单有效的企业管理制胜方法，由于笔者认知、经历、能力的原因，有些观点可能过于片面或者武断，敬请批评指正！

是为序。

李鸣鸿

2022年7月7日

目录

第二部分：战略发展之道
——《孙子兵法》与发展战略

第五部分：组织绩效管理之道
——《孙子兵法》与组织建设策略

第六部分：13条纲领和40字秘诀
——《孙子兵法》落地实操

第一部分：管理者修为之道

——《孙子兵法》与卓越领导力

优秀的领导者究竟应当具有哪些领导力要求？孙子在《计篇》中指出："将者，智、信、仁、勇、严也。"意思是说，一位合格的将军，应当具有超人的智慧、坚定的信念、仁爱的品德、勇敢的精神和严谨的作风，学界习惯将这五个方面称为"为将五德"，这五德有机联系，相互支持，缺一不可，只有这五德都具备，然后才可能成为大将。

关于"为将五德"，《十一家注孙子》中的何氏有一段精彩的论述：

"非智不可以料敌应机，非信不可以训人率下，非仁不可以附众抚士，非勇不可以决谋合战，非严不可以服强齐众。全此五才，将之体也。"

由此，我们总结出"为将五德"的领导力构成要素和要求：

- 智——可以料敌应机。
- 信——可以训人率下。
- 仁——可以附众抚士。
- 勇——可以决谋合战。
- 严——可以服强齐众。

一个优秀的领导者，一定要同时具备这五种品格，而卓越的领导力本身就是保证组织取胜的重要优势来源。

一、“智”——管理者的第一领导力

——管理者有“智”，才能了解自己和团队的力量极限，权衡天下大势，运筹帷幄而变通于战场。

管理者的第一领导力要求是什么？是“智”。很多时候，战争的胜负就取决于将领的“一念之差”，许多重大危机和濒临绝境的险情，往往会由于优秀将领的正确处置而得到化解，转危为安，转败为胜；当然，也有许多高明的战略计划和即将到手的胜利，由于某个“弱智”将领的失误决策为敌人所利用，被乘虚而入，由实转虚，由胜转败。这“一念之差”，即反映了将领战略决策素质的高低，也就是“为将五德”之“智”的影响。

智，不是投机取巧的小聪明，也不是善于动歪心思的“贼”。

孙子在《计篇》中说：“将者，智、信、仁、勇、严也。”这是孙子对将的人格排序，他将“智”排在了第一位。将领带兵打仗，首先要用智，智勇双全能担大任，有勇无谋难成大功。

“智”为什么如此重要？申包胥对这一问题进行了比较合理的解释，他说：“不智，则不能知民之极，无以诠度天下之众寡。”意思是，如果没有“智”，就不能了解自己的力量极限，权衡天下大势，谋计于庙堂，变通于战场。

因此，“智”大致可以理解为“料敌制胜”的决策权变能力，即在复杂的环境和变化的形势中合理排兵布阵、准确预料对手的强弱和虚实情况，并权衡利用一切可以利用的主客观条件取胜，这样的决策和变通能力就是“智”的核心要素。

分解一下，“智”的能力要素至少包括以下几个方面：

- 了解自己的力量极限。
- 敏锐把握稍纵即逝的机会。
- 权衡天下大势。
- 运筹于帷幄、变通于战场。

对于优秀将领的智慧，我国明代战略学家冯梦龙在《智囊补》中有一段精辟的论述。他是这样说的：“智慧没有固定的模式，以善于顺应形势者为最高。所以愚人千虑或有一得，聪明人千虑亦有一失。而大智之人遇事能应付自如，无须经过千思万想。他人取其微末，我则执其大端；他人看得近，我则觑得远；他人愈忙愈乱，我则以逸待劳；他人束手无策，我则游刃有余。正因为如此，所以难事遇到他就变易了，大事遇到他就化小了。他观察事物，入于无声息的毫芒之微；他举止行动，出入意想思考之外。”

市场如战场，领导企业经营如同指挥军队作战，“智”是将帅最重要的人格，也是企业领导的第一领导力要求。

企业经营和竞争充满的不确定性、复杂性、多变性，只有具备杰出智慧的领导者，才能在这样错综复杂的市场环境中，凭借敏锐的洞察力和良好的判断力，清醒地意识到眼前的优势劣势，准确把握机会，做出最佳的战略决策，也就是所谓的“智能发谋”。

张毓强准确权衡大势进行巨石“四次创业”

在我的印象中，张毓强一直都是站在天空的高度来看待他的企业的，他对企业的经营情况了如指掌，对企业的未来总是看得很清楚，总能看到身边的人看不到的机遇。

在张毓强创办的多个富有竞争力的企业中，中国工业的最高奖“中国工业大奖”的获得者、世界玻璃纤维行业的领导者巨石是成功企业的一个典型代表。

迄今为止，张毓强做决策主导了巨石的四次创业。巨石从乡镇企业到全球性企业，正是由于掌舵者战略思想超前，能够准确把握宏观经济潮流，并预判未来的发展趋势，对企业有长远考虑和整体布局，巨石的玻纤拉丝项目从8000

吨到1.6万吨，到6万吨，再到10万吨、12万吨、15万吨，一路狂飙，每一次项目的超大跨越幅度都是基于对行业快速发展趋势的准确判断。如果1万吨、1万吨慢慢地上，就赶不上行业的发展速度，更达不到今天的高度。时间不等人，一错可能就是十年，甚至永远。

2016年，张毓强基于欧盟对中国玻纤反倾销的经验，预判到美国这个大市场迟早会出现国际贸易保护制裁，于是开始筹划在美国建厂。果然，2018年，中美贸易摩擦加剧。

其实，在巨石的四次创业历程中，张毓强都精准地把握住了经济发展的大势，特别是巨石的前三次创业，就紧紧跟上了中国企业“走出去”的时代步伐。

到目前为止，中国企业“走出去”大致经历了三个阶段：

在1.0阶段，中国企业实际上是“被全球化”，外资通过资本或技术转让、下订单等方式把中国企业纳入其全球分工体系，中国企业做加工制造，将产品销到海外。

在2.0阶段，中国企业开始主动“走出去”，有的是贴近跨国公司，提供就近配套，如福耀玻璃赴美建厂；有的是展开国际并购，如美的并购德国库卡；有的是开拓海外市场，如智能手机出海；有的是在海外建设组装厂以规避反倾销、反补贴的高额关税。

在3.0阶段，中国企业的目标是建立全球化架构，打造具有全球化竞争力和灵活性的新价值链。这既是对冲各种单边主义的影响，更是为了将全球资源，比如原材料、生产、市场等，为我所用，成为真正的全球化企业。

巨石的前三次创业紧紧跟随了这三个阶段，用张毓强的话说，就是“外贸—外资—外经”，先做外贸及产品出口，再引进外资办合资企业，第三步是对外投资。巨石从20世纪90年代开始做外贸进行产品出口，后来把外资引进桐乡，最后再“走出去”，在埃及、美国投资办厂。“走出去”是难度最大，风险最高的一步，但是这一步使巨石立足全球，从资本、供应链到人才、组织，开始彻底地全球化。

1. 了解自己和团队的力量极限

孙子认为，只有“知彼知己”，才能“百战不殆”，而实际情况往往比较复杂，需要了解的对象所涉及的不确定性因素也很多，管理者想真正做到知彼知己，并不是一件容易的事情。所以，知彼知己，需要足够的智慧。

作为管理者，需要了解自己和团队的力量极限，做到知彼知己，以便在决策的时候充分判断自己的行动力和承受力，从而预测在自己的力量范围之内能够达到的最佳目标。

张毓强在把握住了玻纤行业的快速发展趋势以后，首先就是了解自己和团队的力量极限，与此相匹配，巨石的玻纤拉丝项目从8000吨到1.6万吨，到6万吨，再到10万吨、12万吨、15万吨，一路狂飙，每一次项目的超大跨越幅度既充分发挥出了巨石的力量极限，以最快的速度实现了规模扩张，同时又没有超越这个力量极限而导致项目因力不从心而崩溃。

2. 敏锐把握稍纵即逝的机会

优秀的管理者往往都具有敏锐把握机会的智慧，哪怕有些机会稍纵即逝，他们也能迅速洞见并果断抓住，这体现的是管理者透过现象看本质、在运动中抓目标的敏锐洞察力。

张毓强的创业之所以取得如此成功，一个重要的原因就是他能敏锐把握稍纵即逝的机会。他通过出差在火车上听别的旅客谈论玻璃纤维就能敏锐预见到玻纤产业的发展前景，并立即进入玻纤行业；又在中国“被全球化”的过程中第一时间抓住美国厂商的订单，赚到巨石发展的“第一桶金”；然后抓住中国企业“走出去”的时机，引进外资获得跨越式发展等。在巨石发展的历史上，这样的例子还很多，张毓强几乎把握住了能够把握的全部机会，在稍纵即逝的机会面前，他似乎从来没有迟到。

3. 视野开阔，衡量经济大势

企业是市场经济的组成部分，处在风云变幻的市场中，只有管理者视野开阔，准确衡量经济大势，才能使企业顺势而为，获得长远发展。

张毓强提前预判并顺应经济大势，创造了振石四次创业和巨石四次创业的辉煌成就，享受了每一次顺势而为的超预期发展，而从没有在金融风暴等危机的侵袭中逆势而为，雪上加霜。

如此，没有管理者衡量经济大势的大“智”是无法达到的。所以，可以说企业能走多远、走多快，最关键的就在于管理者能够看多远、想多快。

4. 运筹于帷幄，变通于战场

在军事作战中，将领需要面对复杂的环境和变化的形势，准确预料敌军的强弱和虚实情况，因此，将领的智慧还表现在“因地制宜”“因形而变”“因利制权”，权衡利用一切可以利用的主客观条件取胜。

张毓强有一个特点，一方面，他很自信于自己所做出的决策是正确的；另一方面，他又特别关注在决策实施过程中，所可能遇到的一切不确定性因素。巨石在第三次创业布局海外建厂的过程中，决策是正确的，但是决策的实施过程是艰苦曲折的，其中一个重要的原因就是国外“战场”的情况复杂，从原材料、能源、交通、生产、环境、市场到自然条件、法律、政策、制度、文化等都存在很大的差异性和不确定性。所以，巨石在埃及建厂的过程中，张毓强制订了周密的计划，同时又授权埃及的项目管理人根据当地的情况对项目的实施计划进行合理的调整，以保证项目的顺利推进。

所以运筹于帷幄是管理者的决策智慧，而变通于战场是管理者的决策执行智慧，二者互相支持，共同保证战略决策计划的落地和目标的实现。

应用指南 || 如何轻松地自我修炼成为大“智”管理者?

张毓强准确把握宏观经济潮流进行巨石“四次创业”的案例，充分展示了权衡大势之智。阅读完这一案例及从中拓展出的“商战智慧”，可以很清晰地总结出管理者修炼大“智”的核心原则和主要方法：

- 主动知彼知己，充分了解自己和团队的力量极限，以便在决策的时候充分判断自己的行动力和承受力，从而预测在自己的力量范围之内能够达到的最佳目标。
- 敏锐把握稍纵即逝的机会，自我修炼透过现象看本质、在运动中抓目标的敏锐洞察力。
- 主动知天知地，开阔视野，衡量经济大势，着眼于企业未来的发展走得远、走得快，立足于企业、行业大局和经济潮流看得远、想得快。

• 运筹于帷幄，变通于战场，在决策和行动中直面复杂的环境和变化的形势，准确预料市场格局的强弱和虚实情况，权衡利用一切可以利用的主客观条件，保证战略决策计划的落地和目标的实现。

补充说明一点：智，不是投机取巧的小聪明，也不是善于动歪心思的“贼”，唯有大智慧才能成就大事业。

二、"信"——管理者立威服众之本

——管理者立信就是取胜之"道"，言而有信，从"文令武齐"到"不求而得"，领导者的威信不可以传授，但可以层层传递而转化成组织执行力。

我们都知道曾国藩的湘军特别能打仗，为什么呢？因为湘军中上级信任下级，下级信任上级，平级之间相互信任，"胜则举杯酒以让功，败则出死力以相救"。所以信任是领导力的基础，一个伟大的战略目标的实现，离不开团队组织对领导的信任和信心，为将有"五德"，其中必有"信"。

"信"，不是"宁可天下人负我，我绝不负天下人"的以德报怨。

"信"通常包含有诚信、信任、信誉等意思，当然也有信念的意思，优秀的将领必须要有信念，才能克服困难，体现出坚忍不拔的战略定力，令人信服。孙子把"信"排在了"为将五德"第二，可见将领有信是多么重要。如果说"智"解决的是怎么干的问题，那么"信"解决的就是谁来干的问题。将领不可能自己一个人抵挡敌军千军万马，更多的是运筹帷幄，决胜千里。振臂一呼，天下云集响应，这就是将领立威立信的效果。

作为将领，立信立威通常采用"赏信罚必"的手段：

• 赏信——说赏就赏，从不打折扣，兄弟们就愿意跟着将领拼命，因为大家知道将军不会亏待他们，即便战死沙场，将军也会抚恤优待家属，自己死得其所。

- 罚必——说罚就罚，从不敷衍了事，兄弟们才会对将领心服口服，不偏私，执法严明，这是刚性原则，不服不行。

水能载舟亦能覆舟，卓越的领导需要好的群众基础。将领将绝大多数的人团结在自己周围，“智”不能解决这个问题，而“信”可以让兄弟们死心塌地跟着。

曹操是三国时的大枭雄，也是一个兵法大家，是《孙子兵法》十一家注里注解得最精练的人。他有一次带兵打仗，下了一道命令，谁踏坏了田地里的青苗就要斩首。巧的是，正是曹操的马受惊践踏了青苗，曹操当即就要抽出宝剑把自己砍了，要不是手下的文臣武将拉着，曹操就真把自己的脑袋割了。后来，他用剑割掉了自己的头发以示用刑，此举让大家心服口服。这个故事可能有杜撰的成分，但却说出了带兵立信的重要性。

子贡问孔夫子，一个国家哪些事最重要？夫子说，足食，足兵，足信。子贡说，如果要去掉一样，老师您会去掉哪样？夫子说去掉兵。再次呢？去掉食。最后，保留信，民无信不立，兵更是如此。

为将有“信”才能把大家团结到一起，“信”是连接将领和兵众的纽带。如果没有“信”，将领的“智”，就没有落实之处，将领的“仁”，兵众们就不相信，谁知道你是不是在演戏？这样将领的“勇”和“严”都得在“信”的基础之上才能充分发挥作用。

我们都知道商鞅变法先“立木取信”而后推行，企业家和企业管理者也需要立威立信，才能让大家相信自己。只有建立起了信任，大家才会跟着你一起去实现企业的使命、愿景和战略目标，企业的成功需要大业同心，而大业同心就扎根于“信”。

张毓强营造不求而得的企业内部互信共进生态

孙子认为影响组织竞争力的一个最核心的战略要素就是“道”，“道者，令民与上同意也”。这句话就是说上下同欲，心往一处想，劲往一处使，可以彼此托付此生而不畏惧任何困难和危险。张毓强就在巨石内部营造了一种“临危不变”的互信共进生态。

在巨石的历史上，每次遇到危机和困难，每个项目特别是重大工程的攻坚克难，都生动地展示了上下同心、万众一心的景象，巨石人齐心协力攻坚克难已经形成一种自觉的行动。举一个很小的例子，2002年，巨石3车间改造拆除一个窑炉，平时需要100个人干一个星期。几个车间负责人商量了一下说能不能创一个奇迹，当天停窑，当天自然冷却，当天所有旧设备拆完。这是一个异想天开的想法，但他们还真的为了实现这个想法自觉地行动起来，所有人整整干了24小时，一个通宵后竟然真的干完了！第二天，安装公司的人进来，看到车间清清爽爽，十分惊讶，怎么可能一个晚上都干完了？地也全部打扫干净了？

他们为什么能自觉地去设想和实现这样的奇迹？如果你去巨石公司的现场进行考察就会很容易得到答案，是领导者张毓强作为一个精神坐标，激励着大家用非凡力、做非凡事。这种精神层层相传、代代相传，成为他们不灭的灵魂，这种灵魂统一着每一个人的行动，转化为巨大的执行力。

那么，张毓强又是凭什么立信于众，成为大家的精神坐标的呢？

一方面，起源于张毓强建立了“文令武齐”的执行力培养机制。“文令”就是以文字等有形的方式明确地把工作内容和要求告诉大家，然后“武齐”，严格按照约定的奖惩方式和标准进行激励、评价。张毓强在20世纪80年代就确定了经济责任制考核制度，一直沿用至今。每年的1月左右，从公司总部到子公司部门，从公司高管到子公司董事长，再到厂部级、科级干部，经济责任制合同便是军令状，除了纵向考核，横向考核，还有环保责任制、安全责任制等考核，这些责任制贯穿一整年，是每一个人行动的指南，这实际上形成了张毓强立信于众、落实工作要求的桥梁和纽带。

另一方面，也是最重要的一个原因，就是张毓强将“以人为本”的理念落实于自己的行动中。久而久之，每个人心目中都自觉地形成了共同的认知——“张总是最值得我们信任和托付的老板和领导”。再举一个小例子，我们知道从2008年开始，美国爆发金融危机并迅速席卷全球，后面我们会讲到巨石在这一次危机中也深受冲击，企业经营面临亏损，一直到2011年下半年才开始有好转的迹象。张毓强在带领巨石人穿越这一次磨难的过程中，面临着巨大的困难，承受着巨大的压力，但即便是在这最为难的历史时期，巨石仍然千方百计保证了员工的工资能够准时、足额发放。2011年，巨石还在继续提高员工的薪酬待遇，当年薪酬增长幅度达17.79%。公司亟待解决的困难和问题一个接着一个，在这样的情况下，张毓强仍然坚持定期举行高管和员工的对话交流会，倾听并解答员工在生活中所面临的实际困难和问题。

张毓强在巨石建立起来的这种上下同欲、互信共进的机制和氛围，已经扎根于每一个巨石人的内心深处，使巨石人经受历史上的种种考验而“临危不变”。张毓强作为巨石人自觉行动的精神坐标，指引每一个人将其自觉行动转化为公司强大的执行力，成为一种推动企业持续发展的内部文化生态。

1.立信的最低要求和起点是言而有行

有人可能认为“言出必行”更能够体现执行力，为什么我这里要将“言而有行”作为立信的最低要求呢？我认为，言出必行多少有些绝对化，如果说错的话还要顽固地坚持下去，不但无法立信于众，反而还会因为极端不可靠而被人敬而远之。

所以立信的关键不在于言，而在于行。张毓强在公司危难的时刻，并没有对大家说“我最看重的就是你们，你们大家要相信我，跟着我好好干”。但他用千方百计保障员工工资的发放和待遇的增长等行动告诉大家，他以人为本的理念。大家看在眼里，“信”在心里，这种信任是通过行为传递而自觉生长的。

2.“文令武齐”，引导大家跟着领导者干

管理者能否得到大家的追随和敬重，取决于大家对于领导者是否值得信任和托付的内心确信，所以立信往往需要一个过程。

张毓强为了立信，先建立了“文令武齐”的执行力培养机制，以经济责任制考核合同为纽带来落实工作内容和要求，让大家确信工作目标、执行工作计划，从而逐渐地强化了大家的执行力。

通过“文令武齐”的方式能让大家清楚管理者的目标，相信管理者的决策，并根据考核评价的指引跟着管理者干。

3.立信的最高境界是“不求而得”的自觉信服

上面讲过，通过“文令武齐”的方式可以让大家理解并相信管理者的目标，跟着领导一起干，但这只是管理者立信的最基本的要求。

那么，管理者立信的最高境界是什么呢？用孙子的话说是“不求而得”，就是不用管理者要求，大家也会发自内心地信任领导，自觉地领会领导的意图并将对管理者的信任转化成执行力。

就如同巨石人将张毓强作为“精神坐标”，并在其指引下转化成执行力，自觉地“创造奇迹”，这就是“不求而得”的立信境界。

4.身体力行解决问题，传递管理者威信，互信共进

当然，管理者要达到像张毓强这种“不求而得”的立信境界，并不是一件容易的事情，这需要一件事一件事、一点一滴地日积月累。管理者一件事言而有行不可信，两件事言而有行不足信，三件事言而有行或可信，四件事、五件事，每件事都言而有行才可信。

在巨石不断创业的过程中，重大工程层出不穷。每当此时，张毓强都亲自在第一线指挥和解决问题，他是大家的主心骨，只要他在，军心就不会散，大家就有信心。时间长了，大家就会自然而然地依靠他、信任他、敬重他。

所以，一个领导者如果要影响周边的人，最简单的方法就是以身作则，身体力行并能和大家一起解决问题。张毓强这种以身作则、身体力行的精神，不仅树立了自己的威信，还传递到了巨石所有高管的身上，他们又会在领军作战的过程中以身作则、身体力行，树立自己的威信，从而层层传递给每一名员工，形成多层级系统的领导者信任体系。当系统的管理者威信转化为自觉的组织执行力，企业就会爆发出强大的创新驱动力和发展活力，这是比先进的生产设备更有优势的核心竞争力。

应用指南 || 管理者如何建立个人威信和多层级系统的管理层威信?

张毓强营造“临危不变”的企业内部互信共进生态的案例，充分展示了“不求而得”之信。阅读完这一案例及从中拓展出的“商战智慧”，可以很清晰地总结出管理者修炼立信的核心原则和主要方法：

- 立信的最低要求和起点是言而有行。管理者要用行动告诉大家以人为本的理念，让信任通过行为传递而自觉生长。
- 重视立信过程。通过“文令武齐”的方式让大家确信工作目标、执行工作计划，逐渐强化大家的执行力，从而让大家跟着管理者干。
- 提升立信的境界，重视培育“不求而得”的自觉信服，树立管理者

在大家心目中的“精神坐标”。

- 以身作则，身体力行。管理者要和大家一起解决问题，树立自己的威信，形成系统的管理者威信并转化为自觉的组织执行力。

补充说明一点：“信”不是“宁可天下人负我，我绝不负天下人”的以德报怨，而是我不失信，也反对别人失信。

三、“仁”——上下同欲之基

——管理者只有严以立威并不失大仁大义，才能与众相得、上下同欲，最大程度上激发人的激情和创造力。

有的企业在发展的过程中，经常会遇到这样的难题：企业建立了系统严密的管理制度，员工大多照章办事，但总是领导安排什么做什么，不安排就不做，对企业的事情总是持事不关己、高高挂起的态度。如何改变员工这种被动的工作心态呢？在政治上，孔子和孟子极力推行仁政，主张以德服人，即便在充满暴力对抗的军事场景，孙子也将“仁”作为领导力的五个核心要素之一，而且将“仁”排在“严”之前，因为仁能更好地激发士卒内心的臣服。所以领导者有“仁”才能“与众相得”，与士卒和谐相处，从而能够上下同欲，劲往一处使，使得大家自觉冲锋陷阵。

仁，并不是一味跟别人讲仁慈，管理者必须心怀仁爱，但不能唯仁而“懦弱”。

所谓“仁”，就是仁义道德。孔子说仁，孟子讲义。仁是儒家思想的核心，在“五常”仁、义、礼、智、信中排列第一。孙子在“为将五德”中，将仁排在智、信之后，位列第三。

这很自然，因为带兵打仗与儒家修身不同。所谓“慈不掌兵”，带兵打仗直接关系生死存亡，智和信对战争成败的影响因素更大一点，所以孙子把仁排在智和信之后。但孙子并不是不重视仁，正如智排在勇前，仁排在严前。一般来说，有智有仁者不会无勇无严，而有勇有严者，很可能无智无仁，这是冲锋陷阵的勇将与运筹帷幄的统帅的区别。

仁的内涵极其丰富，先说一下，仁者不是老好人，因为讲和气、不冲突，与所有人搞好关系，那就带不好兵，因为带兵的一把手总会与人发生意见分歧或者利益冲突。在矛盾与冲突面前，靠和稀泥、做老好人解决不了根本问题。

仁是“二人”，归根到底是两个人的相处之道，两个人相处贵在平等，平等待人便是仁的第一要义。所以“仁者爱人”，将领要爱护士卒，将心比心。但是打仗就有牺牲，看不得牺牲就带不得兵，知仁之将至少不会把下属当作冷冰冰的工具，让他们做无谓的牺牲，以他们的鲜血染红自己的顶子。

《资治通鉴》记载，名将吴起带兵与士卒最下者同衣食，卧不设席，行不骑乘。就是说吴起与士卒同吃同住同劳动，有个士兵身上长了疮，他用嘴去吸疮脓，这个兵深受感动，最后拼命冲锋战死了。这个兵的儿子又长了疮，吴起又去吸吮疮脓，这个士兵的母亲听说后哭了，因为她丈夫就是因此战死的，她知道这回她的儿子也将不顾一切战死沙场。这就是仁的感染力和激励作用。

杜牧说：“仁者，爱人悯物，知勤劳也。”仁，除了要爱人，还要悯物，就是要充分尊重人的价值，也要珍惜财物的效用，做到人尽其才，物尽其用。除了“爱人悯物”之外，还要勤劳，做到“力出于身，不必为己”，领导者也要奉献力量，参与劳动。

总结一下，“仁”至少包括以下三个方面：

- 爱人——能够平等待人，关爱他人，人尽其才。
- 悯物——能够珍惜财物，节俭廉洁，物尽其用。
- 勤劳——能够勤劳务实，身先士卒，劳有所值。

管理者不能完全依靠“严”来管好团队，每一个人在得到人格尊重和价值认同的时候，往往会爆发出发自内心深处的强大动力，这种动力在领导的仁义激发下会发挥出强大的正能量。

张毓强建立与众相得的文化高地

有人经常会问我，为什么你们振石和巨石的员工都具有很强的执行力和工作激情？我认为，这得归因于企业的文化积累，其中一个很重要的因素就是张毓强与员工和谐相处的“与众相得”的“仁政”。

在振石和巨石的内部，张毓强早已超越了嘘寒问暖的“小爱”，始终致力于团队的文化建设，关心关爱员工的长远利益。他不仅构建了优秀的组织执行力文化，还建立了“企业为家”的文化高地，在企业管理中彰显“大爱”。

张毓强认为，关心关爱员工还要体现在为员工提供展示才华的平台上，他始终为员工的职业成长创造条件。他从20世纪90年代开始，逐步在巨石和振石内部完善了员工职业发展的通道，构建了行政干部、技术干部和专员主管三条晋升通道，为员工发展搭建舞台。依据竞聘、评聘相关内部管理制度，开展行政中层干部竞聘上岗、技术干部评聘、专员主管评聘，为员工搭建了多渠道的职业发展平台。

张毓强一直以来还特别注重员工的胃，他希望员工在企业里能够吃得比外面好。振石和巨石自20世纪90年代以来，就开始自办食堂，目前，总共设有十几个食堂，都是高标准、严要求，精细化管理。员工可以在食堂享受一日三餐的“五星级”自助餐饮服务，食堂的理念是“用早餐把工人吸引到公司吃饭，跟太太争夺先生的胃”。

进入2000年以后，张毓强为解决新进员工的后顾之忧，振石和巨石为暂时无住房的员工提供了高标准的新居民公寓楼，家用电器一应俱全，三室一厅的格局，保证员工拥有私人空间。同时，在公寓配套建设室外篮球场，室内乒乓球室、桌球室等设施，以满足员工的娱乐健身需求。对选择不住在公司居民公寓的员工，按标准给予相应的住房补贴。对准备购买新房的员工，公司设定了专项购房借款基金，按照职务级别给予购房员工从几十万元到几百万元不等的无息借款，员工可以用公司借款来支付购房首付款，从借款的第三年初开始，分五年分期还款，不计利息，这一政策为很多企业员工解决了安居问题。

除了吃住以外，张毓强还特别关注员工的出行。振石和巨石都有车补制度，为科级以上干部按级别每月给予几百元到近万元不等的车补。同时，员工市外出差还可以向公司申请指派公司商务用车进行接送，不必为出行用车而操心。

近十年来，张毓强还特别关心员工的身体健康。在振石和巨石都推行健身强身、健心交心、健企强企的“三健”文化，他会每月亲自带领员工进行一次半天的体育锻炼，其中有一个项目是3.2公里室外长跑，鼓励所有员工跑起来，这在公司内部被称为“大三健”。另外，每个厂部级单位内部每月由负责人带领团队进行三次集体体育锻炼，这被称为“小三健”。为了给员工营造良好的运动场所，公司总部建立了一流的康体中心、室内游泳馆、运动器械馆、篮球馆、羽毛球馆、瑜伽馆、台球室、桑拿室、室外绿茵运动场等，运动娱乐设施一应俱全。员工进入康体中心锻炼可以提前半小时下班，锻炼时间视同上班，每年锻炼超过60次还会得到奖励，锻炼次数越多，奖励越多，这极大地激发了员工的运动健身热情。

张毓强还会在振石和巨石定期举行新员工座谈会、员工代表交流会、中秋茶话会、员工年夜饭、年度文艺晚会等丰富多彩的员工交心谈心悦心活动，让员工充分体会到家的温暖。

张毓强经常说，他最欣慰的事情就是看见振石和巨石的员工脚下有力、手上有劲、心中有爱、眼中有光、脸上有笑。要真正做到这一点，管理者要有仁爱，有仁爱之心，才能领仁爱之师。

1.爱人而能风雨同舟

企业的管理者能够爱人而与员工风雨同舟，是促进员工和谐共进的有效途径，更是体现管理者以德服人的重要方面。

“仁者爱人”，张毓强平时对待员工很严，特别是对中层干部可谓高标准、严要求，但他没有完全依靠“严”来管理团队。他既注重按规则办事，推行企业法治化管理，又“达济天下”，与员工风雨同舟，尽自己所能创造条件真心关爱员工，以德服人。所以，在他身边的每一个人都得到了人格尊重和价值认同，都能在工作中充满激情，发挥出强大的正能量。

2.悯物而能节俭廉洁

张毓强珍惜所有财物的价值。他认为，每一件财物都是劳动者用汗水换来的，不浪费财物而充分发挥财物的使用价值才是对劳动者的价值认可和最大尊重，并且被我们使用而抛弃的财物会成为环境和社会的负担，企业以牺牲环境为代价来获得发展是不“仁”的。

受张毓强潜移默化的影响，振石人和巨石人养成了节约的习惯，都有成本控制的意识。他们在食堂自助用餐的时候，都会根据自己的食量来决定取餐的数量，吃多少取多少，都能做到光盘不浪费，大家共同自觉的习惯就形成了文化。我想巨石所确立的行业内成本优势不可撼动的竞争力，就是在这种文化的积累过程中形成的。

3.勤劳而能身先士卒

很多振石人和巨石人都和我有同样的感受，在自己勤勤恳恳解决一个又一个工作问题和困难的时候，会感觉到很累，但是一遇到或者想到张总，先前自己所感觉到的累就瞬间神奇地消失了。

因为张毓强作为振石和巨石的领导者，他也是“全国劳动模范”，这既是外界给予他的荣誉称号，也是企业内部员工心目中实实在在的印象。他勤劳而且身先士卒，无论是在公司内部还是在出差途中，无论是在工程现场还是在会议现场，无论是在工作日还是在休息日，大家都有一个共同的感受——“张总太勤劳，我们再辛苦、再努力、再年轻，也没法跟他比”。

所以，张毓强勤劳而能身先士卒已经从他自己的行为习惯传递给他身边的每一个人。即使他的要求再高，他对自己的要求还是远远高于他对大家的要求。大家工作再辛苦、再勤奋，也还是远远比不上张毓强的勤劳。所以，大家都觉得张总是仁慈的，要求再严也是宽松的，这就是大家加速消除疲惫、激情向上的精神化学反应的催化剂。

应用指南 || 管理者如何彰显仁义以期上下同欲?

张毓强建立“企业为家”文化高地的案例，充分展示了与众相得之仁。阅读完这一案例及从中拓展出的“商战智慧”，可以很清晰地总结出管理者修炼仁义的核心原则和主要方法：

- 管理者要爱人而能风雨同舟，在平时要高标准、严要求，但不能完全依靠“严”来管理团队，还要“仁者爱人”。
- 管理者要悯物而能节俭廉洁，形成人与社会、人与自然和谐发展的理念和文化。

• 管理者要勤劳而能身先士卒，让大家产生“无形中”加速消除疲惫、激情向上的精神化学反应。

补充说明一点：仁，并不是一味跟别人讲仁慈，管理者必须心怀仁爱，但不能唯仁而“懦弱”，心仁和心软是两码事，该爱就爱，该打还得打。

四、“勇”——把握破局转折机会的必备品格

——面对现实的经营压力和未来的不确定性，管理者只有勇于当机立断地做决策并带领企业齐勇若一、知难而进地执行，才能抓住转折和破局的机会所措必胜。

有的管理者市场洞察力很强，经常能先于别人发现市场的潜在机会，但却又往往犹豫不定、瞻前顾后，反而被别人抢先抓住了机会，这是因为缺少了“勇”这一管理者应有的领导力。所以，管理者光有智而无勇也不行，需要智勇双全，才算是卓越的领导力。

勇，不是一味逞匹夫之勇，管理者不能有勇无谋，也不能专勇而“暴”。

“勇者不惧”，勇包含勇敢、不怕死的意思，但将领之勇还包含勇于决断和担当，关键的时候敢出手、敢拍板、敢承担责任、敢冒风险，也敢放弃。

战争决策至关重要，稍有差池很可能万劫不复，并且战争中充满不确定性，所有的决策都必须在信息不完整的情况下做出，不可能等到情况完全弄清楚了才行动，战略的前瞻性也决定了任何战略计划都具有冒险的性质，从来就不存在绝对保险的方案。因此，将领就必须要勇于决断。

所以，军事理论家克劳塞维茨说，在战争中好的将帅一定要具备两种特质：“一是在这种茫茫的黑暗中仍然能发出内在的微光以照亮真理的智力；二

是敢于跟随这种微光前进的勇气。前者在法语中被形象地称为眼力，后者就是果断。”

决策无方不智，临危不决非勇。若不是领兵打仗的一把手，所谓打败仗就是任务失败犯的错误，人非圣贤孰能无过，关键不只是如何处理错误，更在于如何承担错误。能做领导的人，更要勇于推功揽过，不可诿过于人。推功揽过就是要抛弃自身一个小我，光明磊落，心底无私，这样的领导者也能勇于听不同的意见。人要承认自己败了很难，但胜败毕竟有事实，不得不承认。人要承认自己的错误更难，特别是一把手，听别人指出自己的行为不妥之处而不怒，那种勇气比一味冲杀的骁勇更勇。敢于打败敌人之强是勇，敢于战胜自己之弱更勇。

所以，“勇”应当至少包括以下几个要点：

- 一是勇于理性决断，而不盲目优柔寡断。
- 二是决断之后勇于执行，而不临阵退缩。
- 三是勇于承担执行风险，担当失败责任。
- 四是勇于承认自己的错误，战胜自己的弱点。

企业处在复杂的市场环境中，企业家或者企业的管理者要勇于决断把握机会，决策之后要勇于执行，知难而进，并不断知错就改，战胜自己的弱点，在企业的经营管理中强大自己，从而发挥更大的领导力，推动企业更大的发展。

所以，企业家和管理者之“勇”至少具有以下几个方面的作用：

- 勇于决断可以更多地把握发展机会。
- 勇于执行可以更好地落实战略计划。
- 勇于创新可以更快地突破经营瓶颈。
- 勇于自新可以更强地发挥竞争力量。

张毓强带领巨石勇破技术封锁，登上世界之巅

前面我们讲过，张毓强准确把握宏观经济潮流，并预判未来的发展趋势，对企业有长远考虑和整体布局，巨石的玻纤拉丝产量一路狂飙，最终成就了巨石今天在玻纤行业的世界第一高度。巨石的这一世界高度，丈量了领导者张毓强把握大势之“智”，同时也标记了领导者张毓强激流勇进之“勇”。

2014年上半年，振石的风电基材产品市场十分不景气，成品库存压力不断增加，很多同行企业都在减产，进行产能收缩。但是，我接受公司领导指派前往山东滨州一家公司购买一台停产闲置的风电基材制造设备，这是一种大型的非标准组装生产线设备。谈好交易条件后，在设备买卖合同签订当日，我们自己的设备技术人员赶到现场进行拆卸，然后请物流公司派出多辆大卡车往返两千多公里将设备运回公司生产基地，紧锣密鼓地进行组装、调试。我当时有个疑问：张总为什么要在市场情况不好的时候跑那么远去购买一台落后的旧设备呢？后来我知道了其中的奥秘，由于这种设备需要在欧洲定制，到货周期长，公司的设备技术有了深厚的积累，落后的二手设备经自己组装后能够满足未来市场好转后的产能要求。果然不出所料，这些在市场调整期抢购的设备在后来行情好转的时候满产满销，使得公司的市场地位进一步稳固。事实上，巨石在横向规模扩张的过程中，每当经济下行，张毓强反而会逆周期布置巨石上马大型项目，同行其他竞争者收缩战线应对危机的时候，正是巨石快速扩大战线激流勇进的时候。在行业调整的巨大现实压力下，进行如此重大的战略决策和如此艰难的战略实施，非大智大勇不能为。

巨石在每一次横向扩张以后，都会遇到事先意想不到的困难，都会有一段攻坚克难时期，困难主要表现在技术不成熟、工艺不完善、设备运转不流畅等；量产规模上来以后，又会出现方方面面的匹配性不好，特别是关键技术配方工艺还不过硬，造成产品的质量问题；产品过关了，市场可能又会发生像金融危机那样的不确定性事件，造成企业库存增加、利润下降、资金链紧张；当企业勇往直前，克服重重困难，企业有了全面竞争力，国外的竞争对手又会采用反倾销、反补贴、反吸收、反规避调查手段来和企业进行市场争夺，企业又要勇于打破贸易保护主义进行全球布局；在全球化的过程中，还要勇于管理创新，融入本地，化解文化差异的冲击。

在这个过程中，最难的是由于玻纤工业的先进技术被西方封锁，没有完整引进的可能，所以张毓强只能选择东拼西凑后进行自主创新。在关系到玻纤工业发展的所有环节，从原材料到玻纤配方、浸润剂、纯氧燃烧、窑炉通路、大漏板、废丝回用等，全依靠自己进行技术攻关，走自主发展的道路。

张毓强领导巨石经过多年努力，最终在窑炉技术、规模化生产技术及装备、绿色制造技术等主要方面拥有了自主知识产权，达到世界领先水平，具备了全套的技术输出能力，为巨石的竞争力做到世界第一奠定了坚实的基础。

1.勇于当机立断地决策

企业战略决策涉及企业发展的方向，关系到企业发展的命运，然而企业处在市场洪流中充满不确定性，所有的决策都必须在信息不完整的情况下借着“机会的微光”做出。因此，决策者就必须要勇于当机立断。

巨石在横向规模扩张的过程中，每当经济下行，张毓强反而会逆周期布置巨石上马大型项目，在同行其他竞争者收缩战线应对危机的时候，反而快速扩大战线激流勇进。这首先需要智慧，准确把握行业发展趋势，但我们对未来的发展趋势的判断都会存在不确定性，张毓强在这个时候也只能看到“机会的微光”，而实实在在切身体会到的是行业调整的巨大现实压力，在此情况下选择“逆势加仓”，必须要有强大的刚勇之气，否则就会被现实的强大压力动摇决策。

对一个企业而言，很多发展机会是大家都能发现的，比如规模经济的道理谁都懂，但要真正做到却很难，而能不能把握住机会就取决于管理者是否有勇于当机立断的决策，特别是管理者能否勇于临危决策。

2.勇于知难而进地行动

管理者的成功决策是否能够使得企业真正达到成功的目的，还取决于决策的执行。很多企业的战略决策在实施的过程中都会遇到这样那样的困难。巨石在发展的过程中，也经历了规模扩张中的资金短缺、生产线建设中的工程设计与组织困难、生产中的设备调试运行故障、原料供应与工艺不稳定、产品结构与市场需求矛盾、产品出口与国际贸易保护冲突等一系列的困难和问题。这些困难和问题构成了决策执行的障碍，如果跨不过去，无论多么成功的战略决策也只能半途而废。

巨石的决策在落地的过程中之所以能够越过重重困难，是因为张毓强勇于知难而进地执行决策。因此，领导者勇于当机立断做出决策是企业抓住发展机会的前提条件，但这只是万里长征的第一步，后续还需要有勇于知难而进的行动，才能带领企业越过发展的障碍，到达成功的彼岸。

3.勇于始终如一地坚持

勇于始终如一的坚持，是建立在勇于当机立断的决策和勇于知难而进的行动之上的，是管理者的长期坚持之勇，比一时之勇有更高的要求和境界。

企业的发展不只会面临一个困难、两个困难，而是会面临一个接着一个的困难。可以说，困难无处不在，无时不有。前面我们了解到巨石在发展的每一个阶段都面临着方方面面的问题和困难，而巨石在张毓强的带领下，把这些困难和问题当成发展的阶梯，解决一个、前进一步，从而在解决了成千上万的困难和问题之后才达到了世界的高度。

所以说，企业的发展就像爬山，不可避免会遇到各种阻碍，需要一步一步地跨越才能前进，需要勇于始终如一地坚持，才能达到最高的目标。

4.勇于直面风险地担当

企业的管理者在现实的巨大竞争压力下，借着自己对未来不确定性的“机会的微光”进行战略决策，往往面临巨大的风险。

张毓强在行业调整的背景下进行逆势扩大产能的决策，其实面临着特别大的风险，已经到来的行业调整会持续多长时间？会对企业造成多大的冲击？企业能否承受巨大的压力和冲击，坚持到最后？这些都是关系到企业发展命运甚至生死存亡的重大不确定性。而且对玻纤企业来说，进入容易，退出难。生产线一旦建产点火就不能停下来，这对企业来说，如果决策错误，甚至会导致颠覆性的风险。

在其他竞争者特别是国外的巨头都没有选择扩大新建生产线的情况下，巨石不进行大规模扩大生产线就不存在技术风险，但是张毓强认为，不扩大新建生产线将会带来未来市场竞争的更大风险。

所以，在巨大的现实压力下，管理者进行战略决策，需要有足够的理性冒险精神，也就是勇于直面风险的担当。没有这种勇于担当的气魄，就无法在困境和危机中把握战略转折和跨越的机会。张毓强就是勇于在做出重大事项的决策时承担别人不敢承担的风险，从而提前预防了未来更大的风险，赢得了比竞争对手更多的发展机会。

应用指南 || 管理者如何修炼破局转折所需的果勇品格？

张毓强带领巨石勇破技术封锁，登上世界之巅的案例，充分展示了舍我其谁之勇。阅读完这一案例及从中拓展出的“商战智慧”，可以很清晰地总结出管理者修炼果勇品格的核心原则和主要方法：

- 要勇于当机立断地决策，提升自己勇于当机立断做出决策的能力。
- 要勇于知难而进地行动，集中精力突破自己所面临的困难和问题，将决策贯彻执行下去，带领企业获得成功。
- 要勇于始终如一地坚持，将困难和问题当成发展的阶梯，最终达到别人仰望的高度。
- 要勇于直面风险地担当，赢得比竞争对手更多的发展机会。

补充说明一点：勇，不是一味逞匹夫之勇，管理者不能有勇无谋，也不能专勇而“暴”，不仅有胆而且有识，有真胆识，越过雷区而不踩雷才是真勇。

五、“严”——不以规矩，不成方圆

——管理者严能立威的最高境界是不严也能令而素行，人人自律，率领千军万马若使一人。

有的管理者经常会遇到这样的困惑：我发自内心地对员工好，我给员工的工资不低、奖励也不少，可是为什么很多员工还是不听我的话，工作的积极性不高，效果不好呢？其实孙子也注意到了这个问题，他认为这个问题解决的关键还是在于领导力，优秀的管理者光有仁还不行，还要有严。如果管理者有仁而不严，则很难提升团队的执行力。

严，不是固执地严守不变，管理者不能专严而残忍。

所谓的严，就是有严谨的作风，处事严格、理性、一丝不苟。严能立威，严就是严格的纪律。军队是要打仗的，没有纪律的军队就是乌合之众，根本形不成战斗力，所以将领带兵打仗除了爱兵如子之外，还需要严肃军纪，正所谓慈不掌兵，心肠太软是带不好队伍的。

前面我们讲的吴起的仁，仁到为一个普通士兵用嘴吸疮脓，我们再来看看吴起的严能到什么程度。

一次，吴起率领魏军与秦军作战，双方的军队刚刚列好阵势，吴起还没有下令，手下一名士兵就冲了出去，冲到秦军的阵营之中，砍下两颗人头，又跑了回来把人头往地上一扔，很得意。吴起就说了一个字，杀！

许多人替这名士兵求情，这是一块好材料啊，杀了多可惜。吴起说，好材料是好材料，但是没有命令就冲上去，这样的士兵必须杀。

人头落地，从此以后，在魏军中形成了一个传统，就是“勇者不可以独进，怯者不可以独退”。军队作战靠的是整体的力量，必须严格遵从统一号令，严格服从命令比夺得敌军的两个人头要重要得多。

从领导艺术来讲，“严”与“仁”相辅相成，“严”体现为外部约束力，“仁”体现为内部感召力，二者缺一不可。“严”体现出“必达目的”的无情，使人感到畏惧和胆怯。“严”作为“仁”的补充，不是“不仁”，而是追求“大仁”而必须选择的冷酷手段。孙子有一个演兵斩美妃的故事，就是“严”字的真实写照。

这个故事发生在孙子拜见吴王之后，吴王为了证实一下孙子统军的才能，就让他去训练宫女，并任命自己的两个爱妃为队长。孙子向宫女们讲解了操练要领，并宣布了纪律。然后，孙子下令操练，但宫女们把这个操练当作儿戏，嬉笑打闹。孙子接着又强调了一遍纪律，再下令操练。可结果宫女们还是认真不起来。孙子大怒，要把两个队长拉出去斩首。吴王一听，吓出一身冷汗，急忙出来劝阻。孙子不为所动，执意杀掉了吴王这两个爱妃。结果，孙子号令一出，宫女非常认真地训练，不敢有一丝一毫的懈怠。

我们时常在电视中看见，优秀的将领在军事训练中往往要求特别严格，有的训练甚至很残酷，但都是为了战士们在战场上少流血，在应对复杂艰巨的任务的时候敢于亮剑。所以，优秀的领导人可以感动到你痛哭流涕，也可以震撼到你胆战心惊。恩威并用，刚柔相济，二者缺一不可。

张毓强公私分明树立令而素行的规则威严

讲到“严”，我就会联想到规则威严，是因为我想起了一个小故事。振石旗下有一家五星级的全资酒店，酒店的餐标和客户优惠都有明确的制度规范。我听说过这样一件事情，张毓强的一个老熟人在酒店给孩子举办婚宴，向酒店申请希望给予一定的优惠，但因为优惠幅度超过了酒店相关管理人员的制度权限，酒店经电话请示张毓强后，在结算时帮这位客户打了大幅度的折扣，但仍然按照原消费金额挂账在这位客户的名下，张毓强立即自己掏腰包让秘书把这位客户的折扣金额付给了酒店。虽然这件事情我没有和张毓强确认过，但我完全相信这是真实的故事，因为这符合他平时的做派。

张毓强对普通员工很好，很亲切；对一般干部有要求，但不经常提要求；

对厂部级干部要求比较高，比较严厉，“给足机会，给足要求，给足压力”，所以在他身边工作的人是压力最大，担当最多，成就感也最大的。不少厂部级领导经常会被张总骂，但因为他总能骂到点子上，没什么可辩解的，所以大家被骂后也没有怨气。

总结大家被张总骂的原因，主要有以下几个方面：

- 做事推诿，态度不端正。
- 对自己的缺点和问题认识不到位。
- 分析和汇报的重点不突出。
- 工作出现不应该有的错误，责任心不强。
- 问题直接上交，没有自己的解决意见。
- 交代的事情没有落实，执行力不强。
- 不能解决问题，还不能发现问题，不重视身边存在的问题。
- 工作方式随意，缺乏规范意识。

张毓强的“严”不仅停留在对领导干部的严格要求上，还特别重视管理制度建设、业务和工作流程规范、考核与评价机制系统化。振石和巨石通过制度规范的形式来树立员工的规则威严，他要求最多的是领导干部的执行力，批评最多的也是规范化的执行不到位问题。

在振石和巨石内部，已经建立起完善的制度体系并树立了团队规则意识和执行文化。对此，张毓强非常有信心，他曾经以巨石为例对秦朔先生说：“如果明天我退休，巨石不会有什么大事情。一个企业的好，不是看现在的好，而是要看未来的好。巨石的制度不是表面的、抽象的，而是变成了文化，融入每个员工特别是干部的日常行为中。要说问题，充其量就是战略上的构思可能会稍微弱一点，但执行力绝对没问题。”其实，振石也是如此。

1.管理者要严于律己

其实，企业里的管理者无论处在哪一级领导岗位上，都如同部队中的一个班长，一个班的战友站成一排，班长下达口令“向右看齐”，所有战友头一摆，眼角余光就瞄向了班长。班长军人姿态标准，其他战友的姿态也都个个标准，相反，如果班长自己歪歪斜斜，其他战友的姿态也可想而知。

企业的领导干部也一样，不管领导者情愿不情愿，所有的骨干和员工都看着你，都效仿着你，你的一言一行都影响着整个集体。

张毓强也深刻体会到了这一点，所以他在日常的工作中不仅严格要求领导干部，而且始终严格要求自己。在他自己掏钱替熟人打点酒店消费差价的案例中，他就是用自己的行动来维护了酒店的规章制度的威严。大家不用听他怎么给别人说，就看他自己怎么做，就能很直观地感受到“我们都要遵守规则，谁也不例外”。

这就是管理者行为的示范作用，只有严于律己，才能严格要求别人，别人也才能真正地接受你的严格要求。

2. 管理者的“严”要落在点子上，就事论事

很多爱骂人的领导都会在背后被别人骂，因为大家对他不服气，觉得被他骂得不甘心。张毓强也有一个很明显的性格特征，他很强势，也经常骂人，有时候还骂得很凶，但我认识的被他骂过的人中，还没有听说谁认为他骂得不对，感到不服气。

对这个现象，我和一些同事私下也有过交流，大家都有一个共同的感受，就是被骂都感觉很难受，很有压力，但又都觉得被骂得在理。大家在被骂和对被骂的反思中还能学到很多东西，得到心理承受能力和工作能力的锻炼和提升，只有努力地提升自己才是减少挨骂的有效途径。

所以，管理者只要能坚持就事论事的原则，是能够实现严能立威的。只要管理者严在点子上，骂在点子上，员工也就会理解在点子上，记在点子上，执行在点子上。

3. 管理者要善于树立规则威严来加强执行力

有的管理者对部下很严，他会经常骂部下，和张毓强一样，他也能骂到点子上，员工也没有怨言，但总是老问题解决了，新问题又出来了，张三的问题解决了，李四的问题又出来了。这不是严格要求的方法问题，而是严格要求的系统问题。

管理者带领的是团队，少则几十上百人，多则几千上万人，你要一个一个地去引导，去骂，即便每一个人都很信服你，你一骂就听，一骂就改，但人太多，你也骂不过来。更何况，企业的事务繁多，点多面广，如果没有系统的工作规范和严格要求，你再严也还是会出问题。

这就是为什么张毓强会特别注重制度建设和员工的执行力培养。正如孙子所说，管理团队的关键就在于达到“一人之耳目”，统一大家的行为，“此用众之法也”。

4. 管理者要明白“严”的最高境界是“不严”

一支军队，如果军纪不严明，那么，士兵在作战中的执行力就会有问题。同样，一个企业，如果工作制度不健全，没有高标准、严要求，团队的执行力就会有问题。

所以，张毓强对领导干部的严格要求，抓企业的制度建设，一个很重要的目的就是提升领导力，增强执行力。振石和巨石的领导干部和员工在张毓强的严格要求下，在制度规则的严格执行过程中，逐渐形成了执行力文化。

一个企业，当全体员工的执行力文化建立起来之后，大家都会自觉地严格要求自己，严格按规则办事，不再需要严格的要求和监督。大家的自觉行为边界就是“不逾矩”，行为标准变成了行为习惯，无论严与不严，大家都在按规定办事，而且是自觉的。

应用指南 || 管理者如何塑造刚柔相济的威严气度？

张毓强公私分明树立规则威严的案例，充分展示了令而素行之严。阅读完这一案例及从中拓展出的“商战智慧”，可以很清晰地总结出管理者修炼威严气度的核心原则和主要方法：

- 管理者要严于律己，带动发挥人人严于律己的示范效应。
- 管理者的“严”要落在点子上，就事论事，提升严格的执行力。
- 管理者要善于树立规则威严来加强执行力，跳出孤立事件的严格处理，加强系统的工作规范。
- 管理者要明白“严”的最高境界是“不严”，要在制度规则的严格执行过程中逐渐形成执行力文化，引导大家将行为标准变成行为习惯。

补充说明一点：严，不是固执地严守不变，管理者不能专严而残忍，重在严于立威立信，但不能故步自封。

六、将有五危——管理者要克服五种性格缺陷

——金无足赤，人无完人。优秀的管理者一般都是能够克服某些人性弱点，却保有其中最光辉与理智特性的强者。

领导力很大程度上是由管理者的性格所决定的，所以，孙子认为管理者有五种性格缺陷是最危险的，如果控制不好就极有可能导致灾难性的后果。“智、信、仁、勇、严”之“为将五德”是领导力的核心要素，也是提升领导力的主要途径，而“将有五危”，管理者要“适度”把握好领导力的边界。

将有五危，领导力不能没有边界，也不能没有“度”。

“将有五危”，就是说将领有五种导致危险的性格缺陷。孙子在《九变篇》中说：

“故将有五危：必死，可杀也；必生，可虏也；忿速，可侮也；廉洁，可辱也；爱民，可烦也。凡此五者，将之过也，用兵之灾也。覆君杀将，必以五危，不可不察也。”

将领有“必死”“必生”“忿速”“廉洁”“爱民”这五种导致危险的性格缺陷：

• 缺陷1：“必死”。不怕死，一味死拼就会被敌人所杀。这也是勇敢的人最常有的性格缺陷，勇敢的人喜欢为了达到自己的目标而执行自己的计划，不愿意因为危险而放弃自己的计划，如果他正好又愚蠢，他就不顾其死，看不到死

亡的危险。

- 缺陷2："必生"。贪生怕死，没有视死如归之心，又会被俘虏。贪生怕死就会疑神疑鬼，放大危险，害怕损失，没有斗志，心里想着自己一定要活着回去，所以冒一点风险的取胜机会都把握不住，最终只能逃跑或者投降。
- 缺陷3："忿速"。愤怒急躁，心胸狭隘，经不起刺激，会中人激怒之计，愤而出战送死。
- 缺陷4："廉洁"。爱惜名誉，受不得污辱，会为了维护自己的名誉、洗清别人泼在自己身上的脏水，而不顾巨大的风险出战中计，甚至因为过于爱惜自己的名节而明知道是计也甘愿上当，宁死也要证明自己的清白。
- 缺陷5："爱民"。爱护居民也会被人利用，或让他为掩护居民而烦劳，或驱使人民为炮灰，让他不忍作战，而敌人就藏在里面用枪口瞄准自己。

这五种性格缺陷，都是将领的过错、用兵的灾难。军队覆灭，将领被杀，都是由于这五种危险造成的，不可不警惕、明察！其实，我们可以利用这五个方面来合理把握"为将五德"的适度边界，必死可杀是"勇"的偏执；必生可虏是"智"的偏执；忿速可侮是"信"的偏执；廉洁可辱是"严"的偏执；爱民可烦是"仁"的偏执。管理者的领导力修炼，要不偏不倚，张弛有度。

孙子在《九变篇》中的这一段话，专门论述了将帅的变通性。贪生怕死和性情刚烈，都可能会招致杀身之祸。许多优点，如"不怕死""廉洁"和"爱民"，如果不知变通，过于苛求，也会被敌所乘，从而变成弱点。这种实例，在历史上有很多，如三国时期诸葛亮"三气周瑜"。有些计谋，如激将法，也是出自这一思想。我们可以从不同的角度来理解孙子所论述的将帅"五危"。从对抗的角度，我们从中可以悟出"将军可夺心"的道理。从将帅素质的角度，我们从中可以领会到将帅如何加强自身修养的要求。

张毓强跨界掌控战略资源的五危自察决策反思

为了进一步优化振石的不锈钢产业结构，储备中国相对紧缺的镍矿资源，张毓强把目光投向了镍矿资源相对丰富的印度尼西亚。从2010年下半年开始，张毓强主导振石通过一系列的镍矿资源并购和镍铁冶炼厂建设项目，实现了镍矿开采回运、镍铁冶炼、延伸并深度整合了不锈钢产业链。在这一跨界跨境项目运作的过程中，充分展现了张毓强作为企业领导者的自律、贤明和格局。

- 跨界跨境收购红土镍矿。

从2010年下半年开始，张毓强启动振石在印度尼西亚的镍矿投资项目。他认为，镍矿是中国的紧缺战略性资源，而印尼的镍矿资源相对丰富，无论是为了企业自身的产业链延伸需要，还是为了响应国家“一带一路”政策号召，振石都要坚决跨界跨境收购印尼的红土镍矿。他要求项目推进一定要快，掌握先发优势，同时，项目操作一定要稳，做好风险控制。

2011年，振石集团合计投资2000万美元收购PT. Fajar Bhakti Lintas Nusantara（FBLN）70%股权，进而又取得印尼854.3公顷的红土镍矿的实际控制权。通过这一个项目的两次快速操作，振石基本熟悉了印尼的矿产资源投资政策、操作审批程序，也具备了跨界跨境项目风险识别和控制的能力。

在成功收购FBLN公司之后，张毓强认为，可以进一步按照当初的设想加大投资力度，进一步通过扩充镍矿储量来提高振石在镍矿原材料中的地位。2013年，振石又投资2800万美元收购PT. GEBE SENTRA NICKEL（GSN）51%股权，实际控制GSN公司1354公顷的红土镍矿开采权。至此，振石合计取得印尼格贝岛约2200公顷红土镍矿开采权，红土镍矿总储量达7000万吨。

- 投资建设高炉镍铁冶炼项目。

完成红土镍矿收购后，2013年，印尼政府出台限制原矿出口的法令，在此背景下，振石收购的红土镍矿不能直接开采回运到中国。而在印尼当地建设冶炼厂进行矿产加工，投资会非常大，其所面临的政治风险也非常高。张毓强为了满足印尼政府的要求，决定建设投资规模相对较小的高炉炼铁冶炼生产线。振石于2014年通过FBLN公司投资8000万美元，并于2016年建成并投产镍铁冶炼生产线项目，年处理红土镍矿约100万吨，年产高品位镍铁8万吨。

- 升格投资雅石项目。

在上述高炉镍铁冶炼项目建成之后，张毓强发现，该项目由于采用传统的高炉冶炼方式，生产效率相对较低，成本也偏高，存在致命的缺陷。为充分利用振石在印尼格贝岛掌握的大量可开采的红土镍矿资源，张毓强果断做出升格投资高水准镍铁冶炼项目的战略决策。2018年，振石联合青山集团在印尼北马鲁古省纬达县的纬达贝工业园投资建设雅石项目，项目总投资额约4亿美元，4条产线，规划总产能30万吨镍铁。雅石项目第1条产线于2020年6月22日顺利投产，2020年9月4日，雅石项目首船1万吨镍铁顺利抵达中国的嘉兴港；截至2020年10月8日，雅石项目4条产线年产30万吨镍铁项目全部顺利投产。该项目实现了投产当年即盈利的显著效益。

- 投资纬达贝工业园项目。

张毓强在吸取了高炉炼铁冶炼项目的经验之后，做出“升格”投资镍铁冶炼项目的决定，除了高标准建设雅石项目之外，更以超前的眼光启动了高标准配套建设工业园项目的投资计划。2018年，振石集团联合青山集团、华友钴业和宁德时代在印度尼西亚北马鲁古省纬达县共同投资建设现代镍产业综合园区——纬达贝工业园（IWIP）。项目总投资额约1.8亿美元，建设物流系统（道路、机场及多个万吨级以上码头）、消防及环境维护系统、IT及通信系统，以及员工宿舍、食堂等生活区设施，为入园企业资源开发及生产经营提供了良好的基础和保障，2021年园区投入使用。项目计划通过未来3—5年努力，将园区打造成世界上最大的从红土镍矿到镍中间品、不锈钢和新能源电池等产品的镍产业集群。

- 重磅投资贝石项目。

张毓强对在印尼政策多变的环境中投资越来越自信，张毓强认为，复杂多变的环境才有它的可贵价值。因此，张毓强在经过周密战略分析之后决定进一步加大镍铁冶炼厂的投资规模，在印尼格贝岛投资建设贝石镍铁冶炼项目。贝石项目规划投资规模约12.98亿美元，拟建设12条产线，并配套建设750MW燃煤电厂和年吞吐量700万吨码头项目，建成投产后，镍铁年产能可达105万吨。目前，贝石项目已通过国家发改委、商务部的备案审批，截至2022年4月，已经完成土地征收等事宜，项目正式开工建设。

1.自信大胆，但从不会“必死”而孤注一掷

企业的管理者，如果不勇，不够自信大胆，就会在面临困难和不确定性的时候犹豫不定，错失机遇。很多成功的企业家和企业的管理者都和张毓强一样自信大胆，突破企业发展的瓶颈，做大做强，甚至立足长远发展的前景，跨界跨境走出去，走向国际化。

但是自信大胆并不意味着“必死”的直莽，优秀的管理者应当借鉴张毓强“大无畏求生”的精神。他很自信地走向印尼投资镍矿项目，既没有因为跨境跨

界的困难和风险而畏缩不前，也没有因为镍矿资源的稀缺和珍贵而孤注一掷，他在刚开始FBLN项目操作的过程中通过分批投资的形式来规避风险。

正如孙子所提醒，不怕死，一味死拼就会被敌人所杀，这也是勇敢的人最常有的性格缺陷。因此，勇敢的管理者可以为了自己的目标而自信地执行自己的计划，但不能不顾后果，看不到市场环境的巨大危险而孤注一掷。

2.谨小慎微，但从不会“必生”而犹豫不定

孙子认为，贪生怕死，没有必死之心，又会被俘虏。企业的管理者如果只看到风险，贪生怕死，就会疑神疑鬼，放大危险，害怕损失，失去斗志，最终被现实复杂多变的环境所“俘虏”，无法带领企业破局发展。

张毓强是一个特别注重细节、谨小慎微的人，在对印尼项目投资之前，他要求项目团队从政治、经济、社会文化和管理技术角度对项目操作的困难和挑战进行了详尽的分析。他制定了项目“勇敢走出去，坚定走下去，成功走回来”的计划目标，但他心里想着自己投出去的钱不一定都能收回来，投资要冒一定风险才能把握住成功的机会，否则只能逃跑或者投降，主动选择和机会“分手”。

所以说管理者的“智”的一个重要表现就是明察秋毫，谨小慎微，但如果“必生”而贪生怕死、犹豫不定，就变成了不智之举。

3.紧迫刚强，但从不会“忿速”而情绪决策

管理者掌握的是企业的大局，把握着企业发展的方向，战略决策关系到企业发展的命运，所以管理者应当“信而不忿”，始终保持理性，避免情绪化决策给企业带来负面影响。

孙子也提醒“忿速可侮”，愤怒急躁，心胸狭隘，经不起刺激，会中人激怒之计，愤而出战送死。所以愤怒急躁是管理者的一个性格缺陷，如果管理者因为愤怒急躁的性格而进行情绪化决策会给企业带来损失，甚至造成灾难性的后果。

张毓强是一个行动风格紧迫、性格刚强的人，甚至也有火爆的一面，但他有一个难能可贵的优点，就是他从来不会把自己的紧迫、刚强和火爆带到工作决策中。他总能在做重要决策的时候，自我排除情绪化的干扰，始终保持高度

的理性。在印尼镍矿投资项目中，他既没有因为镍矿的美好前景而盲目投资，也没有因为与合作伙伴存在文化和价值理念上的冲突而放弃合作。

4.自尊自爱，但从不会“廉洁”而自顾颜面

孙子将“廉洁”列为管理者的性格缺陷，他认为“廉洁可辱”。管理者如果过于爱惜名誉，受不得污辱，也不愿意自我否定，那就会为了维护自己的名誉，“宁死也要证明自己的清白”，甚至将错就错，一错到底。这样势必造成战略决策的大错大失，这样的“廉洁”就超出了“严”的边界。

张毓强特别的自尊自爱，注重自身名誉，正心修身。但他也不会自顾颜面而脱离现实进行决策。在高炉镍铁冶炼项目建成之后，张毓强发现，该项目由于采用传统的高炉冶炼方式，生产效率相对较低，成本也偏高，存在致命的缺陷。在此情况下，张毓强没有局限于当初决策的得失，而是果断否定原来自己做出的决策计划，重新做出升格投资高水准镍铁冶炼项目的战略决策，从而获得了更大的发展空间。

5.爱民如子，但从不会“爱民”而迁就情面

孙子认为“爱民”也是管理者的一个性格缺陷，因为“爱民可烦”，爱护民众也会被人利用，或让他为掩护民众而烦劳，或驱使民众为炮灰，让他不忍作战，而敌人就藏在里面用枪口瞄准自己。

作为企业的管理者，也需要把握好“仁”与“爱民”的尺度和界限，毕竟好的管理者不是要做“老好人”，一个“老好人”的领导是无法带领千军万马一致行动干大事的。

那么，究竟如何掌握好“仁”与“爱民”的尺度和界限呢？张毓强在生活和职业通道方面特别关心关爱员工，但是在工作上面对员工特别是中层以上管理者要求特别严格，他的一贯风格就是对事不对人，公私分明，“仁爱”而不会迁就情面。比如，他要求相关员工服从企业的安排参与到印尼镍矿投资项目中，员工必须要有足够的奉献精神和主动奉献的态度，在这一点上“不讲情面”，同时，他对于境外工作的员工也会给予足够优厚的境外工作补贴待遇。

应用指南 || 管理者如何克服性格缺陷，适度把握领导力的边界？

张毓强跨界掌控战略资源的五危自察决策反思，充分展示了管理者可以通过自我反省与对标来适度把握领导力的边界。阅读完这一案例及从中拓展出的“商战智慧”，可以很清晰地总结出管理者克服自身性格缺陷，适度把握领导力边界的核心原则和主要方法：

- 管理者要有“智”。明察秋毫，谨小慎微，但要把握好“智”的适度边界，不能“必生”而犹豫不定，这是要求管理者要“智勇双全”。
- 管理者要有“信”。注重立信，执行决策紧迫刚强，但要把握好“信”的适度边界，不能“忿速”而情绪决策，丧失威信。
- 管理者要有“仁”。爱民如子，但要把握好“仁”的适度边界，不能“爱民”而迁就情面，动摇行为规则和行动原则，管理者既要彰显仁义，又要加强执行力。
- 管理者要有“勇”。自信大胆，但要把握好“勇”的适度边界，不能“必死”而孤注一掷，有勇无谋不是真勇。
- 领导者要有“严”。自尊自爱，但要把握好“严”的适度边界，不能“廉洁”而自顾颜面，一意孤行，破坏制度的严肃性。

补充说明一点：将有五危，领导力不能没有边界，也不能没有“度”——必死可杀是“勇”的偏执；必生可虏是“智”的偏执；忿速可侮是“信”的偏执；廉洁可辱是“严”的偏执；爱民可烦是“仁”的偏执。管理者的领导力修炼，要不偏不倚，张弛有度。

第二部分：战略发展之道

——《孙子兵法》与发展战略

这一部分内容，我们将更好地理解和解决如下重要问题：

- 如何把握企业发展的命运，成功构建企业战略决策分析与计划的核心要素和框架？
- 如何实现自主发展和可持续发展的战略？
- 如何确定战略目标的优先层级，抢占落实战略目标的先机？
- 如何利用战略资源的集中，迅速扩大规模和提升竞争力？
- 如何配置和补给战略资源，保证战略计划的实施？
- 如何把握实施战略计划的中心，成功推进多元化发展？
- 如何在实施战略计划中保持机变，把握战略发展的态势和节奏，形成强劲发展态势？

无论大国博弈还是企业竞争，唯有正确的战略才可以长期领先。因此，拥有好的战略性思维，企业的发展才能达到新层次，管理者才能修出新格局。

《孙子兵法》与当代“大战略”理论存在紧密联系，虽然主要讲军事战略，但其以“道、天、地、将、法”为核心内容的“五事七计”战略分析框架，囊括政治、制度、君主、将领、民众等要素，有一定的全局性，是“大战略”理论的萌芽。

由于战略思维的复杂性、战略现象的多样性，战略需要形成战略伦理的一般价值指导。《孙子兵法》也包含了朴素的伦理思想，如通过“不战而胜”尽可能减少破坏而求全，以“先胜后战”的方式尽可能避免不必要的伤亡代价等，充分考虑了民生、慎战、全胜思想，能够更好地指导企业发展的战略实践。

《孙子兵法》中的“庙算”，即“先计后战”的战略谋划，“九变”即“避实击虚”“正合奇胜”“求之于势”“先居高阳”等战争过程中的战略驾驭，为企业的战略决策、战略驾驭提供了参考方法。

战略目的要符合战略价值的取向，战略手段要符合工具理性的要求。英国战略家利德尔·哈特指出，间接路线常常是达到目的的最短路径。间接路线因其低成本、有效性等特点，成为战略的工具理性的重要体现。《孙子兵法》强调“上兵伐谋，其次伐交，其次伐兵，其下攻城”“不战而屈人之兵，善之善者也”，正是要通过战略的优胜，达到避免战争破坏的“全为上，破次之”目的。战略与战术、战争的区别也在此得到体现。可以说，对战略手段的选择是战略谋划的重要方面，在这方面《孙子兵法》具有“工具理性”的指导作用。

此外，《孙子兵法》还体现了朴素的唯物主义思想，强调客观分析现实情况，提升将领的战略认知水平，“知彼知己”才能百战百胜。《孙子兵法》提出的“奇正”“虚实”“利害”“死生”等哲学范畴，具有辩证法的光芒，闪烁着永恒的魅力。

一、先计后战——作战前要先做好战略分析和计划

——《孙子兵法》第一篇就是《计篇》，开宗明义，战则关系生死存亡，必须谨慎，先计后战。同样，企业发展和经营管理的成功决策始于“计”。

《孙子兵法》开篇为《计》；商战之法，开局为“计”。企业的战略发展要先“计”，这是宏观的战略规划和决策之计；后面的经营管理中也要“计”，这是动态具体的经营管理之计。对企业而言，首先要有战略性思维，重视战略行动，这是关系到企业生死存亡的大事，一定要慎重。但是慎重也要行动，怎么办呢？孙子告诉我们，重大战略制定或者经营管理活动，在决策和行动之前，都要着眼全局，面向未来，基于自己所处的环境和实力，先计后战。

先计后战，管理层要先做好战略性思考，做好周密的计算、计划、计谋。

孙子在《计篇》开篇说：“兵者，国之大事，死生之地，存亡之道，不可不察也。”战争是一个国家的头等大事，关系到军民的生死，国家的存亡，是不能不慎重、周密地观察、分析、研究的。战争不是儿戏，要有敬畏心，作战之前一定要做好预计，做好战略分析和计划，这就是“先计后战”。

那么，如何进行战略分析和计划呢？孙子接着做了解释：“故经之以五事，校之以计，而索其情。”他说要从五个方面认真地比较分析，从而了解敌我双方的真实情况，来预测战争胜负的可能性。那么，从哪五个方面来进行比较分析

呢？就是“道、天、地、将、法”这五个核心战略要素，具体将在本书“五事七计”中进行介绍。在此，我们只需要先了解这五个战略要素，实际上就是反映军队实力的基本面，孙子强调的就是要先对基本面“校之以计”。

什么是“计”？这是我们首先要搞清楚的问题。人们通常把《孙子兵法》和“三十六计”并列，甚至合并为一本书，叫《孙子兵法与三十六计》。不过，《孙子兵法》和“三十六计”不是一回事，“三十六计”出现在明朝之后，是通俗的兵法计谋，“三十六计”的“计”是奇谋巧计、阴谋诡计，而《孙子兵法》的“计”不仅仅是用计，不是阴谋诡计，而是计算、计划、计策的计。在《孙子兵法》中，不反对通过用计和奇谋巧计来以变应变，但属于“兵者诡道”的范畴。

在孙子看来，奇谋巧计再高明，如果脱离了实力，脱离了基本面，也不具备取胜的条件，作战最根本的准则还是建立在实力基础上的资源和力量运用决胜。因此，在作战前，要先对基本面进行计算和分析，以便做出正确的战略决策和计划。

这一点很重要。孙子也在《计篇》的结尾强调：“夫未战而庙算胜者，得算多也；未战而庙算不胜者，得算少也。多算胜，少算不胜，而况于无算乎！吾以此观之，胜负见矣。”

凡是作战之前在决策上就预计能取胜的，是因为有利的条件多；作战之前在决策上就预计不能取胜的，是因为有利的条件少；有利条件多的就能取胜，有利条件少的就不能取胜，何况不具备有利的条件呢！我们根据这些来分析战争双方，那么胜负的结果就可以预见了。

所以战争取胜要有两个条件：一是有利的条件多，这是取胜的客观条件；二是能够在战前的决策上进行周密的分析和预计到能取胜，这是取胜的主观条件。客观条件我们通常难以改变，所以胜负的关键就在于作战之前的决策预计，也就是我们这里所讲的“先计后战”之“计”：

• 如果具备取胜的客观条件，但是预计错误，那么就可能丧失取胜的机会，即便抓住机会也可能因为筹划不周而惜败。

• 反之，如果不具备取胜的客观条件，作战之前的决策预计错误，或者干脆不预计而盲目作战，就会一败涂地。

• 如果决策预计正确，准确判断出自己的强弱虚实，通过动态造势或者以实击虚等策略，也可能创造出弱势情况下的有利条件，从而创造并抓住取胜的机会。

需要注意，“先计后战”之“计”，除了“计算”实力基本面、环境影响、竞争格局之外，还要考虑战略“计划”实施中的诡道“计谋”的综合运用，以提高资源利用价值。

甚至可以说，在“庙算”中，统帅已经“先计后战”构想出未来战争的形态，双方的战略对抗已经展开，不过是在“寂静战场”上展开的。对未来战争形态构成的“计”，是否成熟，是否正确，体现出统帅之间战略思维水平的差距。现代战略重视运用各种仿真模拟手段，展现未来战争的场面，尽可能精细和逼真地筹划未来战争的每一个细节。特别是在大规模杀伤性武器存在的条件下，战略对抗的双方都力求先期求取制胜的绝对把握，企图通过强大的战略威慑达成战略目的，谁都不愿意在没有绝对把握的情况下贸然出击。因此，战前阶段战略领域角逐日趋激烈，“先计后战”的能力和结果的显示在有的时候甚至成为直接决定战争胜负的重要手段。谁忽视了“先计后战”，谁就输掉了“庙算”，就意味着他在战前的战略对抗阶段就已经输掉了战争。

这就告诉我们：你若忽视“先计后战”，你就将面临“未战先败”！

振石从股份制改革启航的大计

振石的前身是石门东风布厂。东风布厂成立于1969年4月，由石门镇水作社和服装社合办，是隶属于桐乡县（现桐乡市）二轻系统的集体企业。东风布厂总投资1.3万元，有40多个工人，设备是六台旧织布机，传动轴是铁的、机架是木头的，可以织粗土布。1971年8月16日，张毓强进入东风布厂工作。1972年，张毓强一个人去九江玻纤厂买回一台生产玻璃纤维的拉丝机，东风布厂开始生产玻璃纤维。当时，中国工业基础薄弱，玻璃纤维技术也被国外封锁，东风布厂只能利用简单的拼装设备，使用最原始的陶土坩埚技术进行生产。

1973年，石门东风布厂更名为石门玻纤制品厂，1983年又更名为桐乡玻璃纤维厂。在这个过程中，张毓强从一名染纱工到销售员到车间主任，再到副厂长，很快脱颖而出。1984年到1985年，桐乡玻璃纤维厂进行代铂炉技术改造，依靠RP纱打开新的市场，但经营面临场地不足、资金短缺、生产技术落后、产品质量不高等问题。

1989年，根据浙江省的统一安排，桐乡县开始进行企业股份制改革试点。

张毓强认为，技术改造和体制改革都很重要，但股份制改革是涉及桐乡玻璃纤维厂企业发展方向选择的一件大事，不能单纯觉得体制改革重要就草率去做。

“桐乡玻纤厂要不要进行股份制改革？如果要改革，那么如何成功地实施股份制改革？”这是两个在决策前必须思考好的问题。

第一个问题，要不要进行股份制改革？经过综合分析、研究、权衡各方面的因素，得到如下结论：

第一，十一届三中全会以后开始了以市场经济为导向的经济体制改革，股份制改革有利于释放经营自主权，是顺应市场经济发展趋势的改革。

第二，如果进行股份制改革，股东大会成为企业的最高权力机构，股东大会选举董事会，实行董事会领导下的厂长或者总经理负责制。在这样一种体制下，企业所有权与经营权彻底分离，通过企业内部决策来影响经营行为，有利于激发经营活力。

第三，桐乡玻纤厂的产权名义上属于集体所有，但实际上很模糊，“谁都有、谁都不负责”，对企业资产的维护、增值缺乏责任约束，而股份制改革可以激发股东的这一内在动机。

第四，股份制改革可以为新的经济增长点留下空间，借助增资扩股形式，可以集中更多的社会资金用于企业的扩大再生产，推动企业上规模，上水平。

第五，股份制形式还可以打破地区和行业之间的条块分割限制，引进桐乡以外的资金、技术和生产要素，还可以引进其他产业合作者、战略投资者，推动企业向集团化方向发展，提高市场竞争力。

经过这些战略分析和研究，桐乡玻纤厂的高层做出了股份制改革的决策。于是，桐乡玻璃纤维厂成为浙江第一批股份制改革试点企业，也是当时桐乡县二轻系统唯一的试点。

接下来，桐乡玻纤厂面临第二个问题，如何成功实施股份制改造？经过公司管理层的周密筹划，股份制改革按计划顺利地展开。

第一步是公司资产评估折股，经过合资，桐乡玻纤厂的资产有123万元，以面值100元为1股，全厂职工每人购买不少于6股。这一步最关键的问题是组织全体职工入股，以增强大家的责任意识和主人翁精神。因此，为鼓励购买，公司决定每股给予相应的挂钩股，分红时以基本股加挂钩股作为依据。同时，张毓强带头拿出3000元购买了30股，大家一共入股18.5万元，股份公司注册时的注册资本为141.5万元。

第二步是公司管理体制改革，建立以股东大会为最高权力机构，以董事会为常务机构，以厂长负责制为领导体制的新的企业管理体制。1989年6月7日，股份公司选举董事长，张毓强是小股东中的大股东，他建议完全海选，民主提名，民主选举，无记名投票。于是每人一张白纸，提名股东代表，张毓强获得全票。再由股东选举五名董事和三名监事，张毓强再次当选。董事会选举董事长，张毓强又是全票当选。

1989年6月7日，桐乡振石股份有限公司挂牌成立，振石由此诞生。此后，随着改制不断深化，集体所有制的股权转让给了张毓强。振石在本次改制的基础上，迅速引入社会资本扩大生产规模，成立巨石主营玻纤产业，巨石与央企混改合作上市，打开了新的经济增长点，朝着“世界玻纤看中国，中国玻纤看巨石”的广阔未来启航。

振石在将巨石的玻纤产业做到世界龙头地位以后，又开始了多元化发展战略。振石历经几十年的快速发展，已经逐步形成业务横跨特种钢材、镍铁制造、矿产资源、风能基材、复合新材、科技研发、贸易物流、房产开发、酒店健康、金融投资等第二、第三产业并举，新、老产业并行的产业格局，业务范围辐射全球30多个国家和地区，拥有50余个国内外控（参）股子公司，成为2020年总资产达377亿元的多元化大型跨国企业集团。2020年，振石位列中国民营企业500强第346位、中国制造业企业500强第287位、浙商全国500强第76位、浙江本土民营企业跨国经营50强第19位、浙江省百强企业第71位、浙江民营企业百强第46位、浙江省成长性最快企业第28位，亦被评为浙江省“一带一路”建设示范企业。

今天看来，振石的发展成就，特别是中国玻纤引领世界的辉煌，就起源于振石的这一开幕大“计”。

1.高层战略“庙算”见胜负

“庙算”就是高层的战略决策分析和预判。战略决策的关键就是慎重，在重大问题的决策上“不可不察”。

张毓强在面临股份制改革这一事件的时候，认为这是一个企业发展方向性的大问题，必须谨慎对待，认真思考和研究。他没有因为觉得体制改革重要就想当然立即拍板，更没有情绪化决策，而是经过深入了解、讨论、分析股份制改革的合理性、可行性，仔细权衡，把问题看明白了、有了取胜的把握，才做出决策。

因此，领导者在进行战略决策和行动之前，要先结合实际的战略要素进行考察、分析和研究，这是能否正确决策的前提和基础。离开这个前提基础，必定是鲁莽决策，盲目行动。

2.“多算胜”，谋定而后动

如果经过决策预计，有利条件比较多，有取胜的把握，那么就可以根据自己的任务和目标，把握任务方向和发展时机，然后下决心制订计划，部署行动。

振石股份制改革一开始就制订了完备的计划，按照合法合规的要求，对资产进行评估，对于员工入股这一关键问题提前做好方案，通过赠送分红挂钩股和管理层带头入股的方式保证股份制改革的成功落地。同时，还严格按照法律法规的要求组建了公司的股东会、董事会、监事会，并按程序组建了公司的管理层。先计后战，保证了股份制改革计划实施的顺利进行，也为未来公司的规范化运作奠定了坚实的基础。

需要注意的是，先计后战，不仅要预计能不能取胜，在预计有利的条件多、有取胜的把握的情况下，还要进行周密的谋划，制定切合实际并且适应变化的行动方案，谋定而后动，这样才能保证取胜。在振石股份制改革过程中，如果“先计”决定实施股份制改革，这只是成功的第一步，如果股份制改革实施过程中没有计划好，也可能导致最终失败。

简而言之，多算胜，可以抓住机会；抓住机会后，还要谋定而后动，才能把握住机会。

3.“少算不胜”，等待也是强有力的战斗形式

如果经过决策预计，有利条件比较少，没有取胜的把握，怎么办呢？

孙子在《形篇》中说：“不可胜者，守也。”张毓强在面临股份制改革这样一个新事物的时候，他心里没底，没有把握，于是就选择了等待，等待把问题弄清楚、把能否取胜的条件分析清楚。这样，可以有效避免“无算”导致“失算”的风险。

当然，如果是“先计”发现不具备取胜条件，那就要继续冷静等待，等待也是一种强有力的战斗形式。孙子用火攻的例子对此做了说明，他在《火攻篇》中说：“火发兵静者，待而勿攻，极其火力，可从而从之，不可从而止。”如果敌营内已经起火，但敌军仍然保持镇静，就要耐心等待，不要急于进攻；等到火势旺盛后，再根据具体情况做出决策，如果可以进攻，就发起进攻，如果不可以进攻就停止行动。

所以，一定要有果断放弃行动的魄力，以保证行动万无一失。在有利条件较少的情况下，等待可以避免无谓的牺牲和损失，为未来抓住胜机积蓄力量，保存实力。

4.弱者“先计后战”的制胜逻辑

企业在刚开始发展的时候都是弱小的，都有一个从小到大、从弱到强的发展过程。所以处于起步阶段的企业一般都会面临重重困难，甚至会遇到发展的瓶颈。这是因为企业处在激烈的市场竞争环境中，相对大公司而言，竞争取胜的有利条件比较少，取胜的机会就少。那么，是不是所有的弱者都不能取胜呢？不是的。桐乡玻纤厂这样一个小作坊式的乡镇集体企业，由于把握住了股份制改革的历史机遇，从而步入了发展的快车道，快速地成长壮大，就充分说明了这一点。实际上，很多优秀的弱者都能在动态的市场环境中把握机遇，将自己的有限实力转化成竞争优势，以自己的“实”去击对手的“虚”，从而实现以弱胜强。

孙子也在《虚实篇》中说：“我专为一，敌分为十，是以十攻其一也，则我众敌寡。能以众击寡者，则吾之所与战者约矣。”就是说如果我军集合于一点，而敌军分布于十处，那么就相当于我军用十倍于敌的兵力去攻打敌军，这样在战场上就可以形成我众而敌寡的绝对优势。既然能形成以众击寡的有利态势，那么敌军也就无所作为了。比如，我们用10个人去攻打敌人的30个人，从实力上判断，我们处于弱者地位，但我们如果“先计”，周密地调查、分析、研究敌我双方的各种条件，并利用有利条件去分割敌人，用我军的10人集中于一处去攻打敌人的局部3人，那么我军就在局部处于绝对优势地位，一击必胜。

这就是弱者“先计后战”，以局部优势以强胜弱，达到全局以弱胜强的制胜逻辑。所以，当企业处于弱者地位或者有利条件比较少的时候，首先要学会等待。其次，在等待中要继续仔细观察、分析、研究影响取胜的条件，并利用这个时机主动创造有利条件。当预计取胜的有利条件比较多的时候，有了制胜的把握，就可以出而胜之，达成目标。

应用指南 || 如何把握企业发展命运，做好战略决策与分析？

振石从股份制改革启航的案例，充分展示了“先计后战”的重要意义。阅读完这一案例及从中拓展出的“商战智慧”，可以很清晰地总结出“先计后战”的战略分析和计划的核心原则和主要方法：

- 高层战略“庙算”见胜负，管理者在决策和行动之前，要先进行考察、分析和研究。
- “先计后战”，要抓住“多算胜”和“谋定而后动”这两个环节，在预计有取胜的把握的情况下，还要进行谋划，制定方案。
- “少算不胜”，在有利条件较少的情况下，领导者一定要有果断放弃行动的魄力。
- 优秀的弱者，要把握机遇，将自己的有限实力转化成竞争优势，以局部优势以强胜弱，达到全局以弱胜强的制胜目标。
- 不要忘记了，“先计后战”也是一种战略手段，运用得好，可以掌控“寂静战场”，可以在战前的战略对抗中获得优势，未战先胜，胜于无声。

二、五事七计——通过七个问题来考察分析五个战略核心要素

——如果说“先计后战”是成功战略决策的前提条件，那么“先计”的关键就在于，通过“七计”战略分析模型来核查评估以“五事”为核心的战略要素和制胜条件。“五事七计”，而后知胜，知胜而后能战。

战略决策事关重大，要遵循“先计后战”的原则，在决策和行动前做好战略分析和计划。那么，如何做好战略分析和计划呢？孙子对此进行了专门的研究，他提出了“五事”战略要素和“七计”战略分析模型。企业可以借鉴孙子“五事七计”战略决策分析模型，结合所处环境考量多元、多级的相关市场主体的核心战略要素，从而清楚地认识自己，也认识别人，扬长避短，避免决策失误和行动失效。

五事七计，抓住战略分析和决策的核心要素。

在上一节我们讲道，《孙子兵法》开篇就强调，战争是国家的大事，事关军民的生死、国家的存亡。所以，国君和将帅不能不“先计后战”，认真深入地加以分析和研究。那么，如何分析和研究呢？

孙子在《计篇》中对这一问题进行了解答，他说：“故经之以五事，校之以计，而索其情。一曰道，二曰天，三曰地，四曰将，五曰法。”

要通过五个方面仔细研究、比较和分析敌我双方的各种条件，考察双方的

实际情况，从而预测战争胜负的可能性。这五个方面，一是“道”，二是“天”，三是“地”，四是“将”，五是“法”。孙子认为，这是决定一个国家军事综合实力的五项基本要素。

孙子在《计篇》中接着对这五个要素进行了解释：

“道者，令民与上同意也，故可以与之死，可以与之生，而不畏危也。天者，阴阳、寒暑、时制也。地者，远近、险易、广狭、死生也。将者，智、信、仁、勇、严也。法者，曲制、官道、主用也。”

“道”——指的是军民上下目标相同，心意相通，可以同生共死，而不惧怕危险，这样才能做到“上下同欲者胜”，是战争的政治和群众基础。

“天”——指的是阴阳、寒暑及春夏秋冬四季更替，天有阴阳二气，互为消长，形成寒暑，寒暑四分，形成春夏秋冬，就是时制。

“地”——指的是路的远近、地势的险要与否、战场的广阔与狭窄、是死地还是生地等地理条件。知远近才能判断是直走还是绕道迂回；知险易才能确定哪里用步兵、哪里用骑兵；知广狭才能计划哪里可以展开重兵、哪里可以精兵攻守；知死生才能看出处于死地的士兵没有退路必向死而生，而处于生地的士兵容易逃散。

“将”——指的是将领“智能发谋，信能赏罚，仁能附众，勇能果断，严能立威”，为将应当具有“五德”才能担当大任，成为“生民之司命，国家安危之主”。

“法”——指的是“曲制、官道、主用”，根据曹操的注解来看，“曲制”是指组织架构、部队编制、指挥系统；“官道”是指人事制度、权责划分机制；“主用”是指物资的保障、调配和财务管理制度。

孙子在《计篇》中说：“凡此五者，将莫不闻，知之者胜，不知者不胜。”这五个方面将领不能不做深刻的了解，了解了就可能取胜，否则就无法取胜。那么，如何去分析了解呢?

孙子认为可以从七个问题入手，他在讲完“五事”之后就接着指明了分析方法：“故校之以计，而索其情。曰：主孰有道？将孰有能？天地孰得？法令孰行？兵众孰强？士卒孰练？赏罚孰明？吾以此知胜负矣。”

所以就需要通过对双方各种情况进行比较分析，从而预测战争胜负的可能性，分析主要围绕以下七个问题展开：

- 哪一方的君主施政更有道义？
- 哪一方的将领能力更强？
- 哪一方占有天时地利？
- 哪一方的法律法规更加严格执行？
- 哪一方的装备资源更精良？
- 哪一方的士兵训练更有素？
- 哪一方的赏罚更公正分明？

我们通过这些比较就能预测战争的胜负。预测了战争的胜负，就能做出战与不战的决策，这就是“先计后战”之“计”的内容、方法、过程、结果。

“五事”是体现军事实力的五大战略要素，所以要“经之”，是需要仔细研究的出发点和核心内容，是需要“索其情”弄清楚的实际情况。而“七计”中的“计”，有计算的意思，“七计”是“校之”的，是比较的七个维度。

可以说，“五事”是日常能力建设的五个方面，“七计”是基于“五事”进行实力量化比较分析的七个维度，是分析和比较的方法模型。所以，通过“七计”的比较分析，可以从具体微观的角度扫描和透视双方在“道”“天”“地”“将”“法”这“五事”的实际情况，进而在“索其情”的基础上正确认识和预测战争的胜负结果。

振石合资成立巨石的战略决策

1989年，振石在股份制改革中诞生，体制改革激发出了巨大的经营活力。然而，公司的生产仍然受到生产技术的局限，代铂炉法虽然比陶土法有了很大的进步，但是仍然不能满足规模化和质量稳定的生产要求。当时，玻纤工业发展的大趋势是池窑拉丝技术。那么，振石是否需要引进池窑拉丝技术？于是，振石面临发展史上继股份制改革之后又一个重大战略课题。

20世纪90年代初期，中国只有上海耀华一家玻纤厂采用池窑技术，年产能4000吨，是国家大力扶持的重点项目。张毓强经过实地考察发现，池窑拉丝工艺是将各种原料在窑炉中熔化，直接通过通路送到专用的漏板，拉制出玻纤原丝，池窑“一步法”直接吃粉料，省去了由粉料制成玻璃球的工序，能大量节约资源；池窑容量大，玻璃液成分均匀，质量稳定；池窑可以连续作业若干年，一个8000吨级的池窑，产量大概是200台代铂炉的总和，相同的产量，池窑所需的人工是过去的1/10，产品成本也可以降低。综合来看，相比代铂炉，池窑拉丝工艺是玻纤制造技术的一次飞跃。

于是，张毓强认定振石的出路就是池窑拉丝。接下来就是要进行战略决策，振石是否真的要启动池窑拉丝技术项目？对此，需要着重分析、论证以下几个条件：

第一，项目有没有充足的合理性？

1992年，“发展是硬道理”的浪潮席卷全国。振石刚刚用代铂炉技术取代陶土技术，再次进行技术改造升级的难度很大，成本也高，而从长远来看，要发展就必须引入最新的窑炉技术，进行技术创新发展，这样才能“不被别人甩掉”。

第二，项目规模多大？

当时中国有2000多家玻纤厂，大部分是国企，资产和产能很大，如上海耀华年产玻纤已达4000吨。因此，如果振石规模太小就没有竞争力，既然要上池窑拉丝项目，主要是为了满足中长期竞争的需要，张毓强设想至少需要年产8000吨级别。经过测算，8000吨池窑最少要投入1亿元，相当于1吨产能的造价是1.25万元。

第三，项目地确定在哪里？

要建造8000吨池窑拉丝生产线，振石原来的工厂过于狭小，而且乡镇土地也无法满足新建生产线的用地要求。适逢桐乡县撤县建市，改名为桐乡市，准备办一个经济开发区，在城区西南方向划出了一块土地。经过沟通，开发区同意提供100亩土地，以满足振石项目建设的用地要求。生产转移到开发区，也有利于将来进一步扩大规模，进行生产基地的建设。

第四，项目资金由谁来支持解决？

由于代铂炉技术改造的大量投入资金还没有完全回收，当时的振石资金紧张。但好在振石赶上了天时地利，桐乡撤县建市倡导工业强市，鼓励委办局和金融机构参与投资有前景的经济实体。银行到振石调研，发现利润率是销售额的29%，相当不错，于是桐乡有四家行政和事业单位决定以下属实业公司的名义投资振石发起的年产8000吨玻纤池窑拉丝项目。后来，该项目实际总投资7500万元，其中股东出资4800万元，银行贷款支持2700万元。

第五，项目生产线工程由谁负责技术攻关？

振石生产管理团队已经有了一批骨干，但池窑拉丝技术被国外封锁，振石需要完全自主地进行技术攻关，建设年产8000吨池窑拉丝生产线，这是一个巨大的挑战，涉及项目的成败。当时南玻院是玻纤行业最重要和最有影响力的科研机构，而南玻院的一名副总工程师和张毓强认识多年并且临近退休，愿意以技术服务形式参与8000吨池窑拉丝生产线工程项目中，以总工程师的身份找来上海耀华当年建设4000吨中碱池窑时的总工程师，带领其他几名技术人员组成技术攻关小组，负责池窑拉丝技术的攻关。

以上天时、地利、人和，使得该项目具备了充足的可行性条件，振石做出了建设年产8000吨池窑拉丝生产线的战略决策。

1993年3月18日，振石作为发起人与其他四个股东一起，举行“桐乡市巨石玻璃纤维股份有限公司董事会第三次全体会议及巨石玻璃纤维股份有限公司联营项目签字仪式”，组建成立桐乡巨石玻璃纤维有限责任公司，注册资本为4800万元，振石持股41.67%，为第一大股东。经选举，张毓强担任董事长，董事会又任命他担任总经理。

1993年，振石战略决策成立巨石。随后多年，巨石承担了做大玻璃纤维产业的战略使命，最终成为世界玻纤行业的真正“巨石”。

今天看来，中国玻纤引领世界的辉煌，起源于振石的股份制改革的开幕大“计”，而成形于合资成立巨石这一战略决策。

1.决策行动要重点审查评估的五个核心战略要素

既然“五事”是企业战略管理的五大核心要素，正是这些要素为企业的经营取胜提供了深层次的支持，决定了企业的命运和最终的结局。那么，在战略决策中，需要重点审查和评估的五个核心要素的具体内容是什么？是“道、天、地、将、法”这“五事”。

我们围绕“五事”战略要素来复盘一下，振石合资成立巨石的战略决策，看看这一决策成功的背后逻辑。振石合资成立巨石的重大战略决策取得成功，主要取决于以下五个核心因素：

一是因为公司管理层、员工、股东之间统一思想，都有一个让自己公司成为“巨石”，“振兴石门”家乡经济的愿景，同时得到开发区、银行还有政府相关事业、机关单位的支持，有了“上下同欲”的“道”。

二是因为赶上国家倡导“发展是硬道理”的潮流，桐乡县撤县建市，力求成为工业强市。

三是因为桐乡市政府规划出一块工业用地，作为经济开发区，公司把握住这一“地”利，解决新项目的建设用地需求。

四是因为找到了当时行业内的权威专家，牵头负责技术攻关，有知兵之“将”。

五是因为公司股份制改革之后建立了规范的公司治理结构，可以高效地进行项目人员的组织和调配，物资供应管理和财务管理有“法”。

所以，“五事”战略管理模型是一个简单、朴实、全面、严谨的战略管理模型，对企业来说，具有重大的借鉴意义和应用价值。

2. 企业的长期成功一定是建立在“上下同欲”之上的

“道”就是让民众和君主有共同的意愿和追求，因而可以同生共死，共患难，而不畏惧任何危险。对企业而言，“道”就是我们今天所讲的共同的愿景，共同的使命和价值观，还包括共同的战略目标。

企业在快速发展的过程中，很容易迷失自我，违背初心，从而偏离发展的方向，走向平庸和失败。而伟大的企业一般会从一开始就树立远大的使命和价值观，并且始终不忘初心，为之而努力奋斗。振石就是“振兴石门”的意思，这是振石成立之初的使命和价值观，以创造社会价值为企业存在的终极意义，从推动家乡经济开始，从“小石头”变“巨石”，从而为中国玻纤工业做出贡献，赢得社会的认可和尊重，从而获得社会支持，赢得更大的发展空间。

如果一个企业有清晰的价值观，可以给组织提供清楚的准则、明确的方向以及持续的动力。这样，能够充分调动组织成员的积极性，催化组织成员上下形成“大业同心”的认同感、使命感和自豪感。所以，企业的成功就是“道”的成功，得道多助。多助之至，天下顺之。

3. 企业发展要顺应大势，永远不要“逆天”

孙子认为“天”就是阴阳、寒暑、四季气候的变化。“天”就是天时，引申为时势大势，也就是大的战略趋势，以及大的战略趋势所释放出来的大的战略机会。企业处在并且面临社会的大势、行业的大势和市场的大势，这都是影响企业的命运和竞争格局的外在因素，是决定企业战略成败的最大变量。

中国的改革开放、体制转型以及由此带来的40年经济高速增长，为很多企业提供了迅速发展的机遇。而振石股份制改革、合资成立巨石，以及日后的一系列重大战略决策行动，就是审时度势，抓住大势所带来的战略性机会。

同时，天有阴有阳，有寒有暑，变化莫测，企业也会面临大势变化，风口转向，正如彼得·德鲁克曾经所说，“动荡时代最大的危险不是动荡本身，而是仍然用过去的逻辑做事”。振石在玻纤生产技术革命的趋势中，敏锐地发现代铂炉生产技术必将被窑炉拉丝生产技术所取代这一玻纤行业发展趋势，于是果断进行窑炉拉丝生产线的建设项目，为以后取得竞争优势奠定了基础。试想，如果振石当时没有顺应这一大势，而是选择挑战比较小的发展方向，扩大代铂炉生产基地建设，结果可想而知。

所以，企业发展永远不要忘记大势，永远不要逆“天”，天下大势，浩浩荡荡，顺之者昌，逆之者亡。

4.学会从四个维度分析市场，把握“地利”

“地”就是地形，对军事来说，地形就是战场；对企业来说，地形就是市场。市场具有多样性和多变性，直接影响到战略行动的成败。因此，企业的高层一定要学会市场分析，抓住对自己有利的市场机遇。孙子认为，“地”有远近、险易、广狭、死生这四种情形，这也是企业分析市场的四个维度。

第一个维度是“远近”，就是市场区域的距离远近。

孙子在《军争篇》中说：“百里而争利，则擒三军将，劲者先，疲者后，其法十一而至。五十里而争利，则蹶上将军，其法半至。三十里而争利，则三分之二至。”行军100里去争利，那左、中、右三军将领都要被人俘虏。为什么呢？急行军100里不休息的话，身体强壮的赶到了，体力差的掉队了，赶到的时候，大概1/10的士兵能先到，那大部队变成小部队，到那儿就被敌人吃掉了。行军50里去争利，则上将军被俘虏，只有一半的人能先到，这样先头部队就会遭受挫折。行军30里也只能2/3先到，还有1/3落在后面。

可见，军队的战斗力会随着作战距离的拉长而呈几何级衰减，风险则会随着作战距离的拉长而放大。所以，市场扩张过快，战线拉得太长，超出能力的边界，对企业来说，往往是灾难的开始。

第二个维度是“险易”，战场上有所谓的兵家必争之地，市场上也有双方必争的重点客户、关键区域和战略通道。

谁首先洞见市场机遇，并迅速调配市场资源，谁就能打开有利的市场局面。振石在股份制改造完成之后，用RP纱打开新市场，又利用8000吨池窑拉丝生产线改造的机会将产品升级为中碱玻璃纤维，之后又打开了新的市场局面。

第三个维度是“广狭”，对企业而言，指的就是市场容量，也就是市场规模到底有多大，发展潜力究竟如何，需要投入多少资源。

第四个维度是“死生”，“死”就是死地，进去之后出不来的地方；“生”就是生地，进退自如的地方。对企业而言，应当远离“死地”，“视生处高”，“养生处实”。

孙子在《行军篇》中说：“凡地有绝涧、天井、天牢、天罗、天陷、天隙，必亟去之，勿近也。吾远之，敌近之；吾迎之，敌背之。”简单地讲，就是这六种危险的地形，进去之后很难出来，必须迅速离开，不可靠近。我们离这六种地形远远的，让敌人靠近，如果在这六种地形附近和敌人交战，则对我们有利的阵地是我们面对这六种地形，而敌人背靠着它。这样，就会出现我军进退自由而敌人举动受限的局面。

同样的道理，市场竞争的关键就是将成长性好的市场和高价值的客户抢先掌握在自己手里，进行市场和客户资源优化，从而取得进退自如的主动优势。

5.“良将善法”也是决定企业实力的战略要素

“将”就是领导者，是经营中最重要、最活跃的变量。优秀的将帅是一个组织最重要的资产。提升领导力在于“为将五德”，这在本书第一部分已有详细的论述。

什么是“法”？就是我们所说的组织结构、人事制度、后勤、财务，是系统性的组织管理制度和能力。振石和巨石从成立开始，就注重组织能力建设，规范高层决策程序，并注重组织的执行力，将企业的愿景和目标通过组织和管理层高效地执行下去，这在后来成了行业竞争对手无法超越、无法复制的核心竞争力。

6.“五事”可以导入为企业的5S战略管理模型

“五事”即“道”“天”“地”“将”“法”，是组织的五个核心战略要素，全面且严谨，可以导入企业作为战略管理模型，我把它称为“5S战略管理模型”。

“5S战略管理模型”分为五个层级：

- 第一个层级是“道”：企业的使命、愿景，价值观和战略目标。
- 第二个层级是“天”：企业所处的大势，宏观政治、经济形势。
- 第三个层级是“地”：企业所处的行业和市场。
- 第四个层级是“将”：企业家和核心管理团队。
- 第五个层级是“法”：企业的组织与管理法规，制度，流程。

需要注意的是，“道”“天”“地”“将”“法”这五大要素不是彼此孤立的，而是互为条件、互为支持的，是一个有机统一的战略管理系统。因此，这个5S战略管理模型，虽然只有五个层级，但是内涵极其丰富，在具体的战略决策实践中，可以参照现代管理学中的“5 W1H”进行直观的思考：

- Why，为什么？回答关于“道”的问题。
- When，什么时间？回答关于“天”的问题。
- Where，什么地点？回答关于“地”的问题。
- Who，谁来做？回答关于“将”的问题。
- How，如何做？回答关于“法”的问题。

7.“七计”是战略决策七个维度的SWOT分析框架

孙子基于“五事”这五个方面的战略要素，从“七计”这七个维度来分析比较敌我双方的优势和劣势，从而预先判断战争胜负的结局。“五事”明确回答了“抓哪些要素和要点”这一问题，“七计”则明确指明了“怎么抓这些要素和要点”这一问题。“七计”是“五事”的细化和延伸，也是孙子的SWOT分析框架。

具体而言，就是从七个方面来考察，以了解“五事”的决策信度和实际成效，这就是以下七问：

- 问题1：主孰有道？——哪一方的领导者更深得人心？
- 问题2：将孰有能？——哪一方的管理者更有才能？

- 问题3：天地孰得？——哪一方占有天时地利？
- 问题4：法令孰行？——哪一方的制度和决策更能够得到严格的执行？
- 问题5：兵众孰强？——哪一方的装备技术更强？
- 问题6：士卒孰练？——哪一方的员工更加训练有素？
- 问题7：赏罚孰明？——哪一方更加赏罚严明？

上述这七问既可以用来考察和比较对手或者其他市场相关主体的实力，也可以用来作为企业自身战略实施的具体要求。战略落实和执行可以从破解这七个问题入手。

振石和巨石也把握了“七计”的思路和重点，在内部组织绩效管理方面抓住了战略核心要素，大大提高了公司的组织绩效和软实力。振石和巨石组织能力建设的大部分内容是通过破解以下七个问题来实现的：

- 问题1：主孰有道？——如何让公司的使命、愿景和价值观更深得人心？
- 问题2：将孰有能？——如何提升管理者的才能？
- 问题3：天地孰得？——如何提升公司的内部环境和外部环境？
- 问题4：法令孰行？——如何建立、健全制度和提高决策执行力？
- 问题5：兵众孰强？——如何提高装备技术能力？
- 问题6：士卒孰练？——如何提高员工技能和职业素质？
- 问题7：赏罚孰明？——如何提高员工的激励效果？

这就是可以借鉴的“择人而任势”的组织绩效管理之道，本书将在第五部分进行专题论述，是“七计”这一战略决策分析框架的一个具体应用案例。

应用指南 || 如何构建战略决策与分析的核心要素和框架？

振石合资成立巨石的案例，充分展示了通过“五事七计”来把握战略决策考量因素。阅读完这一案例及从中拓展出的“商战智慧”，可以很清晰地总结出构建“五事七计”战略决策和分析核心要素与框架的关键原则和主要方法：

- 战略决策和行动要重点审查评估的“五事”即“道、天、地、将、法”这五个核心战略要素，运用“五事”的战略管理模型进行。

- 企业的长期成功一定要建立在“上下同欲”之上，让组织成员上下形成“大业同心”的认同感、使命感和自豪感。

- 企业发展要顺应大势，要准确把握影响企业命运的因素，抓住大势中释放出来的大机会。

- 学会从“远近、险易、广狭、死生”四个维度分析市场，把握“地利”，抓住对自己有利的市场机遇，当然，还要学会了解力量配置的“作战地域”，认识和处理“战略空间”的问题，提前占据有利的位置。

- 培育良“将”，建立善“法”，打造强有力的管理团队，提升系统性的组织管理能力。

- “五事”可以导入为企业的“5S战略管理模型”，建立以“道、天、地、将、法”这五大要素互为条件、互为支持、有机统一的战略管理系统，并且参照现代管理学中的“5 W1H”进行直观的思考。

- 以“七计”为核心建立战略决策七个维度的SWOT分析框架，用来考察对手的实力，以及作为企业自身战略实施的具体要求。

三、不致于人——自己掌握主动权

——市场风云涌动，虚实变幻。成功企业之所以能够决胜于千里之外，就在于运筹帷幄，“致人而不致于人”，抢占对自己有利的战略制高点，牢牢把握战略发展和市场竞争的主动权。

始终把主动权牢牢地控制在自己手里，这既是军事取胜之道，也是企业成长强大、成就伟大的成功之道。争取主动权，体现在重大的战略布局中，也体现在具体的经营计划中。这就是孙子“致人而不致于人”的战略思想。

不致于人，“永远要左右敌人”。

竞争的实质是对主动权的争夺，“永远要左右敌人”，这是军事上的至理名言。因此，要把战争的主动权牢牢地控制在自己手里，这是取胜的关键。

这就是孙子“不致于人”的战略思想，他在《虚实篇》中说：“故善战者，致人而不致于人。”善于指挥作战的人，在军事行动的过程中，一定要调动、牵制对手，而不被对手调动、牵制，要将主动权永远掌握在自己手里。

那么，如何掌握主动权呢？孙子在《虚实篇》中说：“凡先处战地而待敌者佚，后处战地而趋战者劳。”凡是先到达战地，等待敌军的，就能从容安逸；后到达战地，而仓促应战的，就会被动劳累。所以要抢在敌人前面控制战略要地。

那么，怎么样掌握抢占战略要地的主动权呢？孙子在《虚实篇》中提供了参考思路：“能使敌人自至者，利之也；能使敌人不得至者，害之也。”想要调动敌人，使他们自动前来我方预想的战地，就要用利益来引诱对方；想要使敌人无法比我们先来到战地，就要设置障碍来阻挠对方。这样做的目的就是要控制作战地点，自己抢占了有利的战略位置，再把敌人调到对自己有利的战场。所以，掌握主动权的一种有效方式就是调动对手。

但是，敌人不是你想怎么调动就怎么调动的，要抓住要害。正如孙子在《虚实篇》中所说：“故我欲战，敌虽高垒深沟，不得不与我战者，攻其所必救也。我不欲战，画地而守之，敌不得与我战者，乖其所之也。”

我军想要交战，就算敌人磊高墙、挖深沟防守，也不得不出来与我军交战，那是因为攻击了敌人非救不可的要害之处。如果我军不想与敌军交战，虽然只是表面画出界限，作为防守，敌人还是无法与我军交战，原因是我军已设法改变了敌军的进攻方向。

所以，掌握主动权的一种有效方式就是调动对手，而调动对手的关键就在于掌握住对手的要害，“打蛇就打七寸”“牵牛就牵牛鼻子”。

在战争中抓住敌人的要害，有时候能够化被动为主动，在战略弱势的情况下，掌握局部战术上的优势。孙子在《九地篇》中专门论述了这一问题，他说：“敢问：‘敌众整而将来，待之若何？’曰：‘先夺其所爱，则听矣。’”如果敌人众多，而且阵势严整向我军发起进攻，那应该用什么办法对付他呢？答案就是：先夺取敌人最关注的要害，这样敌人就得听任我军摆布了。

战场形势复杂，双方力量不均，调动敌人之所以是一种有效的争取主动的方式，是因为在运动中，双方的“虚实”情况会发生变化。这样，敌人的“虚”就总有暴露的时候，对我军来说，就总会有机会寻找、发现敌人哪里“虚”，然后乘虚而入，避实击虚，从而掌握主动。

巨石主动战略选择放弃外商投资

振石合资成立巨石，巨石8000吨窑炉拉丝生产线建成以后，1995年玻纤产量突破1万吨，对美国出口业务大增。但是很快遇到亚洲金融危机，市场滑坡，国内国外市场萎缩，银行负债达到1.3亿元。最重要的问题就是规模上来了，但从技术到工艺都不成熟，作业效率低，质量不稳定，显现不出成本优势和质量优势。同时，巨石的生产线大修需要资金，上新的生产线也需要资金，但银行拒绝贷款。

当巨石在困难中挣扎时，1997年，一家国际性的玻纤巨头企业，试图通过合资的方式控股巨石，打算投资3000万美元入股，占80%的股份。这是一家百年企业，擅长收购。20世纪90年代初进入中国，最初想自己投资建厂，但建厂耗时长，而此时的巨石已经有产业基础和人才队伍，如果能吞下巨石，只需要新建几个窑炉就能见效，事半功倍。

当时，中国正兴合资热。知名外企愿意合作，并且一下子能引进3000万美元资金，解决巨石的燃眉之急，因此桐乡市政府很支持，股东也同意。1997年8月，国际玻纤巨头一行十多人到访巨石，双方就合作的总体构想和各方面的细节进行了全面会谈，并签订了合作意向书，希望年底能成立合资公司。

此后半个月，外方资深副总裁、玻纤事业部总经理、亚太区销售负责人均到巨石考察，9月中旬，其全球总裁也来到巨石。同时，他们给张毓强开出项目推进奖励条件，如果项目成功，由张毓强担任中方总经理，年薪8万美元，如果收购顺利完成，专门奖励他100万美元。要知道，1997年，中国城乡的年人均可支配收入只有5000多元。为推动项目最后正式签约，12月，外方还邀请桐乡市领导和巨石董事会主要成员出访其总部参观。

在这个过程中，张毓强一直在考虑一个问题：巨石到底要不要和外资进行合作？同时他也担心另外一个更重要的问题，那就是一旦迈出这一步，外资会不会利用巨石这个平台，进一步出击，那中国的民族玻纤工业还有没有未来？

当时很多外资在中国收购的都是机制比较僵化的国企，而巨石不存在机制问题，主要是资金压力太大，行业经验还不够成熟。但是张毓强判断，国内玻纤市场很快就会有好转。基于这两点，张毓强最终决定尽可能避免和外资合作。

那么，如果不合作，巨石的资金问题怎么解决？银行对民企的贷款收得很紧，虽然上市能够作为融资的另外一条渠道，但民企很难拿到上市指标。于是，在经过一番深思熟虑之后，张毓强决定探求与央企合作的可能性。

张毓强向当时的国家建材局局长张人为当面汇报，讲述了巨石的发展和目前面对的困难，以及他对中国玻纤行业被外国抢夺话语权的担忧。张人为，在建材局当了多年领导，在他看来，建材局旗下的玻纤企业有数百家，但都经营不善，即使近年来重点投资扶持了几家骨干企业，效果也不理想，而巨石是一家在市场风浪中打拼出来的，有成长潜力的企业。如果把巨石卖掉，那么中国玻纤工业的领头羊就是外资企业了，那太可惜。

于是，张人为制订了一个包括玻纤行业在内的整个建材工业的发展计划，提出为适应国民经济发展对新型化学建材的需求，将中国建材下属相关企业进行整合，培育几家龙头企业，拿到资本市场上市，从而提振全行业信心的方案。第二天，张人为亲自给国务院领导写信，汇报建材行业的发展计划，并提到了巨石集团的总经理放着外资公司给的100万美元酬金和8万美元工薪不要，也要保住民族玻纤企业这件事。

1997年末，巨石董事会最后一次投票决定停止合资，依靠从上到下的各方支持走出困境。这一决定得到了张人为的肯定和高度赞扬。巨石选择了一条自主的快速发展道路。

今天看来，中国玻纤引领世界的辉煌，起源于振石的股份制改革的开幕大"计"，成形于合资成立巨石这一战略决策，得益于巨石一直选择并坚持自主发展道路。

1.致人而不致于人，企业要主导自己的发展路径和方向

一个企业只有主导自己的发展路径和方向，才能掌握发展的主动权。要掌握主动权就要"致人而不致于人"，首先强大自己，保证自己不被别人控制。同时，在竞争中始终牵制别人，进可攻，退可守，攻守自如。

巨石始终坚定自己的发展方向，即使在面临重重困难的"寒冬"，也没有接受外商的"雪中送炭"，做到了"不致于人"，坚持初心，坚定信念，创造并利用有利的条件解决困难，走自主发展道路，最终做到了"致人"成功，用实力反制了强大外商的并购。

这在巨石历史上是一个历史选择的关键战略性事件。如果当时巨石在困难面前消极防御，选择与外商合资，虽然可以解决燃眉之急并且获得一定的发展，但是就不会有今天"中国玻纤引领世界"的局面。

2.永远要自己掌控竞争局面

对企业而言，作为一个市场主体，总会面临很多竞争对手，也会涉及很多市场区域的竞争。如果不努力掌控竞争局面，处处受制于人，那么就会失去自己的客户和市场，甚至被竞争对手打败或者吞并。

巨石当时是一家成立不久的玻纤制造企业，不仅面临着国内的市场竞争，

而且还面临着美国和欧洲等国外的超强对手。在起步发展的十字路口，只有勇于挑战，选择依靠自主创新，突破国外技术封锁，并依靠自己的努力解决发展中面临的种种困难，做大做强，才有可能脱颖而出，成就后来的辉煌。

法国战略学家薄富尔曾说，战略家的最终目的是改变历史潮流的趋势，所以既不可坐以待毙，也不可“以应变为满足”，而必须采取主动积极的行动，以求控制世局的演变，诱导历史的流向。从巨石的这一战略选择可以看出，始终掌握主动权，致人而不致于人，既是战略选择的原则导向，也是战略发展的决策信仰，为了企业发展的战略本谋，始终坚持，最终控制了中国玻纤工业的演变，引领了世界玻纤工业技术的发展潮流。

3.先处战地，抢占行业和市场的制高点

正如孙子在《虚实篇》中所说：“凡先处战地而待敌者佚，后处战地而趋战者劳。”抢占有利战场，是打仗取胜的关键所在。企业发展也是这样，如果取得有利的市场地位，就能在市场竞争中处于优势，掌握主动。

巨石放弃外资合作，其中一个重要的原因就是要成就“巨石”梦想，成为国内的玻纤龙头企业，进而利用这一龙头地位的市场竞争优势，抢占世界玻纤行业的制高点，从而取得全球玻纤行业的话语权。事实上，当巨石后来真正抢占了行业的制高点，在面临其他后来的竞争者争夺自己已经布局好的市场的时候，就掌握着“以逸待劳”“以饱待饥”“以实击虚”的主动竞争优势和主动权。

企业的发展和竞争就是这样，在关键的位置，必须先占据主动，要有卡位意识。巨石的成功就在于抢先一步认清市场格局，抢占战略上的制高点和战略性的机会，从而将企业发展的命运主动权掌握在自己手里。

4.积极防御，限制对手的选择余地

巨石在放弃与外商合资的这一场“战斗”中“先处战地”，了解了世界玻纤行业的竞争格局，并清晰地认识到巨石与外商合资对中国玻纤行业的长远影响。

巨石在与外商进行合资谈判的过程中，始终掌控着项目推进的进度，先采用“意向书”的形式明确了初步合资条件和项目推进计划，为自己留下了选择空间，明确了对方排他性谈判的义务和责任。同时，明确除排他和保密约定以外的其他项目具体合作条件以双方将来签订的正式合资协议为准，这就从排他

谈判和合资生效条件方面限制了对手的选择余地。即便是在最终签订正式框架协议的时候，也明确了合资项目需要经过巨石董事会批准才能对巨石有法律约束力，这样就保留了巨石最终战略决策前的主动权，也有效限制了对手“恶意并购”的选择余地，最终“离而不争”。

5.你打你的，我打我的

《战争论》的作者克劳塞维茨说：“决不要采取完全消极的防御，而要从正面或侧面攻击敌人，甚至当敌人正在进攻我们的时候也要这样做。”

巨石在与外商合资的战略决策过程中，面临的最大问题是资金困难。巨石没有把外商当救命稻草，受制于人。在外商利用巨石“寒冬”之际采用“雪中送炭”的并购进攻策略中，没有完全消极地防御，而是积极寻求与央企的合作解决资金困难，在另外一个“战场”取得了成功。

巨石在这一战略行动中，之所以取得成功，是因为巨石是按照自己制定的游戏规则，寻求其他途径解决资金需求，而没有被动地在外商制定的合资规则中求生。这就是“你打你的，我打我的”。在这个过程中，刚开始巨石处在资金紧缺的困难中，可以说是被外商按照并购的计划“压着打”。在这种被动的情况下，巨石发现主动权不在自己手里，所以转而寻求与央企进行合作谈判，改变了与外商合资的被动局面。

6.扭转被动局面，攻其所必救

企业在发展和市场竞争中，难免会处于弱势地位或者被动局面。在此情况下，最有效、最直接的夺取主动权的进攻行动是什么呢？

要扭转被动局面，可以借鉴《孙子兵法》中“攻其所必救”的策略，抓住市场竞争的关键部位和核心要素出击。巨石与外资的合资与放弃其实就取决于资金需求这一个关键要素，把这一个关键要素解决了，整个局面就会由被动变为主动。

在市场竞争中，只要抓住了竞争对手的要害，“先夺其所爱”，再强大的对手都会“听”我们摆布。“先夺其所爱”的“爱”，或者是核心市场，或者是关键盈利点，或者是商业模式，或者是竞争对手赖以生存的关键要素，比如主要客户资源、原料供应渠道、物资运输通道、质量控制系统、关键技术信息等。

整体上我虽处于弱势和被动的地位，但我可以集中优势资源，在关键的部位或者关键的要素上积极地竞争，从而抓住竞争的要害，进而有效地影响并改变竞争对手的竞争策略和行为。

应用指南||如何“不致于人”，坚持自主发展？

巨石战略选择放弃外商投资的案例，充分展示了企业坚持自主发展的战略实践。阅读完这一案例及从中拓展出的“商战智慧”，可以很清晰地总结出构建“不致于人”自主发展战略的核心原则和主要方法：

- 企业要主导自己的发展路径和方向，掌握发展的主动权，进可攻，退可守，攻守自如。
- 永远要自己掌握竞争局面，采取主动积极的行动，力求主导企业、行业甚至世界的产业和技术的发展潮流。
- 先处战地，抢占行业和市场的制高点，在关键的位置占据主动。
- 积极防御，限制对手的选择余地，从而为自己的战略计划实施留下“攻守”和进退空间。
- 你打你的，我打我的，在面临强大对手进攻的时候，要从正面或侧面出击，以获得主动，而掌握主动的关键就在于形成并保持自己的差异化，创造独特性的竞争优势。
- 扭转被动局面，攻其所必救，以扭转总体上的弱势和被动地位，有效的方法是集中优势资源，抓住竞争的要害。

四、求之于势——利用有利条件顺势而为

——顺势者昌，逆势者亡。企业要做的就是谋形任势，转圆石于千仞之山，用高度和速度积累企业发展的驱动力。

雷军说："万仞之山推千钧之石"，强调"势"对企业加速发展的巨大作用。势，是力量的放大器，同样的资源放在不同的"势"中，可以发挥出完全不同的效能。因此，企业要善于度势，借势，造势，任势，从而获得更大的发展动力。

求之于势，顺势而为，实现可持续发展。

孙子主张"求之于势"，利用有利条件顺势而为。他在《势篇》中说："故善战者，求之于势，不责于人，故能择人而任势。"善于指挥作战的人，总是注意利用有利于自己的必胜条件，顺势而为，而从不对部属求全责备。因此，他们能够很好地量才用人，利用和创造必胜的态势。

什么是势？孙子在《势篇》中用比喻的手法对"势"进行了解释，他说："故善战人之势，如转圆石于千仞之山者，势也。"势，就像是在一千仞那么高的山上推下来一颗圆石，石头不会自己转动，是借助山势才会滚动且不可遏制。石头滚下来有多大力量，主要在于山有多高，山越高，势能越大，势能可以转化成动能。

因此，如果懂了势，再指挥作战。这就像站在山顶，向山下推动一块滚圆

的石头，让石头顺着陡峭的山坡滚下去，石头就会发挥出强大的动能，势不可当，达到“摧枯拉朽”的效果，省心省力，事半功倍。

孙子还在《势篇》中用“激水漂石”的例子形象地说明了求之于势的实际效果。他说：“激水之疾，至于漂石者，势也。”湍急之水能将巨石冲走，是借助水势。这就是俗话说的“火借风势，水借山势”。顺风时，不必煽风点火，火就能烧得很旺；顺水时，不用努力划桨，船就能乘着波浪自由前行。这是顺势而为，军事行动只有顺势，才会顺利取胜。

当然，实际战场形势很复杂，懂势、顺势，还要结合实际情况，充分利用取胜的有利条件造势、任势。这样，才能提高取胜的概率，扩大胜利的效果。

那么，如何借势、任势呢？孙子在《势篇》中说：“任势者，其战人也如转木石。木石之性，安则静，危则动，方则止，圆则行。”

梅尧臣注解说：“木石，重物也，易以势动，难以力移。”大树木、大石头，要想靠力量搬动它，很难。但如果我们把它放到山顶上，利用山势，那轻轻一推，它就雷霆万钧地滚下去，不可抵挡。木石置平地就没有滚动之势，我们想搬着它去打敌人，很难有效。所以，把它搬到山顶，然后借助山势滚动石头，则石头杀伤威力大增。这就是造势。

所以顺势而为，可以放大力量，发挥资源的更大效能。相反，如果不任势，逆势而为，只会陷入被动的局面。孙子用逆水行军、逆风火攻的例子对此进行了说明，他在《行军篇》中提醒说：“视生处高，无迎水流。”在《火攻篇》中强调说：“火发上风，无攻下风。”在行军的过程中，要选择对自己有利的地势，应当避免逆水而行；在有火的战场形势下，也不能逆风作战。如果逆势而行，就处于被动和不利的形势下，遭受损失，甚至有可能被水淹没、被火吞噬。天下大势，浩浩汤汤，顺之者昌，逆之者亡。

讲到这里，我们已经懂得了“求之于势”的重要法则，那就是：要顺势而为，切忌逆势而动。但是我们都知道，要真正做到“求之于势”，并不是一件容易的事情。所以，孙子在《计篇》中说：“势者，因利而制权也。”势也是不断变化的，到了战场上，要根据形势的变化，趋利避害，化不利为有利，相机行事，有势借势，无势造势，充分利用取胜的有利条件，把握胜势。比如，士兵是勇是怯，不在于他们的性格，主要在于我们把他们放在什么形势下。我们把他们放到死地，他们无路可走，就只能向死而生，拼死搏杀。当我军包围敌军的时候，“围师必阙”，要留出一条口子，避免给敌军造成“死地则战”的形势，造成杀敌一千自损八百的不利结果。

需要说明的是，“形势”是“形”与“势”的组合，是决定战争胜负的两个基本因素。

形，是指客观、稳定、易见等性质的因素，在兵法中是指军事实力及其外在表现，如战斗力的强弱，战争的物质准备。

势，是指主观、易变、带有偶然性的因素，如兵力的配置，士气的勇怯。

可以说，形是运动的物质，势是物质的运动，物质之形客观存在，运动之势则可主观造就。比如，同样一支军队，利用不同的战场条件，在运动分合中，可以形成不同的强弱形势，进退态势，盛衰气势，也可以隐藏自己的实力于“无形”。

巨石顺势与央企混改上市

上一节我们讲到巨石放弃了与外商合资，选择走自主发展的道路。逆水行舟，不进则退，此时巨石最紧迫的任务就是进行技术改造，扩大规模，调整产品结构，加速全国一流研发队伍的建设，扩大国际市场占有率等，使企业发展再上一个大台阶。而要真正解决发展中的这些难题，还必须要从融资入手，于是张毓强有了巨石上市的计划。

但是，当时中国资本市场的主要功能是帮助国企融资，振石和巨石都是民企，要想单独上市，难度很大。张毓强洞察时机，自觉融入混合所有制经济的历史大潮，“借船出海”，明确了与央企资产混合上市的构想。

经过了解，建材局直属的中国新型建筑材料集团（2003年4月改名为中国建筑材料集团公司，以下称为“中国建材”）获得了一个上市名额。但由于集团内部资产质量差，经专家论证，决定从外部引入优良资产，整合资源，打包上市。1998年，巨石的玻纤产量已达到2.8万吨，收入达到1.5亿元，利润达到989万元，销售额、出口额和经济效益均跃居国内首位，在国内玻纤行业里面是最为优质的资产。

于是，双方一拍即合，形成了巨石与中国建材混改上市的方案：由中国建材作为主发起人，与振石、江苏永联集团公司和中国建筑材料及设备进出口公司联合发起组建股份公司（1998年8月31日经国家经贸委批准成立，名称为“中国化建”）作为上市平台。同时，巨石引入中国建材作为股东，占股10%，使巨石成为央企参股的关联企业，其生产经营性资产整体装入中国化建。

1999年3月5日，中国证监会核准中国化建在上海证券交易所上市，4月22日正式挂牌交易，股票代码为600176。

巨石与央企混改上市，是巨石历史上最重要的一次资本运作，在上市后，巨石筹集资金加快规模扩张和技术改造的进度，并通过承债式收购实现了跨地区发展，到2003年，成为玻纤行业的国内第一。因为巨石的顶梁柱作用，玻纤最后成为中国化建的主业，巨石将打包上市期间装入的一些不良资产剥离出去，上市公司也于2003年更名为“中国玻纤”，后又在2015年再次更名为“中国巨石”。

同时，巨石上市是通过和央企的资本合作完成的，巨石作为民企和央企混改企业，不仅是中国混合经济的早期案例之一，也是迄今为止非常成功的案例之一，是央企混合所有制改造“国民共进”的亮丽样板。

今天看来，中国玻纤引领世界的辉煌，起源于振石的股份制改革的开幕大“计”，成形于合资成立巨石这一战略决策，得益于巨石放弃外商合资坚持自主发展道路，并借势于“国民共进”潮流与央企混改上市。

1.“求之于势”，抓住机会乘势而上

势就是由高度和速度产生的一种强大的推动力和冲击力，一股强大的潮流，一个强大的风口。智慧的企业家就是要找到这个“势”，让它形成一种强劲的驱动力量，推着企业向前发展。

企业要想借势，就要能够度势、懂势，比别人先预计到势从哪里来、到哪里去，以及势来势去的时间跨度，还有势的影响力有多大。所以能不能借势还取决于企业家的远见卓识和洞察力，以及对宏观形势的把握能力。巨石与央企混改上市，依托央企的平台，放大了其资产效能，进一步增强迅猛发展之“势”，其成功的关键就在于张毓强提前审时度势。这是成功企业顺势而为、乘势而上的一个典型案例。

但在宏观大势面前，企业往往难以凭一己之力扭转大势，所以企业发展战略的核心是创造出有利的态势，节省资源，增强企业发展势能。明智的企业家或者成功的企业往往善于度势、借势、造势，从而保证常胜，使企业获得持久

快速的发展。

2.“谋形任势”，积蓄自身发展的动能和优势

回头来看，巨石与央企混改上市之所以成功，一是因为张毓强敏锐的审时度势，及时地抓住了“国民共进”的大势；二是因为巨石当时已经形成了优质的资产，满足了央企“引入优质资产”的核心要求。如果巨石资产质量差，即使能够准确地度势，发现“借船出海”的机会，也可能因为实力不足，无法实现成功借势、造势。

所以，成功的企业，特别注重借势、造势与谋形相结合。在《孙子兵法》的哲学概念中，形是运动的物质，势是物质的运动。谋形，讲的是军事综合实力的积累；造势，讲的是主观能动性的发挥。因此，正确的战略决策和作战指挥能够形成有利的作战态势，成为军事力量的倍增器。

如此，我们可以得到启发，谋形就是谋求胜利的力量基础，借势、造势是为这种力量基础搭建用武的平台和推动机制。张毓强有一个经营理念，他认为，企业在发展的过程中遇到行业复苏或者经济复苏的大势，那是机遇，企业要想办法抓住这些机遇，但是依靠这些机遇而取得的经营成果并不能代表企业的竞争力。企业真正的竞争力在于“两端发力”，一端要善于抓住机遇，抓住大势享受外在形势带来的红利；另一端要依靠管理降低成本，提高质量，增强企业自身的基本功和发展后劲。这样在大势不好的时候，企业同样能获得比较好的发展，具备较好的抗风险能力和竞争力。

所以，企业发展，不能光想着如何借势、造势，热衷于寻找风口、追逐潮流，却不苦练内功。要想发展，应该首先重视谋形，增强自身体能，才能更好地借势、造势，获得更多的发现机会和更多的发展动能和优势。

3.利用势能杠杆，放大资源效能

顺势而为，可以有效借用势的推动力，放大资源效能，但逆势而为则会遇到势的阻力，减损资源效能。

所以，当企业再努力也没有取胜希望的时候就不要去逆势而为，最明智的办法就是顺势而为，退出市场。比如，一种产品已经进入生命周期的最后，再多的努力也难以回天，这时候还不如开发出更符合市场需求的产品，以顺应市

场发展的内在规律。

巨石在上市以后，顺应市场趋势，剥离了玻纤业务以外的不良资产，甩掉包袱，集中资源于玻纤业务的发展，充分发挥了势能的杠杆作用，随后出现爆发式增长。

4.“兵无常势”，避免墨守成规，借势但不能靠势

“势”对企业的命运有巨大的影响，企业的行为只有与大势相吻合，相关的战略行动才可能获得更大的成功。所以，要学会度势、借势、造势。

但是大势是会变的，如同潮起潮落，大势也有起有落。因此，在顺势的时候不能过度高估自己的实力，认为所有的成功都是理所当然的，往往“如日中天”就是大势变幻，企业发展经营逆转的时候。

所以，企业需要“因利而制权”，在大势变化中，把握好企业发展和经营的节奏，借势但不靠势，这样才能获得长久的发展。

巨石在与央企混改上市以后，并没有因此沉迷于资本扩张，而是将上市融资用于技术改造、产品结构调整等创新和转型能力建设，加强企业自身的基本功。这样，巨石在产品成本和质量以及产品结构方面取得了领先优势，在行业大势不好的情况下，反而转化成企业自身的优势，提高了市场占有率，从而获得了更快速、更持久的发展。

应用指南‖企业如何“求之于势”实现可持续发展？

巨石与央企混改上市的案例，充分展现了企业“求之于势”实现可持续发展的成功实践。阅读完这一案例及从中拓展出的“商战智慧”，可以很清晰地总结出构建“求之于势”可持续发展战略的核心原则和主要方法：

- “求之于势”，抓住机会乘势而上，增强企业发展势能，使企业获得持久快速的发展。
- “谋形任势”，积蓄自身发展的动能和优势，管理者要重视谋形，增强自身体能，从而获得更多的发展动能和优势。
- 利用势能杠杆，放大资源效能，避免逆势而为受到势的阻力，为快

速增长创造条件。

- “兵无常势”，避免墨守成规，借势但不能靠势，管理者要把握好节奏，为长久的发展创造条件。

当然，用势要把握“激水漂石”的关键在于“流动”和“速度”，在经营中充分考虑物流、现金流、人流等的流动性，提高流动速度也可以提高效益，这也是用势。

五、不战而胜——尽可能避免用高成本方式取胜

——企业战略决策有一种境界是“不战而胜”。着眼全局，布局未来，不战而屈人之兵，保全对手而成就自己的“霸王之道”。

经营企业最为看重的是如何投入小，产出大，争取最佳投入产出比，而不是打垮所有对手，一家独大。所以，将孙子“不战而胜”的战略思想作为企业经营中的战略思想未尝不可，我们不妨深入理解其思想体系，按照其内在灵魂的指引，制定企业自身的发展战略、竞争战略。

不战而胜，“不战”就是追求取胜的最低成本，而不是惧战。

孙子在《谋攻篇》中说：“是故百战百胜，非善之善者也；不战而屈人之兵，善之善者也。”百战百胜不能算是高明中最高明的，不战而能使敌人屈服，才能算是高明中最高明的。孙子主张通过“不战而屈人之兵”的方式取胜，也就是“不战而胜”。

百战百胜为什么不是最好的？很多将军的荣誉和地位都是通过战争取胜得来的，何况百战百胜就是常胜将军，所以百战百胜有什么不好？很多人不理解。其实仔细想想，百仗打下来，哀鸿遍野，十室九空，杀伤破坏何等巨大，而算一算战果，杀敌一千自损八百，获利极小，得不偿失；再则，一个将军需要打一百次仗，才能最终征服敌人，意味着只擅长斗力，不擅长斗智，这样的将军，当然算不得“善之善者”。

相比之下，不战而屈人之兵，没有经过大规模杀戮，对交战双方都没有造成巨大的杀伤破坏，依靠“谋攻”征服了敌人，可谓以小的代价获得大的胜利，其投入产出比是最大的，所以最为智慧，当然是“善之善者”。

那么，怎么做到“不战而胜”呢？孙子在《谋攻篇》中说：“故上兵伐谋，其次伐交，其次伐兵，其下攻城。”有许多人可能将这段话解释为：战胜敌人最好的办法是运用谋略，其次的办法是通过外交手段，再次是用军事手段，最差的办法是攻打敌国的城池。从表面上看，这种解释并没有什么问题，但仔细一分析，就会发现这种理解在逻辑上有偏差。从逻辑上看，无论运用什么样的手段，都需要谋略，运用外交手段也需要谋略，运用军事手段也需要谋略；而运用谋略，也同样离不开外交或军事手段。就运用军事手段而言，如果说“伐兵”是用军事手段，攻打敌国城池本身也是一种军事手段。所以说，孙子这段话按照战争的逻辑顺序，从遏制对方战略企图开始，到与对方军事实力不得已的接触，是一步步递进展开的。我们应当按照这种逻辑顺序去理解，才能符合孙子的本意，才能适应战争与竞争的规律。

有人可能会说，我总是不停地拼打，但我也很想“不战而胜”，这可能吗？回答是肯定的。你没有实现“不战而胜”，是因为你的战略还没有达到一定的高度，还没有掌握《孙子兵法》的一些战略方法。孙子前面的话为我们描述了四种不同的战略方法，扣住《谋攻篇》的主题说，就是四种不同的战略谋攻方法。这四种方法反映了四种不同的战略意境，有着不同战略层次的区分。“上兵伐谋”中的“上兵”就是用兵作战的上策。上策是追求最理想的状态，伐谋、伐交，不战不“破”而胜。中策是追求比较理想的状态，在伐谋、伐交的基础之上，小战小“破”而胜。下策是立足最现实的状态，伐谋、伐交、伐兵，多手并用，挑战“大破”而胜。

这里的“上”“其次”“其下”不是割裂的关系，也不是多选一的关系，而是主次、先后的关系。一般是先选择斗智伐谋、伐交，然后再选择斗力伐兵、攻城，伐谋、伐交、伐兵、攻城多手并用打“组合拳”，这实际上就是“不战而胜”的系统办法。

通过这些办法力求“不战而胜”的第一目标，不仅保全了自己，而且保全了敌人，从而将敌人收入自己的麾下，“胜敌而益强”。

所以，孙子在《谋攻篇》中说：“必以全争于天下，故兵不顿而利可全，此谋攻之法也。”一定要根据“全胜”的战略争胜于天下，这样不使军队疲顿折损就能保全利益，这就是以谋略克敌制胜的标准和价值导向。

当然，“不战”是理想的状态，需要动态地理解和运用，如果用伐谋、伐交等相对温和的手段征服了敌人，就不必展开实际的军事打击；如果伐谋、伐交削弱了敌人，但未必能征服，则要寻求要害，小范围地予以致命一击。总之，“不战而胜”的总体原则和导向，就是想尽一切办法，以尽可能小的代价赢得尽可能大的胜利。需要注意的是，对手的一切行动都是遵从其战略意图的，如果在一开始就能够消除敌方的战略意图，这再理想不过了，而且这是从根本上解决了问题，这是“不战而胜”的最佳方法。当然，这需要很高的战略智慧，是一种很高层次的智力较量，尤其在对方也是战略高手的情况下，这种智力较量的难度会更大。但是，这种智力较量不是空虚的，而要通过一系列的战略行动来实现，其中包括军事上的威慑行动，也包括经济、文化、舆论等一系列的行动，这些行动的结果就是要使对方统帅的战略思维发生变化。而能不能发生有利于自己或者按照自己设想的那种变化，就要看这些行动的针对性和有效性了。

巨石收购九江玻纤厂布局国内中部基地

上一节我们讲到巨石“求之于势”，与央企混改上市。上市后，巨石的发展已进入快车道，市场好转，订单增多，但生产能力不足，扩大产能受到时间、资金、土地等诸多限制。在此情况下，巨石有了对外投资扩张的现实需求。

与此同时，整个玻纤行业则在加速洗牌，越来越多的小企业退出，传统国企岌岌可危。2000年，面临困难的九江玻纤向巨石告急，最后演绎了一个经典的收购案例。秦朔先生在《新工业时代》这本书中对这一案例进行了详细的记载。

九江玻纤厂以1972年张毓强求购第一台拉丝机，进入玻纤行业为起点。28年后的这次收购，于他有着特殊意义。

九江玻纤厂始建于1958年，是按照苏联的图纸建起的16家国有大中型玻纤企业之一，占地24万平方米，长期用玻纤生产军用复合材料，如炮弹的防潮筒、火箭外壳和“两弹一星”的复合材料，在民用产品方面只生产高层领导外出时专用的氧气瓶，当时是一个有着特别代号的企业。

20世纪80年代，九江玻纤厂在政策庇护下过了十年好日子。但90年代，随着市场经济浪潮汹涌澎湃，其体制的僵化、管理的落后、负担的沉重逐渐显现。

它有年产2万吨的玻纤生产能力，但实际每年只生产6000多吨，年产值6000万元，2000年一个月要亏损200万元。企业陷入无钱买原料、无钱发工资、无钱为职工缴纳三险、无钱还银行利息、无钱交水电费的“五无”境地。

2000年秋，巨石的一个电话给九江玻纤厂带来了一线曙光。巨石在电话中说，可以委托他们加工4000吨玻纤纱，并向他们转让400孔拉丝技术。

协议签好了，可九江玻纤厂反复测算，感到他们的生产成本比巨石要求的价格还高，于是总经理带队一行五人于10月3日赶赴桐乡，进行考察交流。在交流中，产生了让巨石对九江玻纤厂进行收购兼并的设想。

在巨石看来，如果兼并九江玻纤厂成功，可以利用现有的土地、设备、人员，实现低成本扩张，且九江位于长江中游，有一定的地理优势。张毓强认为，通过收购整合九江玻纤厂，既能激发出九江玻纤厂的新能量，也符合巨石的战略发展要求。于是，他尽力促进兼并收购成功。

10月24日，张毓强和中国建材总经理、中国化建董事长来到九江。第二天，在九江宾馆与九江市政府及有关部局领导举行会谈，就承债式收购方式与条件、生产性资产状况、银行债务及土地有关税收优惠政策、新工厂名称及职工安置等事宜形成了框架性意见。九江市委、市政府领导高度重视，组织召开了两次市长办公会和一次常委会专题研究。

2000年12月2日，按程序，九江工会组织召开第六届五次职工代表大会，九江玻纤厂总经理做了题为《重组求生存，联大谋发展》的报告，指出中国化建将以承债式收购方式收购九江玻纤厂，玻纤厂生产资产总额8000余万元，2400余名职工全部安置，承担银行3347万元债务，原九江玻纤厂与职工签订的停薪留职等协议继续有效。

然而，半数代表没有投赞成票，他们担心被收购后的着落问题。为此，会议时间延长了一天，参会的市总工会、劳动局、建材局等领导就职工提出的有关问题分别做了详细的解释和补充。几经努力，第二次投票终于通过巨石兼并九江玻纤厂的议案。曾经身份光荣的国企职工，面对被兼并的命运，心里不舒坦很正常，但张毓强心里有底，他相信，以巨石的实力和能力，能够帮助九江玻纤厂解困，脱胎换骨。

尽管九江玻纤厂是巨石的竞争对手，但巨石不能乘人之危进行压迫式收购，张毓强选择了成全巨石也成全九江玻纤厂的收购思路。12月8日，巨石派出第一批十多名技术骨干进驻九江玻纤厂，开始技术改造。

2001年初，中国化建正式重组九江玻纤厂，并委托巨石管理企业，改名为巨石集团九江工厂。巨石立即投入4000多万元对工厂原有的玻纤代铂炉生产线进行全面改造，将156台代铂炉的漏板从200孔换成400孔，使玻纤年产能由过去的6000吨增加到2.5万吨，企业从“五无”变成了“五有”。这项技术改造工程在巨石历史上被称为202工程，即年产2.5万吨无碱代铂炉生产线。

2001年，九江玻纤厂实现了产量1.75万吨，产值2.05亿元，比上年增长253%，利润65万元，上缴利税273万元，2442名员工先后得到了安置，人均月收入由300余元提高到800元，19栋厂房和九条马路得到翻新。

2002年12月，巨石向中国化建收购了九江工厂的全部资产，将其更名为巨石集团九江有限公司。

从2002年10月6日奠基到2003年4月22日，九江玻纤厂仅用不到200天就建成了一条年产1.6万吨无碱玻纤池窑拉丝生产线（207工程），实现了原老九玻人拥有池窑的梦想，结束了江西全省没有玻纤池窑的历史。

2006年7月，九江又建成投产年产3万吨无碱玻纤环保池窑（213工程），产能达到8万吨，名列全国同行业前五位。这条生产线于2005年12月26日动工，2007年6月20日点火，7月17日全部投产。由于以废丝为原料，大大降低了生产成本，同时兼顾了环境保护，是一条工艺先进、生产效率高、能耗低的环保生产线。

2008年10月，巨石集团响应九江市政府“退城进园”的号召，再投资40亿元建设35万吨玻纤新材料基地。2009年5月，巨石九江公司彻底结束了代铂炉生产线。

2018年，巨石九江建成中国中部地区规模最大、技术最先进的玻纤生产基地。

今天看来，中国玻纤引领世界的辉煌，起源于振石的股份制改革的开幕大“计”，成形于合资成立巨石这一战略决策，得益于巨石选择放弃外商合资走自主发展道路，借势于抓住“国民共进”潮流与央企混改上市，扩展于巨石“不战而胜”兼并九江玻纤厂的战略举措。

1.“不战而屈人之兵”，用最小的投入获得最大的产出

企业竞争不是为了单纯地打败对手，理性竞争是为了给自己的企业创造一种更有利于长远发展的良好环境。

在巨石收购九江玻纤厂的过程中，巨石坚持了“全国为上”的原则，从一开始就给予九江玻纤厂4000吨的生产订单，并转让400孔拉丝技术，派技术团队协助进行技术改造，解了九江玻纤厂的燃眉之急。然后又制定了承债式收购的方案，承接了九江玻纤厂的所有债务并进行职工安置，从而保“全”了九江玻纤厂。这样，九江玻纤厂因为没有受到竞争的任何破坏，尽可能保全了其生产和经营条件，为巨石收购九江玻纤厂以后进一步扩大生产奠定了基础。

试想，如果当时巨石在收购九江玻纤厂的过程中，采用的是压价和破坏性的收购方式，即使收购成功，后续的发展，相比之下也会缺乏基础条件，很难取得我们现在看到的这样快速健康的发展局面。所以，采用“不战而胜”的策略，保全对手，往往可以成全自己，“胜敌而益强”。

2.“不战而胜”是战略决策的境界和导向

“不战而胜”是企业战略决策着眼于全局和长远的一种境界和导向。有了“不战而胜”的战略境界和导向，就可以跳出简单的对抗式的竞争思维，跳出竞争看竞争，甚至能像巨石一样，把九江玻纤厂这样的竞争对手变成合作伙伴或者并入自己的麾下。

真正的高手始终坚持“不战而胜”，但并不是仅仅寄托于“不战而胜”的幻想，而是站在全局的最高层面上竞争，避免进入低层面的竞争。其实，巨石在收购九江玻纤厂的战略行动中，始终坚持了“不战而胜”的战略导向。

但在具体的项目操作中，首先是利用产品的巨大成本优势，伐掉了对方仅仅通过业务合作来解决企业发展困境的谋，让九江玻纤厂的高层有了兼并求发展的设想，这是伐谋手段的运用；其次就是为了保证收购的成功，通过伐交手段，取得了中国建材领导和九江市政府相关领导的支持；最后，通过提供优厚的职工安置条件和企业发展承诺，伐掉了职工不愿意被收购的顾虑，最终赢得了职工的支持。

3.并购也能体现“不战而胜”的战略思考能力

现在我们站在玻纤行业的高度，来看巨石收购九江玻纤厂这一案例，可以得出一个结论：巨石之所以获得企业发展的巨大成就，一个很重要的原因，就是战略性思考和战略布局层面的“不战而胜”导向作用。

在九江玻纤厂处于“五无”境地的时候，国内行业里面的其他玻纤企业都避而远之。巨石总部和主要生产基地位于国内的东部地区，在成功收购九江玻纤厂以后，完成了巨石在国内中部地区的生产布局，相对于其他玻纤企业而言，巨石没有直接开战，但已经通过并购同行业竞争者的方式，在战略布局上抢先一步，“不战而胜”。

其实，巨石如果仅仅站在目标公司的资产质量角度来判断，九江玻纤厂是一个烂摊子，几乎没有收购价值，而巨石做出收购九江玻纤厂的战略决策，是一种战略思考能力的体现。这种战略性思考要求企业决策者要有前瞻性的眼光，要学会从眼前事务性的工作中摆脱出来看企业整体发展的全局，从单个企业发展的个体本位中跳出来看行业发展的整体竞争格局，从眼前的现状跳出来看长期的发展趋势，要有提前布局的意识和能力。

应用指南 || 如何实现“少投入，多产出”的战略目标？

巨石收购九江玻纤厂布局国内中部生产基地的案例，充分地展示了企业“不战而胜”，以最小的成本实现重大战略目标的生动实践。阅读完这一案例及从中拓展出的“商战智慧”，可以很清晰地总结出构建“不战而胜”低成本发展战略的核心原则和主要方法：

- 采用“不战而屈人之兵”的方式追求用最小的投入获得最大的产出，尽可能“保全”对手，给自己的企业创造一种更有利于长远发展的良好环境。
- 追求“不战而胜”是战略决策的境界，要避免进入低层面的竞争造成不必要的消耗。
- 通过并购实现“不战而胜”的战略布局，在战略布局上抢先一步，改变并主导竞争格局。

“不战而胜”的最佳方式是“伐谋”消除对手的战略意图，但是在对手也掌握“谋攻”方法的情况下，往往需要局部或者单点的“伐交”“伐兵”甚至“攻城”行动来带动实现全局或者全面的“不战而胜”。

六、先居高阳——抢先占据有利地形

——在开放的市场环境中，谁也无法阻止别人进入自己的战略市场区域。但企业可以“先居高阳”，占据有利地形，进行产业布局，并通过产品高端化和生产技术智能化来抢占市场的制高点。

在资源充分流通的市场环境中，如何获得资源重新分配的先发优势是企业面临的一个重要课题。孙子提出了“先居高阳”，即先占据有利地形的思路，可以指引我们破解这一课题。

先居高阳，获得有利的生存和发展空间。

地形条件对用兵作战具有直接的影响，孙子提出“先居高阳”就是强调要首先占据“高阳”的有利地形。孙子在《地形篇》中说：“夫地形者，兵之助也。料敌制胜，计险厄远近，上将之道也。知此而用战者必胜，不知此而用战者必败。”地形是用兵的辅助条件。判明敌人企图、研究地形险易、计算道路远近、制订用兵计划，这是上将之道。懂得这些道理，去指挥作战的，有取胜的把握；不懂得这些道理的，必败。所以，地形是作战的关键，作战前先熟悉审查地形，然后占领有利地形，才是取胜之道。

那么，什么地形最有利呢？孙子在《行军篇》中说：“凡军好高而恶下，贵阳而贱阴，养生而处实，军无百疾，是谓必胜。”军队驻扎，总是选择干燥的高地而避开潮湿的洼地，要选择向阳面，不要选择向阴面。“养生”，是指靠近水草便于放牧战马、放牛、放羊、喂猪、打水砍柴，粮道便利。“处实”，是指占据高地，背靠山就是“实”而不“虚”。“养生处实”，就是指生活条件有保障，后方有屏障，没有后顾之忧，就留一面杀敌。所以，在高处，在阳面养生处实，军中不容易生病，这样战斗力才强，才能保证必胜。

孙子还指出，无论是在四通八达的“通行”之地，还是在险要之地，都应当先居高阳，占据有利地形。孙子在《地形篇》中说：“通形者，先居高阳，利粮道，以战则利。”在四通八达、谁也挡不住谁的通行之地，就要先占据视野开阔的高地，占据阳面，并保障粮道的通畅，这样作战就比较有利。因为这四通八达的平原之地，要找一处能驻扎大部队的高地不容易。孙子在《地形篇》中还说：“险形者，我先居之，必居高阳以待敌；若敌先居之，引而去之，勿从也。”“险形”，就是险要的地形，易守难攻之地，我们如果先到达，就占领高处、阳面以等待敌人到来，这是要先抢占制高点，控制有利地形。如果制高点这一有利地形被敌人占了，咱们就不能打了，只能选择撤。

当然，地形和地利不是一回事，知道地形不一定就能获得地利，具有“上将之道”的人才能判断地形，并且利用地形的有利条件来辅助作战，从而加大取胜的把握。所以，在军事行动中，要“先居高阳”，占据有利地形，为取胜创造辅助的地利条件，其作用往往大于天时之助。

巨石成都建厂，形成覆盖东、中、西的生产格局

上一节我们讲到巨石收购九江玻纤厂，在中部地区建立了生产基地。这时，张毓强又在构思如何建立完善巨石的国内生产布局，实现巨石的长远发展。九江公司走上正轨后，他的目光转向了西部成都。

“西部大开发”是当时的一项国策，西部有一个优势，就是有丰富的能源资源，天然气和电充足而且便宜。相比而言，桐乡位于华东，这里电力紧张，用电高峰期常常限电，桐乡天然气每立方米售价为2.6元，而成都仅售0.76元。此外，西部的劳动力更是充足，招工也方便。

2003年下半年，张毓强到成都考察，在成都东北方向，离市中心35公里的青白江区，找到了感觉。12月14日，巨石与成都青白江区政府签订协议，由成都青白江区给巨石成都公司提供建厂用地313亩。

于是，2004年，巨石正式启动成都基地项目。2004年3月25日奠基，2004年8

月18日点火，仅用146天，建成年产3万吨中碱玻纤池窑拉丝生产线（209工程），并在出丝后一个月实现产量达标。这是当时世界上规模最大的中碱池窑拉丝生产线。

2005年12月到2006年6月，巨石成都建成年产4万吨中碱玻纤池窑拉丝生产线（214工程）。2007年5月到11月，建成年产4万吨无碱玻纤池窑拉丝生产线（217工程）。2007年10月到2008年7月，建成年产6万吨无碱玻纤池窑拉丝生产线（220工程）。2008年1月到8月，建成年产40万吨的微粉工程（221工程）。2008年12月到2010年2月，建成年产4万吨无碱玻纤池窑拉丝生产线（222工程）。

2018年4月28日，巨石与成都青白江区政府签订《高性能玻璃纤维先进制造基地项目合作协议》，巨石成都拟实施整厂搬迁，并在青白江区投资30亿元新建25万吨高性能玻璃纤维先进制造基地项目。借助巨石整厂搬迁的重大机遇，巨石成都公司将规划建设两条具有国际领先水平的智能化玻纤生产线，使新的巨石成都基地成为巨石第一个全智能化的生产基地，促进巨石成都全面转型升级。

这样，巨石总部、巨石九江，加上巨石成都，这三大基地使巨石形成了覆盖东、中、西的生产格局。至此，巨石扩张建立规模优势，然后进行产品结构和空间结构的优化的战略已然非常清晰。

今天看来，中国玻纤引领世界的辉煌，起源于振石的股份制改革的开幕大“计”，成形于合资成立巨石这一战略决策，得益于巨石选择放弃外商合资走自主发展道路，借势于抓住“国民共进”潮流与央企混改上市，扩展于巨石“不战而胜”兼并九江玻纤厂的战略举措，累积于“先居高阳”完成覆盖东中西的国内产业布局。

1.“先居”利用区域资源优势

对于企业而言，无论是生产基地所在地还是市场区域，都对企业发展具有十分重要的意义。孙子在《计篇》中就强调，“地”是决定组织综合实力的五个战略要素之一。“地”就是地形，对军事来说，地形就是战场；对企业来说，地形就是生产基地，就是市场。孙子认为，“地”有远近、险易、广狭、死生这四种情形，这也是企业分析地形环境的四个维度。

巨石准确把握地形环境之“易”——适宜投资与当地资源之“生”——供应充足的条件。在成都投资建厂，可以充分利用西部地区能源资源丰富、天然气和电充足而且便宜、劳动力充足等区域资源优势，可以有效克服华东地区电力紧张、高峰期限电、天然气售价偏高、劳动力短缺等劣势，从而从整体上合理配置资源，利用区域资源优势提升竞争力。

2.抢占战略“高阳”要地进行产业布局

产业布局是产业在空间和地域上的布局。在开放的市场环境中，企业战略布局的区域，一般相当于孙子所讲的“通”形之地，我们可以去，竞争对手也可以去，我们也不能阻止竞争对手去。

因此，在企业产业布局的过程中，就要“先居高阳，利粮道，以战则利”。巨石在收购九江玻纤厂以后，紧接着谋划西部地区的产业布局，选择在西部重城成都投资建厂，“先居高阳”，占据了有利的战略区域，从而完成了覆盖东、中、西的国内产业布局，完善了巨石的国内产业空间优化。

3.调整产品结构，抢占有利市场地位

对企业而言，占据有利的战略地形，不仅是在区域上要占据有利区域进行产业布局，还要在产品结构上，先占领高端产品的市场，掌握市场优势地位，这也是“先居高阳”的表现形式。

巨石一直特别注重产品结构优化，不断开发新产品，推动产品合理化、高端化，以提高产品的市场竞争力，抢占市场份额，从而获得有利的市场地位。巨石成都公司也在不断地按照巨石总部的产品结构调整和优化的要求，逐渐降低中碱玻璃纤维比重，提升高性能无碱玻璃纤维产品的比重，从而使玻璃纤维产品结构更加合理化、高端化。

4.“必居高阳以待敌”，保持生产技术领先战略优势

除了产业布局和产品结构调整以外，企业“先居高阳”的战略，还可以表现在生产技术的智能化和高端化优势方面。

借助巨石整厂搬迁的重大机遇，巨石成都公司规划建设两条具有国际领先水平的智能化玻纤生产线，使新的巨石成都基地成为巨石第一个全智能化的生产基地，促进巨石成都全面转型升级，从而保持行业内生产技术的领先优势。

应用指南 || 如何实现抢先战略，占据有利市场优势？

巨石成都建厂，形成覆盖东、中、西的生产格局的案例，充分展示了企业“先居高阳”占据有利地形的成功实践。阅读完这一案例及从中拓展出的“商战智慧”，可以很清晰地总结出构建“先居高阳”实现抢先战略，占据有利市场优势的核心原则和主要方法：

- “先居高阳”，从整体上进行生产基地和市场区域的合理布局，利用区域资源优势提升竞争力。
- “先居高阳”，抢占战略要地进行产业布局，完善产业在空间和地域上的布局，以充分发挥不同空间和地域之间的产业协同效应。
- “先居高阳”，调整产品结构抢占有利市场地位，保持生产技术的智能化和高端化优势。
- “先居高阳”，占领战略要地，占据有利的位置，从而产生有力的位势，使企业始终位于领先于其他竞争者的高起点上。

七、并敌一向——集中优势资源投入在战略方向和决胜点上

——每个企业可支配的资源都很有限，因此“并敌一向”，集中目标抓战略发展本谋，并将资源集中到战略方向上投入，这样可以最大限度地保证战略目标的实现。

在军事行动中，可以“并敌一向”，将有限的兵力投向一个方向，从而形成局部“以强胜弱”的态势，获得取胜的有利条件。同样，在企业发展过程中，每一个企业的资源都是有限的，企业可以“并敌一向”，将有限的资源投向一个战略方向，从而形成压倒性的绝对优势，实现快速的规模扩张和技术突破，甚至“千里杀将”，快速击败竞争对手，站上行业的制高点。

并敌一向，集中力量向一个方向出击。

孙子十分重视集中兵力作战的重要性，他在《九地篇》中说：“并敌一向，千里杀将，此谓巧能成事者也。”这里，“并敌一向，千里杀将”，是指并兵向敌，集中朝着一个方向，千里之外，以凌厉的攻势，直取对方的将领，高效完成斩首行动。

关于这句话，杜牧的注解是：“若已见其隙，有可攻之势，则需并兵专力，以向敌人，虽千里之远，亦可以杀其将也。”一旦发现了敌人部署上的漏洞，就要果断地集结强大的突击力量，精准地给予穿透性、歼灭性、震撼性、决定性的打击。要么不出手，出手就要狠，就要形成压倒性优势，全力以赴一击制胜。

特别是在兵力数量不占优势的情况下，集中兵力就显得尤为重要。孙子在《行军篇》中说："兵非益多也，惟无武进，足以并力、料敌、取人而已。"兵力并不是越多越好，只是我们一定不要轻举妄动，不要轻敌冒进，没有机会一定不要出手，即使我们的兵力不多，但是只要我们能够集中兵力、探明敌情，并且得到手下的拥戴，也就足以取胜了。

实际上，"并敌一向"的本质就是高度集中，力出一孔。孙子在《虚实篇》中说："我专而敌分。我专为一，敌分为十，是以十攻其一也，则我众敌寡。能以众击寡者，则吾之所与战者约矣。"我们的兵力一定要高度集中，且尽量使对手的兵力分散。如果我们的兵力集中到一起，对手的兵力分散到十处，就可以形成以十打一的优势，从而形成我众敌寡的态势，这样战胜敌人就变得轻松、简单了。

在敌我力量相当的时候，通过"并敌一向"这种方式就很容易打破僵局，使我军占据主动优势，从而轻而易举取得胜利。所以，"集中"就是一种最有效的"并力"方式，在全局或者局部形成"强胜弱败"的形势。

巨石规模和竞争力都做到世界第一

2002年以后，巨石开始聚焦玻璃纤维主业，将非玻璃纤维资产逐步剥离上市公司。2004年12月，中国化建更名为中国玻纤，新一届董事会扬弃了"拼盘上市"时拼凑业务的特点，明确将玻璃纤维生产和销售作为公司主营业务。

张毓强作为中国玻纤和巨石集团具体经营工作的负责人，多年来，一直希望公司成为世界第一。随着巨石主营业务集中到玻璃纤维的战略落定，他认为，追求世界第一的条件和机会已然成熟。

于是，2003年，巨石开始实施整厂搬迁计划，以解决发展空间的瓶颈制约。巨石当时占地200亩，位于桐乡经济开发区一期区块，已经没有发展空间，所以最终决定将集团整体搬迁至开发区的三期区块，那里有差不多1200亩土地，具备上几条世界最大池窑拉丝生产线的场地条件。张毓强告诉团队："不搬，继续这样也能生存下去，但不可能活得更好。只有搬，才能在更广阔的天地里活出自信，活出新样子。从老厂年产1.6万吨生产线一下子跳到新厂年产6万吨生产线，风险当然很大，但如果跳过去就可以和世界比肩。"

2004年到2008年，巨石"并气积力"，以在世界玻纤史上前所未有的速度狂飙突进，总投资规模超过100亿元，生产总规模超过年产80万吨，大幅超越同行。

2004年，巨石投资6.5亿元，仅用288天建成了年产6万吨无碱玻纤池窑拉丝生产线（208工程）。当年2月11日，土建开工，9月16日点火，10月14日出丝，12月14日产量达标；

2005年5月到2006年1月，巨石投资11亿元，用了238天建成了世界最大、设备最先进、年产10万吨的无碱玻纤池窑拉丝生产线（210工程）；

2006年8月到2007年4月，巨石用242天建成年产12万吨的无碱玻纤池窑拉丝生产线（215工程）；

2017年末，巨石生产规模突破52万吨，跃居世界第二；

2007年4月到2008年1月，建成年产14万吨无碱玻纤池窑拉丝生产线（216工程，8万吨+6万吨双窑炉）；

2007年6月到2008年6月，建成年产16万吨无碱玻纤池窑拉丝生产线（218工程，8万吨+8万吨双窑炉）；

2008年7月，全球规模最大、技术最先进的年产60万吨玻纤生产基地在桐乡全部落成，巨石产能攀升到世界第一。

除了桐乡基地的快速发展，巨石在九江和成都持续发力，巨石九江和巨石成都的生产规模也迅速扩大，形成了覆盖东、中、西的生产格局。

与此同时，巨石高度重视自动化生产，开展了多条带有原创性的生产线改造，并通过池窑大型化、大漏板加工、新型玻璃配方、废丝回用等技术升级和改造，持续降低制造成本并提升高端产品占比，加强市场开发和供应链建设，从而使得巨石的产业一体化综合竞争力迅速上升，竞争力也跃居世界第一。

今天看来，中国玻纤引领世界的辉煌，起源于振石的股份制改革的开幕大"计"，成形于合资成立巨石这一战略决策，得益于巨石选择放弃外商合资走自主发展道路，借势于抓住"国民共进"潮流与央企混改上市，扩展于巨石"不战而胜"兼并九江玻纤厂的战略举措，累积于"先居高阳"完成覆盖东、中、西的国内产业布局，迸发于"并敌一向"将规模和竞争力都做到世界第一。

1.集中目标，抓战略发展本谋

战略上的一条原则是，我们要知道自己要什么，不要什么？我们要知道自己要先做什么，后做什么？我们必须识别出什么才是自己当前真正的关键性战略目标，然后按照轻重缓急的目标进行排序。由此，我们只有暂时放弃其他目标，才能保证关键性战略目标的达成。

巨石在2003年的时候，如果不计划整厂搬迁，日子也会过得很好，但巨石很清晰地确定了自己的战略目标是要做“世界第一”，这就是巨石发展的战略本谋。为了实现这一战略目标，巨石很清楚地知道自己要扩大生产而不是原地踏步。为此，巨石要做的第一件事情就是突破生产基地的发展瓶颈，进行整厂搬迁，然后进行产业布局、规模扩张、技术创新、市场开拓、供应链优化，最终实现巨石的规模和产业一体化竞争力都跃居世界第一。回头来看，巨石战略目标的成功实现，一个特别重要的原因就是，在有很多强大对手存在的条件下，没有追逐多个目标，分散自己的资源，而是集中于一个总的战略目标，全力冲锋。

所以，企业的发展一定要识别并牢牢抓住当前最关键的战略目标，并且围绕关键性的战略目标配置资源，只有这样，有限的资源才能得到最充分的利用。“集中目标”和“抓战略本谋”是企业发展战略成功实现的两条基本取胜原则。

2.集中优势资源，压倒性投入

猎豹移动公司创始人傅盛也提过一个“战略三步曲”，即“预测—破局点—all in”。预测就是预计战略方向，破局点就是找关键，all in就是资源全力投入。

巨石的发展也是这样，在确定了追求世界第一的战略目标之后，先对世界最大的生产线规模和核心竞争力要素进行预测，然后找到了高性能玻璃纤维生产技术的突破点，进行压倒性投入。可见，战略目标实现的关键就在于，一旦选好了方向，一旦机会出现，就果断地把大部分资源都投到这个方向上，只有通过这样的方式，有限的资源才能得到最有效的利用。

刚开始，巨石和世界上强大的竞争对手相比，并没有明显的实力优势。相反，巨石兵力资源少，先进的玻纤生产技术被国外强大的竞争对手封锁。在此客观条件下，巨石的高明就在于采取了“并力”的发展思路，集中了优势资源进行压倒性的投入，生产线建设体量不断升级，技术研发不断深化，产品结构不断高端化，产业布局不断完善。“我专而敌分”，不断取得局部市场区域和技术领域“以强胜弱”的优势，很快赶超并压倒了竞争对手。

3. 不在非战略机会上消耗资源和力量

孙子始终强调实力取胜，在任何时候都要“以强胜弱”，哪怕是在实力较小的时候，也要“并敌一向”，以“我专”之实出击“敌分”之虚。因此，弱者在全局上不可能取得优势的情况下，就必须在关键的局部突破点上形成绝对的优势，把自己在全局上的劣势转变为关键局部的优势。华为创始人任正非说：“力出一孔”，选对一个方向，把其他所有的点都收敛，然后以超过对手的强度配置资源，集中兵力攻其一点，实现重点突破。

所以，选准战略方向之后，“把其他所有的点都收敛”很重要。企业在发展过程中，为了更好地集中目标，抓住战略本谋，还需要排除非战略性机会的诱惑，避免在非战略性机会上投入资源，从而分化战略目标上的资源投入，失去“我专而敌分”的竞争优势，导致企业到该集中资源“最后一击”的时候，却突然发现自己手里已经没有资源可以投入，资源都已经分散在其他非战略性项目上消耗掉了，因而总是错失战略发展的良机，无法实现战略目标，留下“心有余而力不足”的遗憾。

巨石的成功就在于，决策者张毓强始终保持着冷静的头脑，并且坚守战略发展本谋，始终没有被复杂的环境所迷惑，没有被不同领域、不同时期的市场投资风口和热点分散注意力、分散投资资源，而是清楚地知道将自己的资源投向什么方向、在什么时期投入、投入多少资源。所以，避免在非战略性机会上投入资源和力量，道理很简单，但是真正能够坚持做到的，必然是战略决策能力强、自主发展战略原则坚定的企业家。

4. 着眼战略全局，可以承受局部损失

军事理论家克劳塞维茨说：“在将要进行主要进攻的地点上，尽可能多地集中兵力，为了在这个主要地点上更有把握地取得胜利，宁可在其他地点上忍受不利，主要地点的胜利将消除其他的一切不利。”

巨石在整厂搬迁的过程中，也面临老厂区进行房地产项目开发的市场机会，并且房地产企业的赚钱速度往往比制造业要来得快。在巨石要不要加大房地产投资的决策上，张毓强认为，巨石为了实现在玻纤生产上的最大投入，必须主动承担其他行业的投资机会损失，甚至要主动剥离部分非玻璃纤维的优质资产，

主动承受企业发展中的局部产业机会损失。

张毓强一直坚持“并敌一向”的理念，巨石即便要抓其他的产业投资机会，也必须是在做到世界第一以后。在这个战略目标实现之前，所有的资源只能投入玻璃纤维的规模化生产和技术升级上，集中能够集中的最多的资源才能够获得成功的最大可能。这样做不一定成功，但不这样做，必定不会成功。

应用指南 || 如何“力出一孔”，集中利用资源？

巨石规模和竞争力都做到世界第一的案例，充分展现了企业集中优势资源快速发展的成功实践。阅读完这一案例及从中拓展出的“商战智慧”，可以很清晰地总结出构建“并敌一向”集中利用资源获得快速发展的核心原则和主要方法：

- 集中目标，抓战略发展本谋，要识别并牢牢抓住当前最关键的战略目标，并且进行资源配置，使得有限的资源得到最充分的利用。
- 集中优势资源，压倒性投入，把握“战略三步曲”。
- 不在非战略机会上消耗资源和力量，集中兵力攻其一点，实现重点突破。
- 着眼战略全局，可以承受局部损失，“为了在这个主要地点上更有把握地取得胜利，宁可在其他地点上忍受不利，主要地点的胜利将消除其他的一切不利”。

集中力量也需要在“动势”中将力量的作用最大限度地发挥出来，如同“鸷鸟将击”，集中力量蓄势待发，找准时机，快速精准出击，将自己的力量集中、聚能、聚效，从而掌控关键节点上的爆发力，形成最有效的“决定性发力”。

八、因粮于敌——尽可能减少原料库存，发挥成本优势

——孙子说："是故军无辎重则亡，无粮食则亡，无委积则亡。"企业的经营发展需要有设备、原料、备用资金等生产要素保障，而"因粮于敌"是解决企业自身生产要素不足或者紧缺难题的有效途径。

古代作战，后勤保障主要是粮草。当时运输手段落后，组织远道运输十分困难，同时运输线还往往是敌人攻击的目标，因此，粮秣补充对军队、对国家都是一个沉重的负担，很容易造成劳民伤财、国困民疲的状况。这些都是远道运输所造成的。基于这种情况，孙子提出了"因粮于敌"，就地配置资源的补给原则，该原则同样适用于企业解决供应端资源紧张的问题。

因粮于敌，就地打通粮食补充渠道。

所谓"因粮于敌"是指就地打通粮食补给渠道。孙子在《作战篇》中说："善用兵者，役不再籍，粮不三载，取用于国，因粮于敌，故军食可足也。"善于用兵的人，兵员不会再三征集，粮草不会多次运送。武器装备由国内取用，粮食饲料则在敌国补充，善于用兵的人可以通过这些方式保证军队的军需和粮草供应需求。楚汉相争，刘邦就是先抢占了秦朝留下来的中央粮仓——敖仓，从而获得以饱待饥的局面。

作战之地往往与自己的国家距离遥远，军队所需要的粮草很难全部从国

内运输补给，即使能够从国内运输补给，成本也太高，因此，孙子主张："重地，吾将继其食。"（《九地篇》）深入重地，进入敌境很深，背后好多敌国城邑，很难返回本国。所以，最紧要的事情就是补充粮食等军需物资，但是本国的粮草也运不上来，怎么办呢？孙子给的建议就是，就地"因粮于敌"来解决。

"因粮于敌"是孙子重要的军事经济思想。国家因用兵而导致贫困，远道运输是个重要原因。远道运输不仅会弄得百姓饥疲，而且也容易被敌人断绝粮道，兵困虎口。采取"因粮于敌"的策略，则可以化解这些矛盾。

孙子"因粮于敌"的主张，反映了他取之于敌、用之于战、以战养战的战略思想。这种"以战养战"的办法，与商业活动中"借地生财""借钱生钱""借鸡生蛋"和"借船出海"是一致的。在企业生产、商业经营中，"因粮于敌"也是一个重要策略。

巨石埃及建厂，走出国门

2008年，巨石实现规模世界第一，但巨石前进的步伐仍然没有停止。2011年，巨石启动埃及投资项目，规划要在埃及"用7年到10年实现年产20万吨"的目标。这是巨石通过第二次创业，成为全球最大规模玻纤企业后，按照张毓强提出的"布局国际化，市场全球化"的新目标，从"以内供外"到"以外供外"，从产品输出到资本输出、技术输出、品牌输出，开始第三次创业的开篇之作。

巨石在埃及投资不是政府主导的投资行为，也没有通过并购、重组的资本运作，而是直接建厂，这是中国企业"走出去"过程中比较少见且挑战很大的一种境外投资方式。巨石埃及项目地点选在泰达苏伊士经贸合作区，合作区在开罗东部120公里的红海边，是一片沙漠地带，开车10多分钟可到达苏赫奈泉港，但距最近的城市苏伊士有40多公里，且没有生活配套设施。

项目启动后，巨石迅速进行项目审批，商务部批准，外汇管理局同意换汇，在埃及成立公司，在花旗银行开立账户。2012年1月，项目正式开始运作，土建开工；2013年底，第一条池窑拉丝生产线试运行；2014年5月18日，正式投产；2016年7月，二期年产8万吨无碱池窑拉丝项目投产；2017年9月，三期年产4万吨无碱池窑拉丝项目建成投产；2018年，相关配套项目陆续投产。至此，年产20万吨生产基地提前全部建成。

在中埃苏伊士经贸合作区，巨石埃及是最为成功的项目。巨石入园后带动了一批上下游企业进入，整个园区因此而变得生机勃勃。2016年1月21日，在埃及进行访问的中国国家主席习近平和埃及总统塞西共同出席中埃苏伊士经贸合作区二期（扩展区）揭牌仪式。

埃及是“一带一路”沿线国家，巨石埃及项目在建设过程中经历了埃及政局动荡的严峻考验，克服了重重困难，经受住了常人无法想象的挑战。但巨石埃及立足当地，融入当地，充分利用当地资源，项目如期推进并很快取得了显著的经济效益。最难能可贵的是，将国外的原料、人才、交通、土地、能源等资源为我所用，这条新路等于是在更广阔的全球视野进行资源配置，其效率显然高于以国内资源供应国外市场的老路子。

因为巨石埃及，埃及跃升为世界第四大玻纤生产国，巨石埃及成为“一带一路”上中国企业走出去的成功典范。

当然，我们现在看到的巨石埃及是成功的，但这一成功的道路是曲折的，可以说，是烈火锻炼出了这颗熠熠生辉的明珠。所以，深入探索和总结巨石埃及项目成功的背后逻辑，对中国企业“勇敢走出去、坚持走下去、成功走回来”具有宝贵的借鉴意义。

1.勇敢走出去，“以外供外”解决国外市场“远输”问题

2008年的金融危机令世界玻纤巨头纷纷亏损裁员，而以巨石为代表的中国玻纤企业正在改变世界格局。2010年底，巨石的产能由上市之前的两三万吨增加到100万吨。同时，巨石的海外市场也在迅速扩张。比如2008年，巨石向欧盟一个地区出口的玻璃纤维产品金额就达到了5480万美元左右，并且处于快速增长的态势。2010年，一吨玻纤从埃及运到德国的运费大约要30美元，而从国内到德国的运费要100多美元。

在这一背景下，面对未来广阔而规模巨大的国外市场，巨石意识到，要通过“因粮于敌”战略在靠近海外客户的地方就地解决产品供给，以解决“远输”的问题，进一步优化产业布局，降低综合成本，提升国际竞争力。

同时，国内的能源、劳动力、物流成本也在不断上升，制造业的成本优势在渐渐消逝。“先建市场，后建工厂”，市场已经建好了，那么就需要建立工厂，

而埃及处于北非，距离欧洲和中东地区都比较近，甚至与北美都具有明显的距离优势。所以，单从地理位置和交通方便程度来看，埃及是比较理想的建厂地。

2.知战之地，则可千里而会战

在初步选择了投资地之后，就需要对选择的投资地进行详细的调查，充分了解情况，以判断是否满足“因粮于敌”的要求。孙子在《虚实篇》中说：“故知战之地，知战之日，则可千里而会战。”打仗先要了解战场的情况，能预计在哪儿打，预计什么时间在那儿打，就是跋涉千里，也可以和敌人交战。

境外投资也是如此，事先经过周密的调查和分析，确定好了投资地点，明确了具体的投资时间等投资计划，就可以果断地实施投资行为，距离的远近不再是根本性的问题。如果在项目投资过程中，事先不进行尽职调查，盲目投资，则在“家门口”的投资也会问题连连，导致失败。所以，只要事先做好充足的调查和准备，“故知战之地，知战之日，则可千里而会战”。巨石也牢牢把握了这一点。在项目前期，巨石组成了尽职调查团队，对当地的外商投资条件、投资环境、投资政策以及交通、能源、原料等资源利用情况进行了详细、全面的调查和评估。这里基本上可以就地解决石灰、石英砂、高岭土等生产玻璃纤维的原料；电价便宜；天然气价格也比国内便宜；为积累外汇，埃及还对出口创汇企业实行100%退税，而这些是保证“军食可足”的基础条件。

于是，从生产要素配置的角度来看，这个项目本身具备市场合理性和经济合理性。张毓强说，埃及具备生产要素条件，只是保障系数、安全系数没那么高，比如电的稳定性有问题，但我们不能等什么条件都具备了才来，那就没有机会了。从产业的角度来看，玻纤是大工业，门槛高，对原材料、技术，资金、设备要求高，员工也非常重要，但对其不像劳动密集型企业那么依赖，这种项目被复制的可能性很小。因此，有了“因粮于敌”的生产要素条件，并且大工业门槛挡住了别人“抢夺粮道”的风险，于是可以下决心选择在埃及建厂了。

3.“交地无绝”，抢先布局并持续投入，保持优势

孙子的理论对交战环境的分析，对境外投资环境的分析有着很重要的指导意义。孙子说，根据用兵的规律，在战略上，不同的地区对作战有重大影响，需要根据不同战地的形势，主要有进入敌国的深浅、与周边国家的关系、敌我

心理及综合支持的差异，确定在不同地势下的战略行动方针。

在不同的地势地区中，有一种平原无险、道路四通八达，甚至没有道路也可以畅通无阻，我能来，敌人也能来，谁也挡不住谁，孙子把这种地方称为“交地”。因此，境外投资目的国相当于竞争对手的“交地”。那么，在“交地”应该采取什么样的策略呢？孙子在《九地篇》中说：“交地则无绝”，在“交地”作战的原则是“无绝”，首尾不能断绝，保持内部联络和外部联系，要做到“无绝”，孙子认为需要“谨其守”，做好守卫。

所以，张毓强认为，埃及就是一个玻纤生产的交地，竞争对手都可以去，巨石也不能限制别人去。因此，符合巨石长期发展战略的选择只有一个：巨石先于竞争对手去，去了就持续投入，做到最优秀，增强其内部的统筹协调以及其与外部的联系，是谨慎守护投资成果，不给别人乘虚而入的空间和机会。实际上，巨石也是这么做的，在巨石埃及投产后，巨石总部持续地根据生产需求增加巨石埃及的设备投入，从巨石国内总部输出人才、技术，持续地进行技术创新，在投资计划的持续实施过程中，加强内部协同与外部联系，以“无绝”和“谨其守”的方式使得巨石埃及的竞争力与日俱增，始终保持巨石埃及的区域市场龙头地位。

4.“重地则掠”，立足当地进行资源配置和利用

孙子把“入人之地深、背城邑多”的地势叫作“重地”，深入重地就很难返回了。境外投资目的国就是资源重地，远在异国他乡，如果还从国内调取资源很显然不现实，也不经济。那怎么办呢？孙子说：“重地则掠”，投资实施需要掌握“掠”的策略，“掠”在战场上是抢夺的意思，而在经济投资领域则是获取的意思，是一个中性词，就是指充分利用当地资源。

所以，巨石埃及建厂项目实施的过程中，利用当地资深的会计师事务所、律师事务所等中介机构进行项目支持，建立埃及税收、法律法规、产业政策、经营许可、设备进口、产品出口、外汇核准等信息交流渠道；选择当地的工程施工单位负责道路、厂房、管网、生活设施等的建设；在经营过程中，除了总经理和核心技术人员、财务人员等关键岗位以外，大胆、大量培训使用当地人员，充分发挥当地人的劳动力价值。

5.“圮地则行”，把问题当成进步的阶梯坚定走下去

孙子把山林险阻、水网、湖泊等，难以通行的地区叫作“圮地”。我们在境外投资，就相当于进入圮地，自然环境、政治环境难以把握，文化冲突、政策多变，难以掌控。总之，境外投资，圮地复杂，道路难以行走，投资实施的过程充满艰难和不确定性。如果项目拖延时间过长，则会兵疲财损，甚至深陷困境，无法突围。那么怎么办呢？孙子说：“圮地则行”，既然下面都是水，没法固定，没法筑城，没法修工事，没法扎营，只能快速通过，不要停留。

巨石埃及项目经历了埃及的政治动荡。2011年1月，埃及首都开罗和多个省份爆发反政府示威。2月，总统穆巴拉克被迫辞职，权力移交军方。11月，埃及举行议会选举，宗教政党获得2/3席位。2012年6月30日，莫尔西在总统选举中获胜，成为历史上首名非军方身份总统。2013年7月，军方发动的革命又推翻了莫尔西，之后，少壮派军官塞西开始主导政局，宣布由最高宪法法院院长暂行总统职权。2014年6月3日，塞西在总统选举中获胜。由于政局动荡，示威游行多次爆发，从开罗蔓延到苏伊士和亚历山大。巨石埃及第一期项目一直是在政局变动中进行。中国驻埃及大使馆领导说，公司员工可以先撤回去，避免发生意外。

面对这样的压力和严峻形势，张毓强说，当时的想法就是义无反顾，一路朝前，没有任何退缩，如果打退堂鼓，前功尽弃，永远也别再搞国际化了。现在最重要的事就是加快推进，尽快投产，而不能先退回来，等埃及革命结束了再干。中国巨石要成就世界级的竞争力和影响力，“走出去”是必由之路，我们不能永远依靠国内需求来发展，也不能永远立足国内发展国际化，我们要做的是立足全球推动国际化。所以，巨石埃及作为中国巨石“走出去”的第一步，能否成功很关键。当然，“走出去”则是在陌生的市场、生活、语言、文化、周边配套、政府管制、劳动力等资源条件下求生存和发展，从国内向国外，等于从熟悉的战场走向不熟悉的战场，有很多不确定性的挑战，这是必然的，这是锻炼能力的新熔炉。巨石埃及要在国际化的过程中学习国际化，面对颠覆性的挑战，要有“死地则战”的勇敢无畏精神。

死地就是“无所往”之地，一般进去了就出不来的地方，因此，只能“战”，置之死地而后生。

巨石埃及在项目的推进过程中，冲破重重阻碍，克服重重困难，迎接重重挑战，才取得了最终的项目成功。秦朔先生亲临现场对这个项目进行了采访，他在《新工业时代——世界级工业家张毓强和他的“新石头记”》这本书中，花了大量的篇幅，详细记述了很多巨石人在这个项目中协作奋斗的可歌可泣的真实故事。秦朔总结说，中国巨石的“入埃及记”震动了我，打动了我。在国际化征程中精诚团结，不屈不挠的中国企业家和中国制造者不仅自己变得更加坚强，也在用脚踏实地的每一步去开拓，带给我们金石为开的力量和希望。

巨石埃及正是因为有了这种“死地则战”的精神和“圮地则行”的坚持，巨石埃及项目才会取得成功。巨石埃及项目的成功，是追求全球化之旅的第一步，这第一步打了胜仗，才有了之后的进一步开拓和全球布局。

6.“禁祥去疑”，融入当地“胜敌而益强”

回顾巨石埃及的奋斗历程为什么能成功？最重要的一个原因就是“禁祥去疑”，即消除疑虑，立足当地，融入当地。巨石埃及项目一开始就不是权宜之计，而是全心投入，做到零污染，投产时的机器、设备、技术都是当时最先进的，对埃及员工的文化真正做到换位思考和尊重。

由于埃及和中国的文化不同，而且两国人民认识事物的角度也不同，以至于巨石不得不面对很大的文化冲突问题。这些问题如果处理不好，就会产生新的矛盾，激化旧的矛盾，甚至影响项目的实施。怎么处理呢？孙子说：“禁祥去疑，至死无所之。”（《九地篇》）在战场上，禁止迷信活动，消除部属的疑惑，他们战斗至死也不会逃走。但是如果心中有疑虑，就会动摇军心，士兵无心打仗，战斗力就会下降。

所以，在境外投资的过程中有一项很重要的工作，就是要及时消除当地人对投资的误解和疑虑，只有这样他们才能真心实意地去支持和参与到项目中，排除阻碍，提高推进效率。

巨石埃及在解决电的事情上费了不少劲，电是埃及的战略资源，要工业发展局批准。巨石埃及项目的负责人每天和一名翻译、一名同事就坐在工业发展局的接待室，整整两个月，最后局长本人同意，但科长不同意，他们认为中国人有这样那样的问题，只同意给4兆瓦，最后同意给8兆瓦，而巨石埃及的要求是15兆瓦。由于电没批下来，相关设备的集装箱也在港口滞留，工程建设无法顺利推进。

那么，一些埃及人对中国企业有看法是为什么呢？一是他们觉得中国人就是想把污染带过去；二是觉得中国人只是把二三流技术弄过来；三是不相信中国企业投资额会有那么大。于是，巨石埃及的一项重要任务就是通过自己的工作，让埃及政府看到巨石的现代化生产水平、环保水平和管理水平。埃及政府官员也到巨石国内总部考察，发现埃及巨石和总部的条件一样，而且巨石总部具有强大的投资实力，这就真的放心了。

消除了他们心中的这些疑虑，他们才能真心实意地去全力支持。2012年8月，临时总理在辞职的前一天，把投资部、贸工部、电力部的负责人召集起来开会协调，电力部最终批准了12兆瓦的电，虽然不到15兆瓦的要求，但巨石埃及可以通过技术创新和节电来解决电力缺口。总理说："我下台前干的最后一件事就是审批你们的需求。"

实际上，消除疑虑本质上是一个解决文化冲突的手段，同时也是一种促进文化融合的方式。在这个过程中，中国人和上千名埃及员工的心拉得更近了，国内支援人员带领埃及当地人员一起编写生产流程，交流工作经验，传授操作经验，交流文化，培养当地的管理人员，使得巨石埃及很快融入了当地。巨石埃及融入当地，充分利用当地资源和人员为我所用的经验，也是"因粮于敌"这一法则的真实应用案例。

应用指南 || 如何进行战略资源的低成本补给？

巨石埃及建厂走出国门的案例，充分展现了企业"因粮于敌"就地利用资源的成功实践。阅读完这一案例及从中拓展出的"商战智慧"，可以很清晰地总结出企业"因粮于敌"进行战略资源的补给，以保证"粮食"和"子弹"供应的核心原则和主要方法：

- 勇敢走出去，通过"以外供外"解决国外市场"远输"问题，降低物流成本。
- 通过境外投资"因粮于敌"，要事先经过调查和分析，确定好投资地点，从而果断地实施投资行为。

- “交地无绝”，加强内部协调与外部联系，抢先布局并持续投入保持优势，通过强己而“屈敌”，有效守护并扩大战果。
- “重地则掠”，立足当地进行资源配置和利用，保证“军食可足”的最低成本模式。
- “圮地则行”，把问题当成进步的阶梯坚定走下去。
- “禁祥去疑”，及时消除当地人对投资的误解和疑虑，才可以提高项目推进的效率，“胜敌而益强”。

补充强调一点：成本优势是别人无法模仿的主要竞争优势之一，而“因粮于敌”又是别人最难模仿的成本优势途径之一。

九、先胜后战——做好取胜的战前准备

——先胜后战，先让自己成为“不可胜”，然后抓住每一次战略性市场机会，破局于危机，战胜竞争对手，立于不败之地。

有的企业在发展过程中，经常会面临投资失败等使战略计划实施受阻的挫折甚至失败，出现这种情况的最常见的原因之一就是准备不足，战略行动的客观条件不充分。而优秀的企业，一般都会借鉴孙子“先胜后战”的智慧来指导战略计划的实施，从而保障战略计划实施的成功。

先胜后战，不打无把握之战。

所谓“先胜后战”就是先做好取胜的战前准备，在具备取胜条件之后再打有把握之战。孙子在《形篇》中说：“昔之善战者，先为不可胜，以待敌之可胜。”真正善于作战的人，先规划自己，让自己成为不可战胜的，然后等待可以战胜敌人的时机。

孙子还认为，无法战胜敌人时，应该注重防守，但可以战胜敌人时，则应当采取进攻。这是因为实力不如对方时，取胜的条件不充分，而采取进攻是因为实力强大时，取胜的条件很充分。善于防守的军队隐藏自己，就像藏于深不可测的地下一样，无迹可寻，善于进攻的军队展开兵力，就像从九霄突然降下势不可当。所以，防守时可确保无误，攻击时定可大获全胜。这就是孙子在《形篇》中所说的：“不可胜者，守也；可胜者，攻也。守则不足，攻则有余。善守

者藏于九地之下，善攻者动于九天之上，故能自保而全胜也。”

需要说明的是，这里的“守”并不是待在那里无所事事，而是进攻前的准备，就是取胜条件的积累。积累到一定程度，形成绝对优势的时候，就有了必胜的充足条件。这样，一旦进攻就可以“动于九天之上”，产生“降维打击”的效果。

所以，孙子在《形篇》中说：“是故胜兵先胜而后求战，败兵先战而后求胜。”胜利的军队总是先获得胜利条件，获得取胜条件之后才投入战斗，而打败仗的军队总是冲上去就打，企图在战斗中捕捉机会，侥幸获胜。在取得全局或者局部性压倒性优势的前提下，作战绝不心存侥幸，先胜后战，这才是“自保而全胜”之道。所以，已经获胜的军队先有了战略上的胜利，然后再寻求实际交战；没有获胜的军队往往通过实际的交战去获得战略上的胜利。这就是孙子“先胜”思想的基本意思，简言之，是八个字：胜兵先胜，败兵先战。

当你与敌人对抗，先有胜，还是先有战？按照平常的理解，当然是先有战，不与敌人交战，哪来的胜利。可孙子说：错了，战略高手与敌人对抗，是先有胜，后有战。怎么理解？一位战略高手在与敌交战之前，他已经胜了，胜负已决了。为什么说胜负已决了？因为这位高手在交战之前，将所有制胜的条件、制胜的优势、制胜的各种要素，统统掌握在自己的手里，用我们平常的话说，叫“稳操胜券”。打不打，无所谓，胜负格局已定。

理解到这个地方，孙子“先胜”思想最关键的那个要点还没有出来，请你再想一个问题：战略家的战场在哪里？战略家的这个战场是在实际的交战中吗？当然不是，那么他的战场在哪里？孙子明确地告诉我们：真正高明统帅的决胜点是在战前，在战前的战略运作之中。这种战略对抗点前移，就是在战略研究当中经常说的“战略预置”。战略对抗点前移，取胜于交战之前，这就是孙子著名的“先胜”思想的关键要点。

在孙子看来，对抗双方战前的战略较量，要远比实际交战的战役战术的较量重得多。战前的战略较量，在和平时期就已经发生了，有时候甚至到了白热化的程度，只是我们平常人感受不到，只有战略家才能真切地感受到。这就是孙子前面所说的战略的那种“超常”之形。我们很多时候没有领会到孙子的这一思想，考虑更多的是在实际交战中如何通过激烈的搏杀来赢得胜利，而没有更多地关注如何在交战之前通过更高明的手段赢得胜利。这种关注点的错位，使一些本来可以避免的战争发生了，使一些本来可以消除的灾难出现了。

巨石多点国际布局，走进全球化新时代

随着全球经济一体化进程的加快，巨石坚持“先建市场，后建工厂”的理念，稳步实施“三地五洲”战略，充分参与国际分工，努力促进全球经济的发展融合。

我们在前面章节已经讲过，巨石已于2018年在埃及建成总投资超6亿美元的年产20万吨玻纤生产基地，是目前中国在埃及资金投资额最大、技术装备最先进、建设速度最快的工厂制造类项目。该项目吸引了玻纤配套上下游企业入驻埃及苏伊士经贸合作区，对推动中埃两国深化经贸领域合作起到重要的示范和带动作用。巨石埃及是中国之外全球最大的玻纤生产基地，也是非洲唯一的玻纤生产基地，填补了非洲大陆玻纤制造业的空白，也使埃及跃升为世界第四大玻纤生产国。

2016年8月，巨石又在美国南卡罗来纳州注册成立巨石美国公司，注册资本1.5亿美元，100%控股，11月转让30%股权给联想弘毅投资旗下的全资子公司GEI。12月8日，8万吨池窑拉丝生产线奠基，项目占地4000平方米左右，建筑面积8万平方米，项目总投资3亿美元，后增资到3.5亿美元，生产线产能增加到9.6万吨。生产线完全由巨石自主设计，建设选用最先进装备，单位产品能源、熔化率、作业效率等设计技术指标均达到国际最先进水平。美国当地时间2019年5月18日11时18分，美国公司的年产9.6万吨池窑拉丝生产线点火。

巨石美国工厂是巨石的第二个大型海外工厂，该项目的点火体现了巨石坚定不移走国际化发展道路的决心和信心。该项目的建成将有助于巨石进一步贴近美国市场，建立更加完善的客户服务和研发体系，展现巨石与全球客户共同发展的决心，也意味着巨石实现了从产品输出、外资引进向资本输出的转变，从单纯的贸易往来向产品、技术、服务、管理全方位合作的转变。这种高定位的大转变，有利于中美双方共同推动世界玻纤工业的转型升级。

张毓强认为，巨石进行国际化产业布局已经具备现实条件，巨石只能抓住机遇进攻。他说：“未来在欧洲、东南亚、美国再布局，再加强，再有几年，竞争对手可能就完全没有办法了。让市场进行最终裁决，你必须承认我才是老大。”

将全球各地的生产基地的产品交叉互补，将是巨石未来在国际市场上的新常态。巨石在投资埃及和美国之后，已经立足于全球进行资产配置和产业布局，

这标志着巨石已走进全球化的新时代。

1.“先为不可胜”，主动创造必胜条件

“不可胜在己”，在竞争中做到“先为不可胜”，先武装自己，使自己不能被别人打败，这才是在竞争中取胜的关键所在。这样，别人就没有办法再和我们竞争，因为我们具备了“立于不败之地”的必胜条件。

巨石在真正启动海外建厂之前就早有“先建市场，后建工厂”的国际化发展规划。从巨石成立就开始开发美国市场并且获得了成功，随后又开始大力开发欧洲市场、中东市场，这样巨石的客户已经遍布全球。在此背景下，巨石“走出去”进行海外建厂，是顺应贴近客户、优化国际生产布局的客观需求。实际上，“走出去”为海外建厂创造了市场竞争的核心必胜条件。

所以，最有效的竞争方式，不是在于怎么样去打败竞争对手或者消耗竞争对手的有生力量，而是在于从提升自身的竞争力出发，创造必胜的有利条件，在出击之前，先武装好自己。

2.“以待敌之可胜”，等待取胜的机会

“可胜在敌”，当自己具备了必胜的有利条件之后，竞争取胜的关键还要看竞争对手能不能给我们取胜的机会。这个机会在于竞争对手和市场形势，自己无法决定是否有这个机会。但是，一旦有了这个机会，我们准备好了就可以发挥主观能动性，随时去抓住并且把握它。

在巨石的发展历程中，可以经常看到，在玻纤整个行业大势不好的时候，玻纤同行竞争对手面临产品价格下跌、市场萎缩、库存增加等困境而止步不前，巨石恰恰是在利用这样的时机加快产业布局、扩建生产线、进行产品结构优化和技术升级的步伐，在危机过去之后迸发更强大的竞争力。在巨石看来，这是市场给予它的低成本扩张的机会，也是自己在发展强大、立于不败之地的时候，它不会放过任何一个能够战胜和超越竞争对手的机会。正如孙子在《形篇》中所说：“故善战者，立于不败之地，而不失敌之败也。”

3.“无恃其不来”，时刻做好应对危机和失败的准备

其实，在复杂的国际竞争环境中，企业在自己足够强大做到不被别人打败

的时候，要真正立于不败之地，除了要抓住市场机遇之外，还应当做好应对任何风险的准备。

孙子在《九变篇》中说：“故用兵之法，无恃其不来，恃吾有以待也；无恃其不攻，恃吾有所不可攻也。”所以用兵的原则是，不要抱有敌人不会来攻击的侥幸心理，而要依靠我方有充足的准备，严阵以待的心理；不要抱有不会被敌人攻下的侥幸心理，而要依靠我方坚固可靠而可以不被攻下的防御心理。在此心理防线的基础之上，做好准备，夯实基础，让自己真正做到坚不可摧。

2009年开始，欧盟对中国玻纤企业进行反倾销，巨石加快了在埃及的投资步伐。其结果大家已经知道，巨石埃及取得了很好的经营业绩，巨石也迎来了新的发展，出口欧盟的玻纤销售额大幅增加。这是因为欧盟对来自中国的玻纤产品加征关税，抬高了中国出口欧盟的玻纤产品的价格，从而使得中国其他玻纤企业很难再进入欧盟市场。而巨石则可以通过巨石埃及工厂向欧盟继续供货，并且扩大了巨石在欧盟的市场份额。

同时，张毓强对反倾销、反补贴等国际贸易争端有了十分清楚的认识，从建埃及工厂的那一天起，他就预见到，未来巨石埃及也可能会被欧盟发起反倾销、反补贴调查。于是，巨石在美国建厂，也是未雨绸缪。张毓强认为，巨石埃及工厂大部分产品供应欧盟市场，将来可以给欧盟之外的欧洲市场更多发货。如果巨石埃及也面临反倾销、反补贴调查，则巨石埃及也可以供应印度、中东市场。在完成美国的认证之后，还可以发一部分产品给美国市场，而欧盟市场则由巨石美国工厂等新工厂来负责供应。

由此可见，巨石在欧盟反倾销、反补贴的应对策略上，从来没有抱有欧盟可能不会发起反倾销、反补贴调查的侥幸，而是提前从产业布局的角度做好了应对欧盟反倾销、反补贴调查的充分准备。因此，欧盟反倾销、反补贴调查对巨石无法产生真正的威胁。相反，巨石在充分准备和应对危机的过程中，加快了全球化的产业布局，把每一次危机都当成了一次发展的机会。

4.“先胜而后求战”，行动前做好充分准备

孙子说，“不可胜者，守也”“守则不足，攻则有余”。同样，企业在市场竞争中，当自己不具备取得必胜的条件的时候，就要采取“守”的策略，只有当自己有充足的必胜条件并且具有绝对的把握和优势时，才可以发动进攻。

“守”本身就是行动前的准备和积累，而且是加速积累。就企业经营而言，企业每进入一个新的领域，都是进攻，扎根在一个领域就是守。巨石在上市后的一段时期内，把所有的非玻纤类资产剥离掉，就守住一个玻纤业务，就守住一个中国玻纤。企业国际化也是如此，巨石国际化布局，进入国际新的市场区域就是攻，而在进入国际化布局之前就是守，通过守完成了加速积累，创造了攻的条件，具体表现为“藏于九地之下”，完善国内产业布局，并在国内产业布局的过程中，通过巨石九江和巨石成都项目的建设总结外地建厂的经验，完成从量变到质变的积累。根基扎得深、扎得牢，从而形成最高的竞争壁垒，别人进不来，也无法与之争。

巨石在这样的基础之上进行国际化布局，在行动前已经做好了充分的准备，已经具备了必胜的充分条件，这就是“先胜后战”。

应用指南 || 如何做好战前准备以保证战略计划的成功实施?

巨石多点国际布局走向全球化新时代的案例，充分展现了企业“先胜后战”做好战前准备以保证战略实施的成功实践。阅读完这一案例及从中拓展出的“商战智慧”，可以很清晰地总结出企业“先胜后战”进行战前准备，以保证战略计划成功实施的核心原则和主要方法：

- “先为不可胜”，主动创造必胜条件，尽可能避免和竞争对手打正面消耗战，重点是提升自身的竞争力。
- 自己准备好了，就要“待敌之可胜”，等待大势和市场变化所释放出来的取胜机会。要注意，等待也是强有力的战斗形式，在等待中做好战斗准备。
- “无恃其不来”，时刻做好应对危机和失败的准备，做好风险应对准备。
- “先胜而后求战”，行动前做好充分准备，“守”本身就是行动前的准备和积累。

记住：“胜兵先胜，败兵先战。”在交战之前，将所有制胜的条件、优势等各种要素，掌握在自己的手里，战略对抗点前移，稳操胜券。

十、正合奇胜——运用分合变化实现多元化发展的“出奇制胜”

——“以正合，以奇胜”，突破常规，把握变化中产生的机会，同时坚持“并敌一向”，各个击破，形成“奇正相生”，多元化产业交叉发展，这是一条企业多元化发展的成功之道。

有不少企业尝试走多元化的发展道路，但是因为多元化天然带有资源分散利用的特点，很难集中资源优势，所以走多元化道路，取得成功的企业并不多。那么，企业多元化发展如何取得成功？孙子提出的“正合奇胜”理论对解决多元化企业发展难题具有很好的借鉴意义。

正合奇胜，在分合变化中守正出奇而制胜。

一般而言，在两军作战中，攻守之间，通过守正出奇可以有效打破僵局从而战胜对手。这就是孙子提出的“正合奇胜”的战略思想。孙子在《势篇》中说：“三军之众，可使毕受敌而无败者，奇正是也。”能使全军遭受敌人进攻时不致失败，关键在于“奇正”战术的运用，做到随机应变。

孙子在《势篇》中强调说：“凡战者，以正合，以奇胜。”一般成功的战争，都是以正兵迎敌，以奇兵制胜，通过正兵与奇兵分合变化达到出奇制胜。“以奇胜”中的“奇”，从战术的主观谋略角度来讲是奇特的奇，从兵力配置的客观角度来讲是奇数的奇，是一个数学概念，指多余的部分。正兵安排好了，余下的就是奇兵，关键的时候用，相当于机动部队。

两军对阵，先以正合，正兵合战，到了关键的时候，结合战场的实际情况投入机动部队（奇兵）与正兵互相配合进行分合变动，从而出奇制胜。这就是“正合奇胜”战略思想的具体应用。

作战的战术方法，不过奇和正两种，但奇正的变化无穷无尽，不可胜数。正如孙子在《势篇》中所说：“战势不过奇正，奇正之变，不可胜穷也。奇正相生，如循环之无端，孰能穷之？”奇正互相转换，就像圆环一样，无始无终，无穷无尽。

“战势不过奇正”，简单地说，就是兵力配置上的分兵法，将部队分为正兵、奇兵，正兵和奇兵在作战中互相配合，随时相互转换，因时因地进行不同的分合变化。

奇正的转换其实很简单，已经投入战斗的是正兵，机动部队就是奇兵，机动部队冲上去投入战斗就变成了正兵，正在打的部队退下来又变成了奇兵。但是，奇正的分合变化却很复杂，需要根据战场的实际环境情况，并且结合双方的竞争格局来进行灵活的运用和变通，“因利而制权”，从而形成有利的战势。

对企业而言，“正合奇胜”可以应用在多元化产业的交叉发展上，也可以应用在不同主营业务的相辅相成上，还可以应用在产品结构的调整和优化上，甚至是组织管理的人员配置与协作上，立足全局将不同的资源优势进行分化组合，“奇正相生”形成整体有利的态势。

“正合奇胜”，振石二次创业走向多元化

当巨石持续高速发展，初步奠定了世界级地位之后，张毓强开始构思振石的多元化发展战略。

在本书“先计后战”部分我们已经讲到，振石是张毓强1989年6月在桐乡玻纤厂的基础上通过改制建立起来的股份公司，是浙江省较早的一批改制企业之一。后来，随着改制进一步深化，张毓强成为振石的所有者，振石完全成为一家民营企业。

2004年6月，桐乡振石股份有限公司更名为振石集团股份有限公司。这一年，也被称为振石集团二次创业的元年，即从一个投资公司向一个实体集团公司迈进，形成“二、三产业并重、新老产业并行、轻重产业并举、国内国外并跑”的多元化产业链协同发展的格局。

• 2004年，振石投资成立巨成房地产有限公司，涉足房地产开发产业。

• 2004年，振石收购成立恒石纤维有限公司，涉足风电基材产业，恒石公司后来成为风电基材领域的“世界隐形冠军”，这在后面将会专节介绍。

• 2004年，振石收购成立宇石国际物流有限公司，进军物流运输产业，宇石物流是国家5A级物流企业，全国首批甩挂运输试点企业，拥有10万平方米物流园区，500余辆专用运输车辆。

• 2005年，振石投资华美新材料有限公司，进军复合材料市场，其定位是致力于打造中国复合材料行业的领军企业，成为中国复合材料行业生产规模最大、技术装备最全、发展后劲最强、成长性最好的企业。

• 2007年，振石收购嘉兴钢铁厂，成立东方特钢有限公司，进军不锈钢产业。

• 2008年，振石投资成立振石大酒店有限公司，涉足旅游酒店产业，振石大酒店2014年已成功挂牌国家五星级旅游饭店，是目前浙北地区首屈一指的五星级酒店。

• 2010年，振石投资成立康石中西医结合门诊有限公司，涉足医疗健康产业，是桐乡首家“医检分离”的专业健康体检机构。

• 2010年，振石投资成立华锐自控技术有限公司，涉足工业自动化产业，华锐公司为客户提供生产自动化过程控制和运动控制服务，定位是“精准智控，安全高效的自动化控制专家”。

• 2011年以后，振石又在印度尼西亚投资收购FBLN、GSN等镍矿公司，涉足矿产资源开采与冶炼产业，其定位是打造集开采、冶炼、贸易于一体的国际化全产业链镍矿供应商。

由此可见，振石的多元化战略发展思路已然十分清晰。

前面我们讲过，企业发展战略一般要“并敌一向”，集中优势资源，避免资金和精力的分散。所以，张毓强对待公司多元化的经营也十分理性和谨慎，他坚持集中资源和精力把巨石打造到世界级企业之后才开始推动振石的多元化发展。正因为“守则不足，攻则有余”，巨石已经成长为行业龙头，已经具备自主发展的资源优势和资源整合利用能力。这样，振石有了进行其他产业投资的余力，同样满足孙子“以强胜弱”的“集中”发展要求。

即便是在振石进入多元化发展道路之后，也依然遵循“集中力量办大事”的发展思路，坚持“理性多元化”的发展原则：第一是主业一定要做到同行前五名；第二是选择的产业最好和主业相配套，可以补充主业的产业链，比如物流作为制造业产业配套、复合材料作为玻纤下游应用的产业延伸；第三是在资源满足现有产业发展的基础之上，跳出产业链，培育其他有市场前景的项目。

根据2021年工作会议的报告，2020年振石实现合并营业收入190.45亿元，同比增长24.87%，利润总额26.04亿元，同比增长53.32%，经营性现金流33.68亿元，同比增长108.55%。从利润指标来看，华美复材、海石物流、宇石物流、印尼镍矿公司、巨成房产、恒石风电基材、东方特钢等7家控股子公司利润及集团金融投资收益突破1亿元。其中，恒石风电基材一家单体公司利润突破10亿元。振石的非玻纤产业呈现多点发力，总体赶超巨石玻纤产业的态势。

1.“以正合，以奇胜”，作战要掌握机动

在战争中，既要遵循常规准备正兵开战，又要准备奇兵，以适应战场形势的变化灵活机动。企业经营也需要有这种“以正合，以奇胜”的战略思维，特别是当企业经营遇到瓶颈的时候，可以出奇制胜。

振石的前身东风布厂最早的主营业务是粗土布，相当于公司的“正兵”业务，该经营业务在企业发展中遇到了瓶颈，经营惨淡。自从张毓强从九江玻纤厂运回第一台拉丝机开始玻纤业务，才展开玻纤这一“奇兵”业务。后来，随着玻纤业务的快速增长，东风布厂靠玻纤业务翻身，发展壮大，这就是东风布厂的业务“以正合，以奇胜”。东风布厂适应市场变化，掌握机动，调整业务，获得业务转型后的活力。

从产业结构来看，振石在成立巨石以后，集中于玻璃纤维这一“正兵”产业，巨石的玻纤产业是振石旗下的最核心的资产。当巨石做到全世界第一的时候，振石旗下的房产、医疗健康、工业自动化等其他业务板块都很小，这个时候振石发展的成就主要依靠巨石玻纤产业体现出来，这就是“以正合”，还没有用“奇兵”出击就取得了市场竞争的胜利。

现在，当巨石玻纤产业成长为世界第一，“正兵”安排好了，余下的产业就是“奇兵”，可以在将来玻纤行业大势不好的关键时候用，相当于机动部队。这样，振石除了巨石玻纤产业以外又有了几支能征善战并且实力超群的行业龙头机动部队。先以正合，正兵合战，到了关键的时候，投入机动部队（奇兵）决胜，这样相对于以前振石仅仅依靠巨石玻纤产业单兵作战而言，可以多产业协

同，出奇（jī）制胜的产业结构调整机动性和产业协同能力都大大增加，提高了振石的整体抗风险能力和综合竞争力。

换一个角度看，巨石做到世界第一，玻纤行业的整体市场容量是有限度的，所以巨石未来的发展也就遇到了行业的天花板。在此情况下，振石发展非玻纤产业本质上就是产业结构调整，出奇制胜。

2.“奇正相生”，多元化产业交叉发展

在孙子看来，“奇正相生”，作战需要奇正相互配合才能取胜。同样，对企业的多元化产业发展而言，为了避免分散资源，尽可能提高资源的利用，就需要注意多元化产业之间的相互支持和交叉发展。

振石在多元化发展的过程中，坚持的一条原则是，选择的产业最好和主业相配套。这实际上契合了孙子的“并敌一向”法则，配套“奇兵”产业可以补充“正兵”主业的产业链。比如，物流作为玻纤产业配套，可以就近保障玻纤的运输，降低玻纤运输成本；再如，复合材料产业作为玻纤的下游延伸，一方面可以扩大玻纤的应用市场，另一方面玻纤就地供应可以省去运输包装成本，这有利于发挥“奇正”的配套支持运用，促进多元化产业的交叉发展。

振石在完善主营业务产业链的同时，传统制造业企业需要补充新鲜血液，酒店、健康、物流这样的第三产业项目就具有补血功能。虽然不一定能马上赚到钱，起到强有力的“出奇制胜”运用，但这些辅助产业现金流好，而且可以长久地做下去，与主营制造业务形成优势互补。

3.“奇正之变”，各个击破形成多元化产业的全面优势

振石坚持“理性多元化”的发展原则，主业一定要做到同行前五名。这一条原则本质上就是坚持“正合奇胜”的多元化产业布局仍然需要遵循“并敌一向”这一目标、资源和力量集中的法则。只有这样才能集中力量办大事，通过每一个战略布局点的取胜，赢得整个多元化产业链的整体战略目标全面实现。

振石在将巨石打造成世界第一以后，仍然沿用了集中优势资源打造行业龙头的理念，去培育每一个产业布局中的单体公司，成效显著。2020年，除集团本部以外，实现净利润破亿元的多元化产业单体公司达到7家，其中恒石公司一家净利润突破10亿元。多元化产业各个击破，从而使得振石的集团总利润呈现

赶超巨石玻纤产业经营利润的态势，这就是“奇正之变”的现象和驱动因素。

所以，企业发展要特别重视“奇正之变”，虽然奇正变化的具体方式“不可胜穷”，但是有一点是不变的，通过集中优势资源“并敌一向”，增强多元化产业链上单体公司的“单兵作战”能力，就能在竞争中把握住市场变化中产生的机会，变化导致胜利。

相反，一旦“奇正”固定下来，形成某种定式，就容易走向僵化，导致企业发展空间受限。如果在多元化产业发展中，不遵循“并敌一向”的法则，就会导致资源分散，培养不出能够在激烈的市场竞争中独当一面的优秀“奇兵”公司，企业发展就很难做到真正的“以正合，以奇胜”，缺乏后劲。

应用指南 || 如何成功实施多元化发展战略?

振石二次创业走向多元化的案例，充分展现了企业成功多元化发展的战略实践。阅读完这一案例及从中拓展出的“商战智慧”，可以很清晰地总结出企业“正合奇胜”成功实施多元化发展战略的核心原则和主要方法：

- “以正合，以奇胜”，企业经营要适应市场变化，获得业务转型后的活力。
- “奇正相生”，多元化产业交叉发展，尽可能通过多元化产业之间的“内循环”相互支持和交叉发展。
- “奇正之变”，各个击破形成多元化产业的全面优势，避免单一传统业务的僵化限制企业发展空间，同时通过集中优势资源“并敌一向”，在竞争中把握住市场变化中释放的机会，应变取胜。

补充说明一点：企业多元化发展不是撒网捞鱼，渔网是可以重复使用的，一次撒网失败了还可以换个地方重新撒网，而投下去的资金如果不能产生收益就是失败。因此，永远要站在战略全局的高度，在决胜点上集中力量进行压倒性投入，通过单点突破带动多元化全局发展。

十一、避实击虚——从对手的弱点入手，打开突破口

——如果掌握“全胜”之法，通过“先胜后战”把握出手的时机，通过“避实击虚”找准战略方向的突破点，那么就可以通过单点的取胜来带动战略全局的发展。

有的企业规模较小，整体竞争力不强；有的企业规模较大，但是在实力强大的竞争对手的压制下仍然显得力不从心。在这种情况下，如何转变竞争态势并掌握竞争主动权呢？孙子“避实击虚”的理论可以指导我们找到战略方向的突破点。

避实击虚，在市场的空白点和对手的虚弱处找机会。

“虚实”是军事领域的重要问题，唐太宗李世民与其大将李靖以问对的形式探讨兵法时，曾感慨地说：“孙武十三篇，无出虚实。”唐太宗认为那么多的兵法战策没有比《孙子兵法》更好的了，《孙子兵法》十三篇没有比《虚实篇》更重要的了，只要精通了“虚实”的应用法则，就一定可以打胜仗。可见，“避实击虚”确实是孙子的重要军事思想。

孙子在《虚实篇》中用水做比喻对避实击虚进行了解释：“夫兵形象水，水之形，避高而趋下；兵之形，避实而击虚。”用兵的规律就像水一样，水流动时是避开高处流向低处的，用兵取胜的关键是避开设防严密、实力强大的敌人，而攻击它虚弱的地方。

简单而言，用兵取胜的关键就在于“避实击虚”。孙子在《势篇》中说：“兵之所加，如以碫投卵者，虚实是也。”领军攻击敌军，想要像拿石头砸鸡蛋一样容易，关键在于是否能“以实击虚”。

那么，如何避实击虚呢？敌人有敌人的虚和实，我们有我们的虚和实，我们需要做的就是以我们的“实”去击敌人的“虚”。我们可以利用敌我双方的虚实条件变化，形成我强而敌弱的竞争态势。

具体而言，要善于在行军和攻守行动中“避实击虚”。孙子在《虚实篇》中说：“出其所必趋，趋其所不意。行千里而不劳者，行于无人之地也。攻而必取者，攻其所不守也。守而必固者，守其所不攻也。”

可见，关于“避实击虚”有如下几个具体策略：

- 出兵进攻要进攻敌人急行军也鞭长莫及的地方。
- 快速所到达的地方是敌人意料不到的地方。
- 行军千里而不感到疲惫，是因为走在敌人无力抵抗的地方。
- 之所以一旦进攻就必定获胜，是因为攻击的是敌人疏于防范的地方。
- 防守之所以稳固，是因为扼守了敌人一定会进攻的地方，使得敌人无法进攻。即便是在敌人不进攻的地方，也做好了周密的防守，敌人根本不知道从哪儿进攻。

取胜就要“避实击虚”，我们可以找到对手鞭长莫及、意想不到、无力抵抗、疏于防范等“虚弱”部位作为突破口，进行有效的进攻或者行军等行动；而我们的防守很“严实”，对方找不到我们的“虚”可以进攻，每当敌人确信找到了，撞上来正好碰上我们最“实”的防守点。

要想进攻有效，就要想办法调动对手，使得对手露出空档来，一下子就能击中对手的最“虚”处。“敌无备，出而胜之”“敌人开阖，必亟入之”，这就是虚实之道。

其实，“避实击虚”的具体策略虽然很多，但概括而言，无非包括“避实”和“击虚”这两个方面。

第一，“避实”，避免进行残酷的正面突破。孙子在《军争篇》中说：“无邀正正之旗，勿击堂堂之陈，此治变者也。”不要去正面拦截旗帜整齐、部署严密的对手，不要去正面进攻阵容堂皇、实力强大的对手。这里强调的是“避实击虚”中的“避实”，避免攻击对方实力强、预先有准备的阵地，避免进行残酷的正面突破。

这一点很重要，对此克劳塞维茨也说：“即使最果敢的统帅对良好的防御阵地也敬而远之。”“对占领良好阵地的强大敌人进攻是非常危险的，这一点是无疑的，而且在这里应该被看作一个重要的真理。”

孙子也在《虚实篇》中说：“越人之兵虽多，亦奚益于胜哉？故曰：胜可为也。敌虽众，可使无斗。”以我推测，对手越国虽然兵多，但对战争的胜负又有什么帮助呢？所以说，胜利是可以争取到的，敌人虽然兵多，但可以使他们无法有效地参与交战。所以，在敌强我弱的情况下，要避免与敌人正面交锋，这就是“避实”的策略。

第二，“击虚”，找到对手的虚弱点打开突破口。孙子在《虚实篇》中说：“进而不可御者，冲其虚也。”进攻使敌人无法抵御，那是因为攻击了敌人兵力空虚的地方。所以“避实击虚”除了要“避实”还要“击虚”，就是找到敌人的虚弱点作为突破口，然后组织力量突破，突破之后迅速追击，巩固战斗成果。

总而言之，“避实击虚”就是从战争全局出发，选择和利用对手关键而脆弱的环节作为打击目标，从而通过单点的突破来带动战略全局的发展。

振石多元绽放中的风电基材世界单打冠军

2018年11月1日，工业和信息化部、中国工业经济联合会联合公布第三批制造业单项冠军企业和单项冠军产品名单，振石旗下的浙江恒石纤维基业有限公司荣登制造业单项冠军示范企业名单。

恒石生产的各类纤维织物产品应用于风电、航空、航天、游艇、管道等行业，海外销售占比超过60%，占据全球28%的风电基材市场份额。风电叶片70%的材料是玻璃纤维，而恒石就是为叶片提供玻璃纤维材料的工厂。

恒石最早是一家创立于2000年的美资企业，注册地在浙江桐乡，主要生产豪华游艇的船体用玻纤织物。2004年，工厂只有两三台设备，多轴向缝边机只有一台，将从巨石购买的玻纤纱编织成游艇布，出口到美国，其生产规模和市场都很小，企业经营也萎靡不振，年年亏损。

2004年，振石收购恒石。收购完成之后，恒石首先面临的问题就是改变经营现状，转型升级，提升竞争力。往哪里转？张毓强注意到，国家在2002年出台的风力发电的税收优惠政策，对风力发电实行按增值税应纳税额减半征收，说明风电市场是国家鼓励的新兴产业方向，并且国外的风电市场已经启动发展趋势，而国内因为风力发电的成本比较高，无法和水电、煤电竞争，所以还没有发展起来。但未来在新政策的刺激下，随着风力发电成本进入下降通道，市场规模会很快扩大。所以，恒石应该往风电材料这个方向发展。

究竟怎么进入风电基材产业呢？张毓强最担心的是起点不高，因为中国市场的特点是一旦风口来临，就会一窝蜂地很快进入“红海”。恰逢其时，丹麦的一家在全球风电涡轮市场举足轻重的风力发电机制造商维斯塔斯（Vestas）来到中国寻找供应商。恒石当时的设备和条件离维斯塔斯的要求非常遥远，但恒石斥巨资从德国引进先进设备，最终通过了维斯塔斯的严格认证。

2006年到2007年，中国的风电市场开始爆发；2008年前后，在张毓强的直接参与下，恒石又成了西门子风电的供应商；2013年之后，恒石进一步加速发展，从一开始年产几百吨风电基材，到2018年产能17万吨，恒石终于成为风电叶片材料的世界第一。

然而，恒石并没有满足于世界第一，而是继续瞄准市场蓝海，追求产品高端化，填补市场空白。2018年，恒石通过客户测试认证以及批量生产的产品共109个，其中，新产品22个，特别是使用巨石E8配方的新一代高模量原材料，快速推向风电市场后，抢占了先机。E8产品在84米海上风电项目测试通过，成为行业内取代碳纤维全部采用玻璃纤维设计的最长叶片。

恒石继续瞄准海上风电的蓝海。未来，随着能源要素的进一步制约，海上风能将是全球绝大多数国家都会参与和抢占的市场，是一个增量市场。陆上风能市场早期发展时，是一个存量市场，但第一批设备技术相对落后。未来几年，将迎来技术、设备的更新换代时期，在陆上强风区不断被开发后，未来陆上风能将会向弱风区发展。这对风电基材又提出了更高的技术要求，需要有更长、更轻的叶片产品来支撑，这又形成恒石未来的另一片市场蓝海。

恒石和巨石一样，也把国际化作为基本战略。2014年，恒石跟着巨石的步伐进入埃及建工厂，启动埃及年产1万吨玻纤织物生产线建设项目；2015年6月，项目顺利投产，加上后面增加的两条生产线，很快具备了年产3万吨的能力；在2018年第四季度开始的新一轮扩产项目完成后，恒石埃及的年产能达到5.3万吨。

2018年6月，恒石在土耳其设立了生产玻纤织物的附属公司；2019年初，具备投产条件和年产1万吨的生产能力。

预计恒石全球布局全部完成后，恒石的总产能将达到23万吨，不仅能实现以内供外、以外供外，而且能实现以外供内、全球互攻。

1.“避实击虚”，通过单点突破带动全局发展

“避实击虚”应用到企业战略发展和经营中，就是从战略全局出发，选择并利用市场和竞争对手关键而脆弱的环节，作为战略发展的方向，从而通过单点的突破来带动战略全局的发展。

从市场战略来说，可以借鉴恒石的经验，从风电基材这一个细分的领域切入，在市场的缝隙突破。恒石在成长的过程中始终抓住客户的需求，做的产品“物美价廉”，在消费者最敏感的点突破。

从竞争战略来讲，要在竞争中以较小的代价取得竞争优势，就要“避实击虚”，在竞争对手最虚弱的时候突破，在对手最薄弱的环节突破。这样“避实击虚”的战略性行动，往往效用最大，可以一举打开局面或者战胜竞争对手。

2.“强而避之”，避开对手的优势进行市场填空

前面我们讲过“先胜后战”，强调的是出手时机的把握，有把握才能打。这里我们讲的“避实击虚”，强调的是突破方向的选择，有选择地打，打之前先选好突破点。

振石在收购恒石以后，恒石还是一个很小的企业，该从哪里破局，打开局面？这是一个确定企业战略发展方向的问题。问题破解的关键就在于“避实击虚”，避开从正面进攻市场和竞争对手那些强大的、设防坚固的、具有优势的、不好进攻和开拓的地方，选择关键而脆弱的环节作为发展方向和进攻目标，通过单点的突破带动整个战略全局的发展。于是，恒石在产业链中切分出最擅长的一小块，在玻纤原材料供应商和风电叶片终端产品制造商之间的缝隙里，主营玻纤织物风电基材，用高品质的技术和服务辗转腾挪，做成“隐形冠军”。恒石最终的战略胜利，取决于这一战略方向选择上的“避实击虚”，掌握了“先胜后战”的主动权。

所以，在企业发展和经营中，规模小、实力弱的后起企业，要采取“强而避之”“实而备之”的策略，绕开强势企业和饱和市场，集中企业实力去攻占市

场空位，努力开拓潜在市场。采取避强定位的战略，能够避开强大的竞争对手，在无竞争或少竞争的市场部分进行经营，这是一种“见缝插针”的定位方法，其优点是能够使企业远离其他竞争者，在市场上迅速站稳脚跟，树立企业形象，从而在市场上取得领导地位。

3.创新求变，实现差异化发展

摸清市场分析需求，做到“人无我有，人有我优，人优我新”，实现差异化发展，这也是一种“避实击虚”的方式。

创新求变的实质就是让自己永远处于产品需求的前端，让追随者永远被自己牵着鼻子走，这样的“避实击虚”不失为以小代价赢得大市场的重要策略。

恒石公司进入风电基材产业以后，始终以市场为导向，以客户的需求为中心，和国际大客户一起研发，开发出满足客户高要求、需要严格认证的产品。恒石始终坚持高附加值、高利润、差异化、特色化的产品研发。在风电领域，与客户联合推陈出新，不断升级现有产品，紧跟大叶型、轻量化海上风电等趋势，保持竞争优势。同时，恒石也在积极探索新能源汽车、通信、高铁、航空等材料应用的新领域，通过自主创新和技术演进，及时开发适合市场需求的新产品。这样客户和恒石保持高度的黏性，可以避开其他追随而上的对手模仿性竞争，一旦对手慢了半拍，便无法与恒石正面竞争。

恒石通过产品差异化的方式实现了“避实击虚”，掌握了竞争的主动权。差异化定位战略的核心就是企业将提供的产品和服务差异化，树立在全行业中具有独特性的竞争优势，“敌虽众，可使无斗”，使对手根本无法与之竞争。

4.“冲其虚”，从对手的关键弱点入手

“避实击虚”的运用，一方面要“避实”，另一方面，还要利用对手的弱点来行动，攻击其“虚”。通过“冲其虚”达到“进而不可御”的效果，通过“行于无人之地”达到“行千里而不劳”的状态，通过“攻其所不守”达到“攻而必取”的目标，从而高效地打开局面。

在商品市场上，最敏感且最脆弱的就是商品的价格。恒石公司在开发产品的时候，通过采用最先进的设备、扩大规模等方式，大幅降低了产品的制造成本。所以，当恒石的产品和国外竞争对手的产品品质一样的时候，恒石产品的

销售凭借价格优势，加强了客户与恒石进行合作开发产品的意愿。

所以，“击虚”的关键就在于，找出市场和对手的脆弱点，然后从中抓住有价值的关键脆弱点作为主攻方向，投入优势资源和力量，从而通过这一点的突破以带动整个竞争格局的发展。

5. 市场突破后迅速巩固成果，持续投入

在作战中“击虚”的目标选择，要求针对对方的虚弱之处，但“击虚”的行动并非在虚弱之处打开了突破口就算结束。相反，一旦打开了突破口，就要充分利用突破的机会和竞争对手来不及反应的时间，立即投入强大的资源，制造强大的持续进攻力量，粉碎竞争对手任何追随复制或重新组织防御的竞争行为。正如克劳塞维茨所说：“胜利的大小取决于追击时的猛烈程度，追击是取得胜利的第二个步骤，在许多情况下甚至比第一个步骤更为重要。”

恒石在进入风电基材产业以后，刚打开突破口就引进国外最先进的设备，加速发展。即便是在2013年行情不好的时候，恒石也订购了二三十台设备，而竞争对手基本上没有跟进。这样，从一开始年产几百吨风电基材，到2018年产能17万吨，恒石终于成为风电叶片材料的世界第一。不仅如此，恒石从2014年在埃及建厂，2018年到土耳其建厂，又开始了快速的国际化扩张步伐。可以看出，恒石在打开风电基材的突破口以后就以迅雷不及掩耳之势，抢占了行业的制高点，而竞争对手没有任何追随的机会，恒石速度太快，也追不上。

应用指南 || 如何找到并打开发展的突破口?

振石多元绽放中的风电基材世界单打冠军的案例，充分展示了企业“避实击虚”找到并打开发展突破口的生动实践。阅读完这一案例及从中拓展出的“商战智慧”，可以很清晰地总结出企业“避实击虚”成功找到并打开突破口的核心原则和主要方法：

- “避实击虚”，选择并利用市场和竞争对手关键而脆弱的环节，作为战略发展的方向，从而通过单点的突破来带动战略全局的发展。

- “强而避之”，避开对手的优势进行市场填空，努力开拓潜在市场，从而在市场上取得领导地位。
- 创新求变，实现差异化发展，让自己永远处于产品需求的前端。
- “冲其虚”，从对手的关键弱点入手，投入优势资源和力量以带动整个竞争格局的发展。
- “追击是取得胜利的第二步骤”，要在市场突破后迅速巩固和扩大成果，这是单点突破之后，能否带动全局发展的关键。

十二、势险节短——快速准确把握发展的时机和节奏

——山高人为峰，居高怀远，现在的高度只是未来的起点，继续利用现有资源搭台造势，并快速、准确把握节奏出击，成就未来战略落地的“千仞推石”之势。

军事力量本身如同水流和圆石，运用高超的谋略营造有利的态势，在合适的时机集中力量，快速行动，才能最大限度地发挥其效能。经营企业如何将有限的人力、资金等基础实力成倍地发挥出效能？破解这一问题，可以借鉴孙子提出的“势险节短”这一战略思想。

势险节短，满弓蓄势待发，发则节短力足。

孙子用“激水漂石”和“鸷鸟毁折”这两种自然现象生动地解释了“势”与“节”这两个古代兵法中重要的概念。他在《势篇》中说：“激水之疾，至于漂石者，势也；鸷鸟之疾，至于毁折者，节也。”湍急的流水能将巨石冲走，是借助了水势；鹰隼迅猛飞扑，以致能将鸟雀捕食，这乃是靠掌握了发动的时机和距离。

孙子在《势篇》中进一步解释说：“是故善战者，其势险，其节短。势如彍弩，节如发机。”善于用兵打仗的人，他的兵势是迅猛的，他的行动节奏是短促的。险峻的兵势就像张满的弓弩，蓄势待发，短促的节奏就像猝然触发的弩机，短促猛烈。

所以，发挥战斗力的关键是：

- 其势险。
- 其节短。

“势险”——积累的势能最大，力量最大，而且蕴含的能量是超乎寻常的。就像水本身并不具备漂起石头的力量，却能在陡峭湍急之处漂起石头移动；又像圆形的石头，在千仞高峰滚落而下时，所向披靡，产生比石头本身重量大千百倍的冲击力，势不可当。

“节短”——释放能量的距离最短，时间最短，那就能准确命中，而且有最大的杀伤力。就像“鸷鸟毁折”，迅猛快捷，猝不及防。所以，作战最有效的方式就是把弓拉得满满的，摸到对手眼皮底下射出致命一箭，一发命中。

关于“势”与“节”，应当将二者联系在一起思考。因为，“势”与“节”是有着内在联系的两种力量运用状态：一种是由各种条件构成的积蓄状态的“势能”，另一种是由速度构成的爆发的“动能”。没有前面的“蓄”，就不可能有后面的“发”；没有前面的慢，也就不可能有后面的快；没有前面“势险”的势能，也就不会有后面“节短”的动能。所以说，“势”是基础条件，“节”是实施动作。从具体的战略运作上看，这两者的关系主要表现为行动节奏和瞬间时机的把握上。“势”的目的是要作用于“节”上，求“势”的目的是要获得最有效的杀伤力。“节”是一种速度的反映，要想保持速度，必须占领有利的位势，要善于利用各种有利的条件。譬如说，我们由上往下就会获得较快的速度。“势如彍弩，节如发机”，孙子对这种关系的比喻很形象。要想箭射得快、射得远，你的弓必须拉得满。这里面有充分准备的“蓄势”的意思，也有选好角度、位置的“位势”的意思，还有选准时机的“度势”的意思。

振石三高和巨石新四化战略的千仞推石之势

前面已经讲到振石多元化发展取得了辉煌的成就，打造出了巨石玻纤产业的世界第一和恒石风电基材产业的世界第一，呈现多点发力带动全局的强劲迅猛发展态势。

站在新的历史时期，张毓强居高临下，同时又高瞻远瞩。2018年，他提出了巨石“新四化”发展战略；2020年，在他的主导下，振石制定了《五年发展战略规划（2021—2025年）》。振石和巨石立足现实，面向未来，迅速积蓄力量再出发，开始了新的战略发展大“计”。

战略定位明确了企业要做什么、如何做，是一个企业的前进路径，是一种未来发展的方向选择，只有选择对的方向，在对的方向上坚持下去，才能带领企业走向辉煌成功的未来。在充分分析所处的环境并评估自身实力以及拥有的资源后，振石董事局确定了“高质量发展、高速度增长、高品质提升”的“三高战略”。

新阶段、新高度，战略蓄势，把握新机遇。振石“三高”战略是指“三环互动的高质量发展、强链稳链的高速度增长、绿色和谐的高品质提升”。具体而言就是：

- 健全集团内部各部门、各子公司协作互动、资源共享的小循环，并融入国内大循环、国内国外双循环，实现三环互动的高质量发展。

- 强化镍金属上游原料、冶炼、下游应用领域的不锈钢制品与新能源领域，通过打造又强又稳的产业链，实现高速度增长。

- 始终坚持“不以污染环境为代价；不以员工安全、健康为代价；不以超越法规为代价；不以浪费资源、破坏生态为代价”的四不原则，走环境友好、绿色和谐的发展之路，实现高品质提升。

根据规划，未来五年，振石人均营业收入、人均利润、人均工资、人均进出口额均将实现两位数以上的大幅增长。其中，在出口创汇大幅增长273.33%的基础之上，进口增长高达1263.15%，达到集团人均营业收入超千万元、人均利润超百万元的新平台；集团营业收入、员工总数、投资总额、对外持有股权市值、上缴税金、社会公益、社会贡献总额等主要指标均实现倍增，新增境外员工1.7万余人，海外净资产增长1783.48%，进一步夯实国际化。

时不我待，势不可当。2018年起，巨石也开始重点推进以智能制造为核心的第四次创业。这次创业的四大战略举措是：制造智能化、产销全球化、管控精准化、发展和谐化。

在巨石内部，这四大战略举措被称为“新四化”，因为它是建立在此前“产品高端化、产业集群化、布局国际化、市场全球化”的“老四化”基础之上的。在“新四化”提出的同时，巨石还明确了公司的发展愿景是“保持全球玻璃纤维工业领导者”，以及到2022年末继续保持粗纱规模全球第一，实现细纱规模全球第一的业务目标。

张毓强认为，巨石要实现从大到强大的转变、由强大到伟大的跨越，智能化不是唯一的钥匙，但它是不可缺少的钥匙。在智能化迅猛发展的时代背景下，巨石的智能化很快启动。2017年12月24日，中国巨石新材料智能制造基地签约仪式在桐乡举行，到2022年，基地全面建成投产，总投资超100亿元，用地面积1076亩。新建基地将建设年产45万吨粗纱智能制造生产线和年产18万吨细纱智能制造生产线，并配套建设公司新总部大楼。新基地建成后，整个巨石桐乡生产基地的玻纤生产总规模达到125万吨，电子布产能10亿米，实现桐乡总部玻纤产能翻番，进而“再造一个巨石”的目标。

“其势险”，千仞之山推千钧之石，振石发展势不可当，继续追求“三高”战略优势；“其节短”，巨石时不我待，推进“新四化”，对接日新月异的智能化。

1.“激水漂石”，主动造势，积蓄发展势能

如同“激水漂石”，湍急的流水能将巨石冲走，是借助水势。企业的发展需要资源的充分利用，发挥出资源利用的最大效能。

对企业经营而言，我们可以简单地将企业所能掌控利用的资源比作圆石，只有通过主动造势，搭建一个足够高的平台，然后在一个更高的平台上放置这些资源，这些资源才会充分发挥其效能，像圆石一样形成推动企业发展的巨大势能。

振石“三高”战略中的“三高”，就是为企业发展积蓄势能的三个高台，“三高”战略实施的过程就是造势的过程。当“三高”战略举措落实的时候，振石所支配的资源就能够依托这三个平台，充分发挥效能，产生推动企业发展的巨大势能。这三个平台构建得越高，基础越扎实，其所承载的资源越多，企业发展就可以获得越大的动能。

2.“势如彍弩”，构建资源配置的高台，最大限度发挥资源效能

前面我们讲过，“势险”是指积累的势能最大、力量最大，而且蕴含的能量超乎寻常，就像圆形的石头，在千仞高峰滚落而下时，所向披靡，产生比石头本身重量大千百倍的冲击力，势不可当。

比如，振石从“国际、国内、集团三环互动的高质量发展”平台来讲，

高质量发展平台的高度会放大公司的资源效能。一方面，得益于集团坚持通过技术创新、产品创新、服务创新，在稳固传统市场的同时，积极培育新市场，提高集团产品和服务的国内市场占有率，完善国内大循环的产品和服务体系；另一方面，以国内大循环为本，充分利用国外各种优质资源，在扩大进口的同时，扩大高附加值产品的出口，实现集团内小循环、国内大循环、国内国际双循环相互促进的新发展模式，从而为集团的发展注入强大的势能和动力。

所以，正确的战略决策和作战指挥能够形成有利的作战态势，成为军事力量的倍增器，就如同圆形巨石是现实基础之“形”，将其放置于千仞之高山，就产生了“势”，将其推下就能产生“雷霆万钧”的动能效果。

企业要根据自身特点、市场需求、发展前景等综合考量，营造有利的经营态势，“全力满弓”搭建资源利用的势能平台。比如，“置之死地而后生”的无退路经营战略，“众人拾柴火焰高”的资源整合经营战略，“除了巨石玻纤都是其他”的领先差异化经营战略等，通过这种造势，可以最大限度地发挥资源效能，使企业获得自身现有资源之外的机会和超常发展。

3.“鸷鸟毁折”，瞄准目标，把握战略行动的时机和节奏

鹰隼迅猛飞扑，以致能将鸟雀捕食，这乃是靠掌握发动的时机和距离。当企业面临新的经济和技术大势或者企业本身具有了良好的经营态势，在战略决策转变和具体战略执行层面时就要特别注意“时机”的问题。

从1993年巨石成立至今，中国玻纤行业占全球产量的比例从不到10%增长到60%，在这一过程中，巨石牢牢把握住发展的时机和节奏，不断引领玻纤工业的规模增长和技术进步。因此，巨石能够瞄准发展目标稳步攀升，到2019年玻纤总产能超过180万吨，占中国总产能的40%，世界总产能的22%。巨石一天生产的粗纱可以绕地球202圈，生产的细纱可绕地球110圈，在全部产品中，高端产品占66%。20年来，人均产能增长16倍，单位产品综合能耗下降50%，全员劳动生产率增长3.87倍。

如今，巨石又把握住智能制造的时代机遇，实施制造智能化战略，必将进一步成倍地放大巨石现有的资源效能，提高生产效率，降低生产成本，提高产品质量，推动产品高端化，使巨石作为世界玻纤工业领导者的地位更加

稳固。

4.“节如发机”，成功往往在于迅速直接地一击

市场瞬息万变，要想把有利态势真正转化为战斗力，就要做到“节短”。也就是说，集中力量，短促突击，切忌拖拖拉拉，耽误时机。

我们来看一下巨石发展中“迅速直接一击”的快节奏：

- 从1993年到2003年的第一次创业，成为国内玻纤行业的第一。
- 从2004年到2012年的第二次创业，成了世界玻纤行业产能第一。
- 从2012年至2017年，开始了玻纤生产的全球化布局，基本上实现了“产品高端化、产业集群化、布局国际化、市场全球化”的“老四化”目标。
- 在此背景下，2018年至今，巨石敏锐地把握住了高端智能制造的未来方向，并且没有丝毫的犹豫，果断决策实施“新四化”举措，迅速出击，抢占智能制造的制高点。

从战略决策上来看，巨石及时抓住了“制造智能化”的大势，把握住了企业与宏观大势顺势发展的节奏。从企业战略决策的执行来看，“新四化”战略举措一旦明确制造智能化的方向，巨石就集中资源投资超过100亿元，打造智能制造基地，并且基地建设项目按照建设周期尽量缩短、建设标准尽量达到或者超过国际行业最高水准、建设生产线尽快达标达产的“短、高、快”的要求迅速推进，把握住了战略决策执行的高效率。

应用指南 || 如何把握好发展的时机和节奏?

振石“三高”和巨石“新四化”战略具有“千仞推石”之势，这一案例充分展现了企业成功把握发展时机和节奏的生动实践。阅读完这一案例及从中拓展出的“商战智慧”，可以很清晰地总结出企业“势险节短”成功把握发展时机和节奏的核心原则和主要方法：

- “激水漂石”，主动造势，积蓄发展势能。通过搭建更高的资源利用平台以充分发挥资源效能，从而形成“高山推石”的态势，推动企业发展。
- “势如彍弩”，“全力满弓”，搭建资源利用的势能平台，使企业获得

自身现有资源之外的机会和超常发展。

- “鸷鸟毁折”，瞄准目标，把握战略行动的时机和节奏，把握战略决策转变和具体战略执行的时机。

- “节如发机”，成功往往在于迅速直接地一击，切忌拖拖拉拉，耽误时机。

“势险”是积蓄势能，走险棋不等于盲目冒险；“节短”是行动的时机和节奏，需要把握时空条件下的最佳发力节点，才能创造出最大的效力。

“势”是基础条件，“节”是实施动作，求“势”的目的是要获得最有效的势能，而“节”是创造速度效应，发挥最大动能，要想保持速度，必须占领有利的位势，善于利用各种有利的条件，充分准备“蓄势”，选好角度、位置，创造“位势”，选准时机“度势”，这是“势险节短”的条件和动作要求。

第三部分：市场生存之道

——《孙子兵法》与竞争策略

这一部分将介绍《孙子兵法》中的竞争策略及其在企业市场竞争中的应用途径。我们将更好地理解和解决如下重要问题：

- 如何在复杂的市场环境中真正实现立于不败的竞争目标？
- 如何了解竞争环境，增强自己的竞争实力，扩大并稳固有利的竞争格局？
- 如何在市场资源分配中掌握主动，实现资源利用价值的最大化？
- 如何掌握竞争的先发优势，并始终在竞争中保持领先优势，让竞争对手追赶不上？
- 如何突破常规思路，适应不断变化的市场态势和满足差异化的市场需求？

战争是一种最强的竞争形态，《孙子兵法》从战略高度揭示了竞争的原则和方法，可以指导我们超越竞争，追求“全胜”境界。

《孙子兵法》从战略的高度揭示了战争取胜的基本要素和根本原理，也确定了战争系统思维和战略偏好，是一部具有伦理哲学指导意义的竞争策略宝典。战争是一种最强的竞争形态，《孙子兵法》所揭示的是竞争中基本的取胜法则，基本的竞争方法论。所以，我们可以把《孙子兵法》看成一部超越战争范畴的一般竞争理论专著，将其从残酷战争的强竞争环境中所总结出来的竞争原则和方法，用来审视和指导我们所面临的市场竞争，往往可以帮助我们更好地理解竞争的本质，更好地掌握和应用市场竞争中的取胜之道。

战争和竞争本身不是目的，理性的竞争是为了给自己创造一种更有利于长远发展的良好环境。因此，战争的最高境界是超越战争，竞争的最高境界是站在更高的层面掌握竞争。《孙子兵法》的一个核心智慧就是竞争者不但要懂得竞争，更要懂得掌握竞争的“制空权”，从更高的层次来理解和把握竞争格局，从而跳出简单的直接对抗式竞争，“必以全争”，追求“全为上，破次之”的“全胜”境界。

当然，《孙子兵法》强调竞争要“不战而胜”“必以全争于天下”，这并不是反对竞争，也不是主张消极竞争，而是强调最好不用打就能赢。如果避免不了要打，也要用智慧去打，要敢打，更要会打，打开突破口之后，还要一鼓作气，乘胜追击，扩大战果。无论任何时候，打都要坚持用最小的成本取得最大的胜利。

一、必以全争——商业竞争不是零和游戏

——企业最高境界的市场竞争必以全争于天下，成本最小而收益最高，所以不战而屈人之兵方可大获全胜。

孙子有一个很核心的战略理念，就是“全胜”。所谓全胜，顾名思义就是十全十美的胜利，最完美的胜利。要达到全胜的境界，就需要采用“必以全争”的谋攻之法，这是一种顶级的竞争策略。

必以全争于天下，顶级竞争的谋攻之法。

孙子为什么要提倡“全胜”战略思想？因为他深刻地知道战争暴力取胜的特点是杀敌一千自损八百，暴力取胜需要付出沉重的代价。比如，明犯强汉者，虽远必诛。汉军征伐大宛，虽胜得豪迈，但损失惨重。

西方也有著名的“皮洛士式的胜利”的说法，专门指战争中那些付出巨大代价才获得的胜利。皮洛士是古希腊伊庇鲁斯的国王，他曾经率军入侵意大利与古罗马人作战。在赫拉克利亚会战和阿斯库路姆会战中，皮洛士两次打败了罗马军队，但他的军队也遭受了重大伤亡，尤其是损失了大量的军官和骨干。所以据说在会战结束后，当有人向他祝贺胜利时，皮洛士叹息地说：“要是再来一次这样的胜利，就没有人可以和我一起回国了。”

这样的胜利发人深省。如果我们付出惨重的代价取得了胜利，当别人全都倒下的时候，而我们也已经摇摇欲坠，那这种胜利还有什么意义呢？当我们艰

苦征战夺得了一座城池，而这座城池却因为战争残破不堪，一无所有，那我们夺取这座城池又有什么意义呢？

这让我们看到了“全胜”的价值所在，而如何达到“全胜”呢？——“必以全争”。

孙子在《谋攻篇》中说：“必以全争于天下。”打仗不是为了杀敌，因为杀敌要付出代价，杀敌一千自损八百，最好是“不战而屈人之兵”，晓之以利害让他投降，全城全人全财全货得全归于我所用。

按照这一竞争策略，两国之间打仗就会出现这样的局面：我们首先瞄准的最高战略目标是战胜对方国家，而我们选择取胜的手段应当优先求“全”，而尽可能避免或减少“破”坏，我们让对方的国家完整投降服从于我们，为我们所用，这是最高的境界；如果我们攻破了对方的国家才取得胜利，造成了一定程度上的破坏，这是次一等的境界；如果我们无法做到不费一兵一卒就让对方国家降服，能让对方的军队完整地降服为我们所用，这是我们在军队竞争层面最高的境界；如果打败了对方的军队才取得胜利，这是我们在军队竞争层面次一等的境界。依次类推一直到卒、伍，都是如此。简而言之，“全”为上，“破”次之；上“全”不保，力保下“全”。

这就是孙子“必以全争”所能达到的“全胜”价值目标优先等级：

- 全国为上，破国次之。
- 全军为上，破军次之。
- 全旅为上，破旅次之。
- 全卒为上，破卒次之。
- 全伍为上，破伍次之。

这里军、旅、卒、伍都是战斗编制，军是12500人，旅是500人，卒是100人，伍是最小战斗单位5人。从上到下，优先力求国家之“全”；国家之“全”做不到，即便“破国”也要力求下一层级的整军之“全”；整军之“全”做不到，即便“破军”也要力求下一层级的整旅之“全”；层层往下力求“全卒”“全伍”。

在这里，孙子将“全”作为一种战略追求和战略境界，尽可能地实现战略目标的完美和保持战争力量的完整，力求最大限度地减少战争的破坏作用，尽可能地在不使用武力的情况下达成战略目的。这就是《孙子兵法》中非常重要的一个战略思想，即“全胜”的战略思想。

有一点需要特别注意，孙子的“全胜”思想，并不是单指自己一方的“全”，而是包括敌我双方在内的“全”。他所讲的“全国”“全军”不只是自己的国家和军队完好无损，最好敌方的国家和军队也完好无损。只有这样，不仅自己避开了战争之害，对方也会避开战争之害。有的人可能不太理解，对于敌人，不是破坏得越严重越好，把他们打得越惨越好吗？事实上并非如此，大量事实表明，把敌人打得越惨越狠，虽然解了心头之气，但是自己最终获得的战略利益并不理想。按照孙子的观点，战争的有害性同时存在于战争的双方，“破国”“破军”必然会导致双方流血伤亡，只不过一方多一些，而另一方少一些。即使自己一方损失很小，但却使对方遭受到无法承受的损害，这种损害将会成为今后爆发另一场战争的隐患。从另一角度看，我们的对手是根据利益而变化的，今天的对手也可能会成为明天的朋友，如果你永久地伤害了对手，也就会永久地失去了一个朋友。

所以，按照孙子“全”的意思，我们应当从长远的利益和全面的政治、道义的要求上设想我们的战略目标，不能只顾眼前利益，不能只考虑自己的利益，不能留下后遗症。按照孙子“全”的意思，我们应当从避免直接碰撞和大量流血的方式上考虑战争力量的使用，力求在保全战争双方力量的情况下去征服对方。所以“必以全争”是立足于全局、着眼于长远追求“全胜”的顶级竞争策略。

巨石占领客户的竞争制胜策略

我跟随张毓强14年，从来没有听他谈到过如何打败哪一个竞争对手，也从来没有看到他从某一个竞争对手手中去抢占客户资源，而是经常听他说“客户就是我们的上帝”“上帝如果有召唤，无论任何问题，我们都要立即回应”“客户提出的问题大过天”“我们生产出来的产品，如果客户不认可就没有任何价值”，等等。

在我的印象中，巨石的竞争取胜之法类似于恋爱之法。客户就是寄托我们希望的漂亮、富有的梦中情人，在当今开放的时代环境下，谁都有追求她的权利，客户也有权从成百上千的追求者之中选择其中一个作为恋爱对象。因此，取胜的关键不在于我们打败了多少情敌，即使我们把所有的情敌都打败甚至让他们从这个世界上消失了，我们的梦中情人还是可能选择拒绝我们，不跟我们走；反过来，我们全心全意去对她付出，让她发现了我们对她的独特价值，她接受了我们并最终选择和我们在一起，建立了黏性很高的供需合作关系，那么，即便我们有10个情敌甚至100个情敌也无所谓。虽然我们没有打败一个竞争对手，但是我们赢得了这场激烈的竞争，大获全胜。

“让客户选择我，而不是我去打败竞争对手。”这就是张毓强的竞争理念，巨石竞争的制胜之法，也是巨石市场竞争的战略指导思想。他们会分析竞争对手的情况用于判断自己的市场竞争优势和劣势，认清市场竞争格局，但是他们竞争的出发点永远是通过产品质量和服务去捕获客户的芳心。

2004年下半年，加拿大一家专门制作玻纤门的莱茵公司的业务人员麦克从网上向巨石发了一封邮件，探问价格。几分钟后，他就收到了回复，他感到很惊奇，又试着发了几次邮件，都是如此。于是，莱茵公司打来8万美元订购了一批直接纱，巨石用最快的速度供货莱茵公司。后来，莱茵公司每月都打来8万美元，每次都是发送一封邮件，说明货物品种和要求，巨石也马上回复，双方没有见过面，每月都是如此。有一次，莱茵公司的麦克问巨石负责海外销售的领导：“我每次发邮件，你们都是在几分钟之内就回复，我们两国处在地球的对面，昼夜相反，我发邮件都是在工作时间，正是你们的夜间，难道你们不睡觉吗？”这位领导马上回复说：“巨石的时间里没有白天与黑夜，客户就是我们的上帝，上帝有召唤，我们马上办。”

“产品凝聚了我们的心血，是我们送给上帝的最好的礼物。”张毓强的质量意识已经深入每一个巨石人的心中。2009年4月3日，巨石二分厂络纱工段发生了一个小螺丝钉的故事。当天早晨交接班时，二分厂一个刚刚下了夜班的短切工人向工段领导反映，他在清理卫生时发现，二号线料仓下料口处一颗固定接料装置的螺丝不见了，在周围场地查找后，也没有发现，怀疑螺丝掉进了产品里。工段领导立即奔赴现场，从螺丝的位置和周边环境判断这颗螺丝很可能就是掉进了产品中，如果产品流到客户手中，就是质量乃至安全隐患。

“要让客户满意，我们的产品就不能有半点瑕疵。”于是，相关人员通过翻阅设备检查记录找到了线索，将目标锁定在过去一天生产的14吨短切纱中，并很快查清楚了这14吨短切纱的托盘编号。工段领导决定停止当班的生产计划，空出一条生产线，组织人员翻包，翻包是一个很累、很细致的工作，从14吨短切纱中找一颗10毫米×15毫米的小螺丝，这叫翻包工人如何完成？但工人眼中容不得半点杂质，他们要对产品质量负责，对客户负责，于是他们不顾疲劳，根据托盘编号逐一盘查。时间一分一秒过去，白花花的短切纱一翻斗一翻斗地被搬运到过滤筛上，翻包工人死死地盯着过滤筛表面，经过连续12小时的奋战，终于在第11托纱中找到了这颗螺丝。随后，工段制定了整改措施对短切区域的所有紧固件进行排查加固，避免类似质量隐患。

正因为如此，巨石成为客户最值得信赖的供应商，并且得到竞争对手的尊重和敬佩。

1.市场竞争不是零和游戏

军事意义上的战争往往具有直接的对抗性，战争的结果，要么你死、要么我亡、要么你我同归于尽，一旦开战，双方之间就没有真正的和平结局。

但市场竞争不同，企业所面临的市场是不特定的，如果我们善于进行差异化的产品竞争，从某种意义上说，市场是无限的。比如，我们开发出一个新的产品，那么，在市场上我们几乎没有竞争对手。

因此，高明的企业会避开甚至超越与现有的竞争对手抢占市场份额的境界，创新开发属于自己的新的蓝海市场。事实上，巨石不断开拓新的市场，大幅拓展了玻纤的使用领域，大幅提高了玻纤的人均消费量，大大地推动了玻纤行业的发展，并因此带动了竞争对手跟随发展。

正因为企业可以避免与现有竞争对手的正面竞争，还可以通过差异化产品开拓新的市场，所以企业的竞争不是零和游戏。

巨石从来没有把竞争的目标确定为某一个客户或者某一群客户，当它取得市场竞争胜利的时候，它改变了行业的竞争格局，但它没有破坏行业的“和平”竞争局面。

2.“全”与“破”的区别在于竞争取胜的成本和收益不同

孙子在《谋攻篇》中指出“必以全争”的效果就在于“兵不顿而利可全”，也就是说，竞争如果遵循“全胜”的战略就可以达到不用付出损伤兵力等任何代价就能获得自己想要获得的全部利益的目的。这就说明，“全”胜的成本最小而所获得的收益最多。

但如果是武力“破”敌而胜，则必然会因为杀敌一千自损八百而使自己付出代价，并且战胜后收编的也是残破的军队，夺取的城池也是被破坏的城池，还需要付出成本进行修复，这种情况下的取胜成本增加而收益却在大大减少。

其实从巨石来看，行业龙头的“全胜”竞争格局，最终所获得的收益不仅来自具体的市场竞争，还来自行业发展所带来的超额收益。

玻纤作为一种替代型的新型材料，巨石以产品创新为抓手，以满足市场需求为目标，不断拓展玻纤产品的应用领域，从而推动了整个玻纤行业的高速发展。玻纤行业所能拓展的市场边界越宽，玻纤产品的市场需求容量越大，竞争对手收益越多，巨石作为行业龙头受益越多。

3.“必以全争”的四层级综合竞争能力建设

前面我们讲过，孙子“必以全争”所能达到的“全胜”价值目标优先等级是自上而下的，所以“必以全争”是立足于全局、着眼于长远，追求“全胜”的顶级竞争策略。

巨石在市场竞争中，始终避开与某个竞争对手的直接竞争，这样站在行业的制高点，在竞争中保全了整个玻纤行业的健康发展，从而使得自己能够站在行业发展的新高度的最高处。

然而，怎么样才能真正达到这一境界呢？孙子在《谋攻篇》中说：“故上兵伐谋，其次伐交，其次伐兵，其下攻城。”上等的军事行动是用谋略战胜敌人，其次是通过外交手段使敌人屈服，再次是使用武力战胜敌人，下策是攻打敌人的城池，直接用攻城的办法打败敌人，是不得已而为之的。

“伐谋—伐交—伐兵—攻城”是“必以全争”而能选择的优先手段排序，可以借鉴作为企业竞争的四级能力建设的模型：

- 上兵伐谋——伐掉竞争对手的图谋以及消除客户对自己产品的疑虑，这是不用竞争就取得胜利的最高明的手段，也是企业竞争的最高能力要求，需要站在全局的高度、着眼长远，并且能够拿捏住所有的竞争对手，巨石这样的伟大企业就很好地做到了这一点。

- 其次伐交——伐掉竞争对手的联合外交或者改变客户原来单一的供需关系，这也是算得上高明但不是最高明的一种手段，需要企业有了解和驾驭行业竞争格局的能力和站在有利于客户的角度打通供应渠道的能力。

- 其次伐兵——利用竞争对手的核心人员或者客户的核心人员以便打通市

场供应渠道，这是在伐谋、伐交手段下的辅助手段，也需要比较强的公关沟通能力。

- 其下攻城——就是直接与竞争对手进行正面竞争，争夺市场，这是万不得已才能采取的行动手段，也需要有掌握正面竞争方法和成本控制的能力。

企业只有健全上述这四级竞争能力，形成综合的市场竞争能力体系，才能在市场竞争中灵活交叉运用不同层级能力的竞争方法，追求“全胜”。

4. 伟大企业要警惕在“百战百胜”中走向毁灭

张毓强历来坚持稳扎稳打，在市场竞争中高效行动，一战而定。“百战百胜”如果只看结果输赢，其实并不是好事，为什么这么说呢?

从军事角度来讲，每一次战胜都有代价、有消耗，百战则劳民伤财，百胜则主骄。如果我方又疲惫又骄傲，对方憋足了劲要雪耻，可能下一仗就翻盘了。再说了，都百战百胜了还在打，可见，这胜的质量并不高，没解决问题。并且，如果不考虑成本，我们不惜代价百战百胜，每次都战胜了竞争对手，但自己也付出了沉重的代价，胜一次自己的实力就削弱一次，最终的结果可想而知。

从企业竞争角度来讲，如果百战百胜不是集中于自己的产品开发，开辟新的市场，而是集中所有的精力、财力和物力，和自己的竞争对手抢夺客户资源，甚至直接花费大的代价去削弱竞争对手的实力，这样就会造成两败俱伤或者“鹬蚌相争，渔人得利”的结果，损人不利己。

因此，即便是伟大的企业，如果陷入狭隘的竞争旋涡，也会在消耗竞争对手实力的同时折损自己的竞争力。即便自己在行业内百战百胜，打败了大多数竞争对手，我们也可能破坏了自己所在的行业，被其他相关行业用替代产品挤压我们的市场空间，从而使自己走上自我毁灭的道路。即便最后我们还是行业的龙头，但也是一个残破萎靡、缺乏竞争力的行业的“鸡头”，最多只能从江湖地位上比比“凤尾”，无法获得“凤头”的荣耀。

5. 竞争的最高境界是“不战而屈人之兵”

在军事作战中，用兵最高明的手段是“不战而屈人之兵”，市场竞争不是零和游戏，最好能尽量避免正面的暴力对抗而使用“不战而屈人之兵”的竞争手段，达到以最小的代价获得最大的收益。

巨石作为行业的领导者，最核心的竞争力就在于产品的成本、质量和价格方面的综合领先优势，因此客户因为差异化的产品和质量优势而依赖于它，以获得产品的稳定供应。所以它只需要了解客户的需求和未来客户的产业发展战略计划，就可以通过伐谋手段与客户建立稳定的产品供求关系；因为巨石的技术创新优势而拥有竞争对手所没有的高端产品等差异化优势，在巨石自己所拓展的新市场里面竞争对手根本无法与它进行竞争；因为巨石构建了产品和技术的护城河，从而可以轻松地实现不战而屈人之兵。

不战而屈人之兵，并不是“不战”，而是我们处于绝对的优势，竞争对手根本无法与我们“开战”。

那么，小规模企业或者处于起步发展阶段的企业是否能够采用不战而屈人之兵的手段呢？当然可以。只要我们将目光瞄准于客户的需求，而不是选择与竞争对手一决高下，我们总能找到特定客户的特殊需求，从而避开与强大竞争对手的正面竞争。事实上，也有的中小规模的玻纤企业避开与巨石的正面竞争，选择了一个巨石暂时没有涉及的细分市场，比如用玻纤制作高档酒店用桌垫，照样做到了不战而屈人之兵，在市场上大获全胜，巨石甚至还会以老大哥的身份去帮助它，让它过得更好。

应用指南 || 如何达到“不战而屈人之兵”的竞争境界？

巨石“让客户选择我，而不是我去打败竞争对手”的竞争制胜策略，充分展现了企业“必以全争”大获全胜的成功实践。阅读完这一案例及从中拓展出的“商战智慧”，可以很清晰地总结出企业“必以全争”从而达到“不战而屈人之兵”境界的核心原则和主要方法：

- 市场竞争不是零和游戏，高明的企业可以选择超越或者避开与现有的竞争对手抢占市场份额，创新开发属于自己的新的蓝海市场。
- “全”与“破”的区别在于竞争取胜的成本和收益不同，企业最终所获得的收益不仅来自具体的市场竞争，还来自行业发展所带来的超额收益。
- 要致力于“上兵伐谋，其次伐交，其次伐兵，其下攻城”，四层级综合竞争能力建设，形成综合的市场竞争能力体系。

- “民疲主骄”，百战百胜如果只注重结果胜负而忽略成本，那就是伟大企业走向灭亡的过程。因此，既要根据竞争对手制定竞争策略，又要根据客户和市场的需求培育别人无法追随和复制的核心竞争优势。

- 竞争就是没有硝烟的战争，但是竞争的最高境界是“不战而屈人之兵”，要着力培育自己的核心优势，让竞争对手无法与我们“开战”。

在此补充说明一点：市场竞争不可避开竞争对手，但是最好的竞争方式是创造不能被竞争对手模仿的核心优势。因此，与客户竞争的主战场不是对手而是顾客，要用“顾客就是上帝”的口号和理念去抢占阵地，也要研究对手并针对竞争对手的虚实制定战地竞争策略，以保证达成竞争目标。

二、知彼知己——既要了解对手，也要了解自己

——伟大的企业之所以总能够在市场竞争和资源整合中占据优势，就在于它们出众的“先知”能力得到发挥，知彼知己，百战不殆。

战争的现实环境往往是十分复杂的，既有天时地利条件，又有敌我双方的虚实变化，这些要素的变化会对竞争环境产生冲击性的影响。所以，孙子在《用间篇》中指出，真正明智的将领“所以动而胜人，成功出于众者，先知也”。在复杂的动态环境中是否能够脱颖而出取得胜利的关键就在于“先知”，了解敌我双方的情况，做到“知彼知己”，才能“百战不殆”。

知彼知己，只有了解了竞争格局才能百战不殆。

所谓“知彼知己”，就是了解对手，也了解自己，这才能保证百战百胜。孙子在《谋攻篇》中说：“知彼知己者，百战不殆。”如果只了解自己而不了解对手，或者只了解对手而不了解自己，那么取胜就只有50%的可能，胜负难料；如果既不了解自己，也不了解对手，那么就存在胜率是零、每战必败的危险。

可以说，“知”决定了战略统帅的判断和决心，因而也就决定了对抗中“力量”使用的方向，决定了“力量”是否能够达到“胜利”的结果。“知”，是中国“以智克力”战略思想的重要组成部分，体现在战略统帅思维活动之中，并贯穿于力量对抗战略指导的全过程，它与哲学认识论、人类思维科学以及力量对抗中信息的作用，都有着十分密切的联系。

“知”，就是我们常讲的“知道”“了解”等意思。按照现代信息理论来解释，这就是获得了想要得到的信息。就战略而言，这里所谈的“知”，不仅仅是对一般现象和一般情况的掌握，而是强调对事物本质的洞察，对认识对象及其相关要素全局性的掌握。知，既包括智慧方面的才能，又包括知识结构方面的要求。

在孙子看来，知彼知己需要结合自己和对手所处的客观环境来进行理性的分析，他在《地形篇》中说“料敌制胜，计险厄远近，上将之道也”。上将作为指挥作战的最高领导者，需要详细地计算战场环境的险恶等客观不利条件以及空间远近距离对作战可能带来的影响，在此基础之上判断敌我双方的虚实来预测并利用取胜的有利条件战胜对手。

所以，孙子在《地形篇》中又进一步说：“故曰：知彼知己，胜乃不殆；知天知地，胜乃不穷。”意思是说，了解自己，也了解对手，那么可以保证取胜而不败；如果在了解自己也了解对手的前提下，再充分地了解天时地利情况并利用大势和地形中对自己有利的客观条件，就可以保证自己不仅不败，还可以保证自己获得源源不断的胜利。

所以，要保证作战取得最好的结果，需要了解以下四个方面战略要素的变化情况：

- 知彼——了解对手。
- 知己——了解自己。
- 知天——了解天时。
- 知地——了解地利。

由于自己和对手都处于天地大势的环境中，所以知天知地有利于更好地掌握和利用天时地利来为自己谋形造势，创造有利的取胜条件。同样，企业也处于宏观经济大势和特定的行业环境中，要取得竞争的胜利，也必须知彼知己；要想自己赢得完美，除了知彼知己之外，还要知天知地。

所以，企业要保证市场竞争取得最好的结果，就需要了解以下四个方面战略要素的情况：

- 知彼——了解竞争对手、供应商、客户、合作伙伴、战略投资者等利益相关方。
- 知己——了解自己。
- 知天——了解宏观经济大势。

• 知地——了解自己所处的行业情况，特别是行业内的竞争格局。

需要说明的是，彼、己、天、地，彼此的联系与变化共同构成了一个复杂的动态系统，其中的每一个要素都会有虚实变化，会对企业的竞争环境产生冲击性的影响。因此，了解这些要素对环境产生的影响及其变动情况是竞争者制定战略决策，做出战略选择的前提。

知彼知己也是竞争优势。事实上，由于彼、己、天、地这四大战略环境要素影响和变化的复杂性，竞争者需要将这些要素综合起来看才能真正做到知彼知己。如果我们看得比别人深入，就会看到其中别人看不到的战略风险与机会，并做出超越别人眼界的战略判断与选择。

振石在钢铁板块与狼共舞的制胜策略

振石旗下除了巨石和恒石这两个“世界隐形冠军”以外，还有一家主力企业是东方特钢。

东方特钢前身是1972年成立的嘉兴钢铁厂，2007年被振石收购并更名为东方特钢。现任中国宝武钢铁集团董事长兼党委书记的陈德荣当时在嘉兴市担任主要领导，眼看着钢铁行业那些年产能过大，嘉兴钢铁厂因为产品同质化缺乏竞争力，难以为继，于是他希望张毓强能够用新机制、新办法把嘉兴钢铁厂盘活。

张毓强在分析了形势之后提出，从嘉兴钢铁厂到振石东方特钢，不是简单靠股份制改造和民营资本注入就行的，因为这个行业竞争太激烈，拼规模、扩产能也不行，因为行业有种种限制，政府不可能再批给新的产能额度。

因此，张毓强认为，最重要的是进行产品线的重构。嘉兴原来生产的主要是普碳钢，和宝钢这样级别的企业比毫无规模优势，只能另辟蹊径，新添高附加值的不锈钢。比如，普碳钢用在造纸机器上，造纸对机器的腐蚀性强，机器每年都要更换，如果用特种不锈钢十年才换一次；再如，化工管道用普通不锈钢，两年以后就必须更换，但是用特种不锈钢，十年几乎不会有任何腐蚀。东方特钢瞄准的是用更耐高温和低温、更耐腐蚀、更高强度的特种不锈钢开拓蓝海。

做特种不锈钢，嘉兴钢铁厂原来的技术就用不上了。为此，张毓强聘请了一个行业内的权威专家刘晓亚加盟东方特钢。

东方特钢选择年产50万吨热轧不锈钢中宽板项目作为核心，为用户提供

“高、精、特”的不锈钢板材，包括双相不锈钢、超级双相不锈钢、超级奥氏体不锈钢和耐热奥氏体不锈钢，等等。为此，东方特钢引进了先进的技术、工艺和设备。2009年8月8日，东方特钢50万吨不锈钢炼钢生产线正式投产；2009年12月18日，年产50万吨不锈钢中宽板生产线正式投产；2011年11月8日，年产60万吨退火酸洗项目正式投产。

东方特钢迅速改变了局面，在300系列高附加值特殊不锈钢方面，成为国内最大的1.5米工业板生产厂家，产品宽度除了太钢不锈钢以外是最宽的，达到1.63米。卷板厚度达到16毫米，又是目前国内能够生产最厚规格卷板的三家企业之一。由于300系列奥氏体不锈钢、400系列铁素体不锈钢等特殊系列不锈钢品种多点开花，东方特钢的产品被压力容器、核电、焊管、石油化工、汽车制造、医疗器械、建筑装潢、厨房餐具、能源交通等多个行业青睐有加。2015年，东方特钢先后收到了包括中国船级社、美国船级社、英国劳式船级社、德国劳氏船级社、法国传船级社、挪威船级社等六家船级社的认证，产品有了造船用板材的通行证。

目前，东方特钢已经盘活原嘉兴钢铁厂的资产，全面转型升级，已然成为不锈钢优势技术的引领者和高端装备特材的供应商，步入了创新发展的快车道。

1.“知彼”不仅是要知竞争对手，更要知客户

有人可能会有疑问，孙子那个年代已经有“敌”字，在《孙子兵法》中他也强调过“知敌之情”，为什么这里不直接说“知敌知己”，而一定要说成“知彼知己”呢？这是因为孙子深知，交战双方往往并不是孤立的两支军队单打独斗，而是两大阵营、两个集团之间的斗争，甚至处于衢地的第三方诸侯国对改变战争双方的力量格局也有巨大的影响。

所以在决策和行动中，要避免将目光聚焦在单一对手身上而忽略其他潜在的对手，让视野开阔，了解当前主要对手并兼顾侧翼和身后潜在的对手，从而避免出现盲区，导致自己对竞争格局的判断不准。东方特钢在竞争决策时，既了解了自己，也了解了竞争对手，更了解了造纸行业、化工管道行业等不同领域的客户对钢铁材料的特殊需求，才正确地确定了“高、精、特”的产品差异化发展战略，从而获得了竞争优势。

企业作为市场主体，既要了解自己，也要了解竞争对手，但我们不能将自

己的目光仅仅局限于竞争对手，我们还需要了解供应商、客户、合作伙伴、战略投资者、融资机构、债权人、债务人、担保人等利益相关方，以便对竞争格局进行准确的预判。

2.“知彼”和“知己”同样重要

孙子把“知彼知己”连在一起，并没有先“彼”后“己”的意思，也没有厚“己”薄“彼”的意思，“知彼”和“知己”同样重要。缺少任何一方面都会带来取胜的不确定性，可能胜，也可能败；如果既不知彼，又不知己的话，就会两眼一抹黑，这种情况之下做出的决策和行动必败无疑。

东方特钢的转型升级就是基于“知彼知己”的竞争策略进行的，既了解自己的产品同质化缺乏竞争力，又了解竞争对手在传统产品方面的规模优势，所以放弃了现有的普通钢产品而花大力气投资转型到特种不锈钢产品上，从而打开了市场空间。

所以，企业在竞争中了解对手的优势可以有效地避免正面竞争的压力和损失，而了解自己的优势则可以找到转型升级的方向；了解对手的弱点可以乘虚而入打开突破口，而了解自己的弱点则可以提前避开对手的锋芒。所以“彼”和“己”这两个竞争的核心要素，在竞争决策时都要综合分析和了解，避免以偏概全导致战略决策和选择的偏差。

3.“知彼知己”的痛点是“知己”，难点是“知彼”

“知彼”和“知己”，没有孰轻孰重的关系，两者都很重要，缺一不可。但相对而言，知彼更困难。因为战场上，双方都是聪明人，斗智斗勇制造了各种真真假假的现象，并且现实情况本身就复杂多变，所以很难判断实情。然而，我方的决策行动必须准确地根据对方的想法和状况而定，比如企业进行产品研发、市场开拓、竞争策略制定等都必须建立在对客户需求、市场趋势、对手状态的了解的基础之上，才能下手准、路子对。因此，知彼是一个难点，需要舍得下大功夫。

如若仅仅了解对手，而不了解自己，就无法进行比较，准确计算竞争胜负的有利条件，也无法准确判断竞争格局，所以知己的重要性不言而喻。东方特钢就是认清了自己起步晚、规模小而无力与竞争对手进行规模化竞争的客观条件，才选择放弃了在传统产品的道路上走规模化扩张的发展方向。

然而遗憾的是，很多人将注意力集中在对手的身上而往往忽视了对自己的了解，缺乏对自己的弱点的防范导致对手乘虚而入，或者缺乏对自己优势的认识而导致错过竞争机会，这是一个现实的痛点问题。

4.“知谋预交”，进行资源整合

孙子在《九地篇》中说：“是故不知诸侯之谋者，不能预交。”要和诸侯国进行结交就要先了解诸侯各自的企图和动向，这也是“知彼”在“伐交”中所能发挥的巨大的作用。

和诸侯国结交，就是通过“伐交”进行资源整合。张毓强正是了解了市政府领导眼看着钢铁行业那些年产能过大，嘉兴钢铁厂因为产品同质化缺乏竞争力，难以为继，于是希望张毓强能够用新机制、新办法把嘉兴钢铁厂盘活的企图和动向，才能充分利用股份制改革的新机制、产品结构调整的新办法来契合政府的要求进行资源整合。在整合的过程中，双方对很多历史遗留问题最终也都能基于资源整合的需要达成共识，妥善解决。

在企业进行资源整合的过程中，如果我们不了解各合作方的真实意图和实力以及长远的战略方向，就没办法有效地整合资源进行长期的战略合作，在合作遇到难题的时候也没办法同心协力解决问题，甚至在关键的时刻分崩离析，导致资源整合利用的目的无法实现。

5. 市场行动可用向导而得地利

企业的市场行动就相当于行军，当我们进入一个全新的市场，会遇到各种各样的阻碍和风险，如果我们不熟悉市场中潜在的风险就贸然行动，就极有可能陷入绝境而无法抽身。正如孙子在《九地篇》中所说：“不知山林、险阻、沮泽之形者，不能行军。”

张毓强在玻纤制造行业具有丰富的经验，但钢铁冶炼行业对他来说是一个新市场，他不熟悉这个行业的技术，也不熟悉这个行业的市场。因此，他聘请了一个行业内的权威专家来协助自己，这个专家就相当于我们在复杂的山林环境中行军的向导，他最熟悉当地的地形，可以带领我们避开险阻障碍，找到穿越复杂地形的途径。

正如孙子所说："不用乡导者，不能得地利。"企业进入一个全新的市场，为了避免这个新市场中存在的风险和陷阱，可以使用"知彼"的向导来支持自己真正达到"知彼"的要求和目的。

应用指南 || 如何"知彼知己"充分了解竞争格局？

振石在钢铁板块"与狼共舞"的案例，充分展现了"知彼知己"的制胜策略。阅读完这一案例及从中拓展出的"商战智慧"，可以很清晰地总结出企业"知彼知己"了解竞争格局的核心原则和主要方法：

- "知彼"不仅是要知竞争对手，更要知客户，以准确判断竞争格局。
- "知彼"和"知己"同样重要，在竞争中综合分析双方可以避免以偏概全导致战略决策和选择的偏差。
- "知彼知己"的痛点是"知己"，难点是"知彼"，要透过复杂变化的表象才能真正做到"知彼知己"。
- "知谋预交"，进行资源整合，与合作方一起协力解决合作难题，深化资源整合利用。
- 市场行动，虽有"险阻"但可"用向导而得地利"，在企业进入一个全新的市场时，可以使用"知彼"的向导来支持自己真正达到"知彼"的要求和目的。

三、衢地合交——和利益相关的第三方结盟

——衢地合交，主动与核心优势资源的拥有者建立业务合作“联盟”，可以实现资源优势互补，从而使自己掌握资源并实现资源利用价值的最大化，甚至因此而主导改变市场的竞争格局。

在当今开放的市场环境中，任何一个企业都离不开与第三方的业务合作。事实上，企业的对外合作交流与谈判随时随地都在进行着，但真正实现合作落地取得成效的毕竟是少数。那么，如何提高合作的效率，推动合作项目的成功落地呢？孙子提出的“衢地合交”思想对解决这一问题就具有很好的借鉴意义。

衢地合交，改变双方的竞争实力格局。

在敌我两军对峙的情况下，如果两军实力差不多，但一方能得到第三国的援助，那就会改变双方的战争实力格局。因此，孙子特别重视与相关的第三方诸侯进行结盟，以强大自己的实力，提出了“衢地合交”的战略。如果敌我双方同时与几个国家接壤，谁先占有就可以与各国结交而得到援助的地区，叫作衢地。在衢地要主动结交邻国，这就是“衢地合交”。

为什么要主动结交邻国，与邻国“合交”呢？因为邻国与我国和敌国都交界，如果我们先到邻国，和邻国结交，得到邻国的帮助，那就形成以二打一的形势，我们的胜算就大了。所以，在衢地的战略方针，就是“衢地合交”，搞好

外交关系，和邻国（包括与敌我相邻的任何第三国）结盟。

孙子还在《九地篇》中强调："衢地，吾将固其结。"因为衢地四通八达，我们可以去，敌人也可以去。因此，临衢地，要巩固与邻国的结盟。衢地合交，结交诸侯，还要巩固我们和邻国之间的结盟关系，使之牢固，不要让敌人抢先和邻国结盟，也不可让敌人破坏了我们和邻国之间已有的盟约。

在当今开放的市场经济环境下，在我们和竞争对手所处的相关行业、区域中，有一部分掌握着优势资源的企业或者个人，他们相当于军事领域里面与敌我相邻的"诸侯"，处于与我们和竞争对手都有关联的"衢地"。

对我们和竞争对手来说，谁先和这些"诸侯"建立联系，谁就优先掌握了更多的资源，从而改变市场竞争的格局。因此，我们可以借鉴《孙子兵法》中的"衢地合交"战略思想，主动与这些"诸侯"建立联盟，并保持稳定的合作关系，从而提升自己的竞争力。

巨石与央企求同存异，创造国民混合样板

本书前面专节介绍了巨石"求之于势"与央企混改上市，这里，我们着重一起来看一下巨石与央企混合中的"衢地合交"，求同存异。

上市很风光，但双方在接触初期顾虑都比较大。张毓强在1989年就改制走民营企业道路，多年来塑造的市场化的文化和决策机制是否会被抑制？他没有把握。而在中国建材也有不同的意见，"我们的项目指标很多公司会抢着要，为什么要与民营企业合作？这不是屈尊吗？"

从事实来看，巨石的委屈其实不小，中国建材为了保证控股地位，将其旗下的一些总资产规模大但盈利能力不强的业务放在上市公司里，而巨石占中国化建总资产的30%，却创造了90%以上的营业收入和净利润，其贡献和股权比例很不匹配。巨石习惯了市场化运营，更关注投资回报，而国企更关注资产规模。

张毓强个性强，把企业看作生命，一切跟着市场走，决策依据是自下而上的，但国企习惯自上而下的干预，事事要按照相关规定执行，中间的摩擦和分歧是难免的。

在这个时候，"合"的重要性就体现出来。双方求同存异，而不是各自奉行"本位主义"。中国建材看好玻纤行业的前景、巨石的优势，对以张毓强为首的经营团队高度认同，巨石则认同与央企合作可以保住中国玻纤民族工业的自主

权，并带来政策资源上的有利条件。

张毓强后来经常说，混合所有制经济的核心就在于一个“合”字，互为融合，资源上借央企，机制上借民企，互为补充，灵活贯通。

然而，事实上，民企和央企混合混得很好的并不多，巨石与央企为什么没有分道扬镳，而是始终合而不离呢？最重要的原因是张毓强的大局观。巨石与央企混合，自己持有巨石的股权变少，不是第一大股东，但能把巨石的事业做大，做到世界水平，这是最大的成就和财富。在他看来，解决战略问题需要境界、眼光和对趋势的把握，大环境决定了民企要独立上市比较困难，而巨石要加快发展，赶上世界水平，进行技术改革、扩大规模、调整产品结构、加速全国一流研发队伍的建设、扩大国际市场上的占有率等，都必须从融资入手，才能再上一个大台阶。逆水行舟，不进则退，从巨石发展的大局来看，“合”之利大于弊。

正是基于这一大局观和“合”的理念，巨石与央企混合，将互信和共识作为合作的基础。

一方面，中国建材尊重和维护张毓强在企业决策中的核心位置，尊敬互信，对巨石集团具体的经营管理、用人不插手，给予企业在法律法规允许的范围内最大的自主权。同时，巨石也主动完善治理制度，重视通过股东会、董事会、监事会的有效运作，加强对企业的法治化管理，管理层、董事会、股东大会三个层次都有明确的职责和权限，国资和民企均照章办事。

另一方面，巨石经常就行业趋势和企业发展战略、发展方向与中国建材进行沟通，逐步达成共识，中国化建（上市公司）明确了“建设成为治理完善、运作规范、业绩优良、具有市场竞争力、可持续发展的专业化玻璃纤维企业”的战略目标。2002年，中国建材决定从普通装饰材料行业退出，回归主流建材领域，中国化建将不良资产及亏损资产剥离，明确将玻纤作为业务战略方向，主要由巨石进行运营。

这为后面巨石“并敌一向”将规模和竞争力都做到世界第一，奠定了坚实的基础。

1.企业需要通过合作来增强外部驱动力

在当今开放的市场经济环境中，“衢地合交”的军事战略思想对企业战略决策也具有十分重要的借鉴和指导意义。

比如，一个特定的市场区域，经济发达，交通便利，我们可以去，竞争对手也可以去，所以我们最好的办法并不是阻碍竞争对手去，而是自己先去，在这一市场区域进行产业布局或者建立良好的合作关系；又如，面对一个特定的、很有潜力的下游客户，我们可以与他建立供应关系，同行业的其他竞争对手也可以和他建立供应关系，但如果我们能抢占先机和他建立供应关系，就有可能获得先发优势，获得更大的供应份额；再如，面对行业内的龙头企业，如果我们先于竞争对手和这些龙头企业建立合作关系，就能在业务方面得到更大的支持，就会比竞争对手获得更大的外在发展驱动力。

2.“先至而得天下之众”，在资源分配中掌握主动

对企业经营而言，掌握核心的优质资源也是一种影响竞争力的策略，特别是在开放的市场环境中，资源的价值转换和流通速度很快，企业为了获得核心优势资源就需要主动出击，先和掌握优势资源的“诸侯”建立业务合作联盟。

在巨石与央企混改上市的过程中，央企掌握着上市名额、融资信用、政策信息等方面的优势资源，如果局势不从大局出发，把握住与央企混改上市的合作机会，就会面临发展所需的资金受限，无法再上一个大台阶。如果其他玻纤企业与中国建材先建立合作联盟，成功混改上市，获得更大的发展空间，那么，在国内玻纤行业的竞争格局中，巨石的竞争力就会相对下降。

因此，企业在发展过程中，要牢牢把握孙子“先至而得天下之众”的战略思想，抓住机遇，与掌握核心优质资源的供应商、客户、合作伙伴、投资者、中介机构、行业协会、政府主管部门、金融机构等“诸侯”建立业务合作联盟，从而获得市场资源分配的主动权。

3.“合”才能优势互补，充分发挥资源整合效益

“衢地合交”就是基于我们和供应商、客户、合作伙伴等资源的拥有者之间的共同利益，相互利用，相互支持，优势互补，从而实现合作共赢的业务“联盟”。

巨石和央企混改上市，就是基于巨石和央企之间的资源交换，进行优势互补，建立的一种“国民共进”的合作联盟。在巨石与央企的混合所有制中，央企借助了巨石的民营市场经济发展活力，契合了央企引入优质资产的战略发展

需求，而巨石则借助央企的上市名额和融资信用等优质资源，解决了巨石进行技术改革、扩大规模、调整产品结构、加速全国一流研发队伍的建设、扩大国际市场上的占有率等所需的融资来源。

由此可见，巨石和央企建立在“合”的基础之上，充分利用，优势互补，进行资源整合，巨石才得以“如虎添翼”，再上一个大台阶。这也是企业在经营发展的过程中，借鉴孙子“衢地合交”战略思想的现实价值所在。

4. 求同存异，稳固合作实现资源利用价值的最大化

前面我们讲过，四通八达的地区，叫衢地。临衢地，要巩固与邻国的结盟。衢地合交，结交诸侯，使之牢固，不要让敌人抢先和邻国结盟，也不可让敌人破坏了我们和邻国之间已有的盟约。

因此，我们企业在与客户、供应商、合作伙伴等资源的拥有者建立了业务合作关系以后，还应当尽可能地避免其他市场主体破坏我们已经建立起来的这种业务合作关系。只有这样，结合巨石与央企才能保证我们和资源拥有者之间的最大限度的资源交换、整合和利用，从而使得我们在市场资源分配中长期持续占据优势地位，获得资源利用价值的最大化。

结合巨石与央企混合所有制的成功经验，我们和资源拥有者之间的业务合作“联盟”长久稳固的基础就在于“合”字，而“合”久不分的关键就在于求同存异，放下“本位主义”，着眼于彼此共同的长期全局合作利益而“固其结”。

应用指南 || 如何改变双方的竞争实力格局？

巨石与合作伙伴求同存异创造“国民混合样板”，这一案例充分展现了企业“衢地合交”建立和巩固合作的成功实践。阅读完这一案例及从中拓展出的“商战智慧”，可以很清晰地总结出企业“衢地合交”发挥资源整合效益的核心原则和主要方法：

- “衢地合交”，企业先于竞争对手和行业龙头企业等资源拥有者建立合作关系，可以在业务方面得到更大的支持，获得更大的外在发展驱动力。
- “先至而得天下之众”，抓住机遇，与掌握核心优质资源的单位建立

业务合作联盟，从而获得市场资源分配的主动权。

- “合”才能优势互补，充分发挥资源整合效益，从而实现合作共赢的业务“联盟”。
- 求同存异，着眼于彼此共同的长期全局合作利益以实现资源利用价值的最大化。

四、抢占先机——让自己掌握先发优势

——一个企业如果善于抢占先机，步步让自己掌握先发优势，就会始终跑在别人前面，成功出众。

孙子并没有直接说“抢占先机”，但综观《孙子兵法》，孙子始终强调在作战的全过程中掌握先发优势，可以说，抢占先机是增加取胜条件的重要砝码。

抢占先机，比别人先抓住机会就会获得主动权。

抢占先机，意思很简单，就是比别人先抓住机会，从而掌握主动权。作战前要先计算能不能取胜，要“知可以战与不可以战”，这是战略预判。如果战前预判准确，就可以比对手先了解地形的有利条件并充分加以利用，做到“先胜”，掌握主动“先胜而后求战”。

而要准确进行战略预判并取得作战的成功，就需要“先知”，先了解影响战争胜负的各种情报信息。正如孙子在《用间篇》中所说：“故明君贤将，所以动而胜人，成功出于众者，先知也。”比对手抢先了解战争的相关情报，这是获得主动权的一个关键手段，也是超出常人能力所及而取胜的前提条件。

在作战中要遵循“先处战地”的原则，自己先到达战场，了解战场的基本情况就可以利用有利条件创造战场，掌握战争的主动权。孙子在《虚实篇》中说：“凡先处战地而待敌者佚，后处战地而趋战者劳。”但凡先进入战场摆好阵势的一方，往往处于以逸待劳的状态，而后进入战场的一方不得不仓促应战，势必处于疲劳应战的状态。很显然，先到达战场的一方就掌握着战场上的有利条件和主动，这就是抢占有利战场的先机。

其实，在激烈的竞争中，要牢牢把握主动权，做到“致人而不致于人”，不仅要抢先夺取战场，而且道路、粮草、人心、作战时机等都要先人一步。先人一步就会掌握更多的主动权，在战争行动中获得更多的自由空间，更好地谋形造势，发挥自己的最大战斗力。

企业市场竞争也是如此，只有先行一步，抢占先机，才能快鱼吃慢鱼，掌握市场主动权，勇立潮头。

步步先机，巨石一路攀登市场的制高点

在本书的第一部分介绍了张毓强是一个大智权变、敏锐洞察市场机会的领导者，因为他一直不脱离市场一线，立足市场与客户交流，所以对很多市场机会，他都是先知先觉，步步先机。

我们仅以巨石的电子布来举例。电子布的全称是电子级玻璃纤维布，主要由电子级玻璃纤维纱织造而成，具有绝缘、高强度、高耐热、高耐燃性、电气特征佳等优点，可提供双向或多向增强效果，其工艺流程通常采用石英砂、石灰石、叶蜡石等矿物作为原料，配合纯碱、硼酸等化工原料熔制成玻璃，再在熔融状态下拉制成纤维状材料。数百乃至数千根单丝可以组成一束玻纤原丝，通过对原丝加捻、并线可制成玻纤纱，而玻纤纱可以进一步编织成玻纤布。电子布作为覆铜板的基础材料，被广泛应用于智能手机、消费级电子产品、服务器、汽车电子、国防军工、航空航天及其他高科技电子产品当中。近年来，电子布全球销售规模呈现稳步增长态势，2020年，全球电子布销售规模达到19.5亿美元左右。

进入21世纪，张毓强敏锐地察觉到，信息技术、通信、互联网产业高歌猛进，包括计算机、通信、高级仪表等在内的电子设备更新换代，人造卫星、导弹、航空航海、程控设备飞速发展，对电子布有很大的需求。电子产品是电子信息产业的核心，有电子产品的地方就要印制电路板，因此，一定需要电子布，而中国的电子信息产业更是一个难以估量的大市场。

2005年，张毓强有一次和德国P—D英特格拉斯技术公司总经理小戴姆勒见面，谈到了他对电子布的看法，没想到和对方一拍即合，谈成了合资成立一家生

产电子级玻璃纤维布的高科技企业的合作。双方决定共同出资6130万美元，各持50%的股份，巨石有成熟的电子级玻璃纤维纱的生产技术，P—D英特格拉斯技术公司有先进的玻璃纤维电子布制造技术，双方决定充分利用各方的技术优势和资本优势，整合从矿石微粉到玻纤织物的产业链，实现强强联合，互惠双赢。

合资工作进展得非常顺利，张毓强考虑到合作公司名称“P—D”可按拼音首字母对应“攀登”，决定将公司注册为“巨石攀登电子基材有限公司”。一期工程项目为年产4000万平方米电子布生产线，于2006年10月建成投产。2010年，合作方从战略需要的角度退出攀登，巨石收购了其股份，将攀登变为旗下的分厂，以更好地完善公司产品结构，改变了主营产品都是以增强型玻璃纤维为主的局面。

1.立足市场最前沿，“先知”潜在的市场机会

在激烈的市场竞争中，如果一个市场机会大家都知道了我们再去抓，就已经没有先机优势，很难获得成功。因此，机会的最大价值在于我们比别人先发现它，那样我们可以面临最少的竞争来获得抓住机会发展的主动权。

刚刚进入21世纪，张毓强敏锐地察觉到信息技术、通信、互联网产业未来发展，可能给电子布带来巨大的发展空间和机会。正是因为他立足于玻纤和相关新型复合材料的市场最前沿，他最了解相关产品的性能和前沿市场需求，所以他能比很多人先一步预知电子布潜在的市场机会。

2.“先处战地而待敌者佚”，把握未来新产品的市场先机

前面我们讲过，先到达战场的一方就掌握着战场上的有利条件和主动，这就是抢占有利战场的先机。在企业的市场竞争中，“先处战地”就是先于竞争对手进入潜在市场。

2005年，张毓强在“先知”电子布的市场机会之后，和德国P—D英特格拉斯技术公司合资成立攀登公司生产电子布，从而提前布局电子布产品生产，“先处战地”，把握住了未来新产品市场的先机。

3.抢占先机需要充分利用别人的信息和技术资源

张毓强一直立足于市场的最前沿，特别注重和客户的交流，能够从客户交流的内容中提取到有价值的市场信息，这其实就是“先知”。

孙子认为，先知“必取于人”，所以对企业而言先于别人获取市场信息必须依靠掌握这些信息的人。这里的“人”是一个很宽泛的概念，包括自然人，也包括法人，简单而言，就是信息的知情人，可以是自己公司内部的员工或者领导，可以是竞争对手的员工或者领导，可以是第三方，比如行业信息灵通的人士或者机构。

巨石在抢占电子布市场时，也正是利用了P—D英特格拉斯技术公司这个“知敌之情者”，它有先进的玻璃纤维电子布制造技术，与它合作就是“必取于人”，利用对方的技术资源，抢占电子布市场先机。

4.“致人而不致于人”，把握先机不能迷失方向

的确，抢占先机需要看谁跑得快，跑在前面的人得到的机会就会更多。然而，战场上的情形并不总是那么让人称心如意，有的人“先处战地”，但取胜的机会并没有立即出现，于是选择退出战场，被别的人后发先至，控制了有利战场。

P—D英特格拉斯技术公司有先进的玻璃纤维电子布制造技术，和巨石合作抢先占据了电子布的有利战场，但由于电子布的市场效益没有马上释放出来，它就退出了攀登公司。而巨石在这个过程中后发先至，占据了电子布更有利的战场，为以后的新产品市场扩张进一步打开了空间。

所以，在市场竞争中，有的人先行一步，而另一方无论如何拼命奔跑，也难以超越；也有的人先出发，却半路迷失了方向，被后出发的人弯道超车，最终后出发的人反而把握住先机。这就是孙子说的“致人而不致于人”，“致人”就是调动敌人，“致于人”就是被敌人调动。因此，在市场竞争中，如果晚于别人发现市场机会也并不代表就此丧失了先机，企业往往还可以发挥主观能动性，通过调动其他市场主体的行为，从中找到超越的机会。

应用指南 || 如何抢占先机，掌握市场竞争的先发优势？

巨石一路“攀登”市场的制高点的案例，充分展现了企业步步先机掌握市场竞争主导权的成功实践。阅读完这一案例及从中拓展出的“商战智

慧”，可以很清晰地总结出企业“抢占先机”掌握市场竞争先发优势的核心原则和主要方法：

- 立足市场最前沿，“先知”潜在的市场机会，从而以面临最少的竞争来抓住机会。
- “先处战地而待敌者佚”，把握未来新产品的市场先机，抢占有利战场的先机。
- “必取于人”，抢占先机需要充分利用别人的信息和技术资源。
- “致人而不致于人”，把握先机不能迷失方向，如果晚于别人发现市场机会还可以通过调动其他市场主体的行为，找到超越的机会。

抢占先机，关键在于把握好一个“先”字，在战略运营中可以“先声”夺主挫败对手的计划，可以在竞争中先得一筹获得“先手”，可以提前运筹帷幄把握“先机”，还可以“无争止争，以不战阻战”，掌控“先天”大局，这也是具体的“先胜”之道。

五、兵情主速——将先机迅速转化成自己的优势

——企业将先机转化成自己的优势的制胜原则就是兵情主速，一旦抢占先机就继续全力全速奔跑，“动于九天之上”，以赢得先机之利。

有的企业或者企业领导者在发现了市场先机之后，刚开始取得了不错的收益，但很快发现收益越来越差，自己原本发现的“蓝海”很快变成了“红海”，先机优势不复存在。实际上，市场如同战场，战场形势是复杂多变的，所以孙子主张战争的决策和行动一定要快，“兵情主速”，久则生变，这就是“速胜”的战略思想。

兵情主速，决策和行动一定要快。

孙子认为“兵情主速”，强调将先机迅速转化成自己的优势。他在《作战篇》中说：“故兵贵胜，不贵久。”带兵打仗的关键在于追求胜利的结果，而且速度要快，不能久拖不决。拖久了，消耗太大，作战成本就可能超出自己的预算，从而影响自己的战略计划实现。更重要的是，拖得太久，外交关系、士气等形势变化太快，行动跟不上决策，决策赶不上变化，就无法达到预期的战略目标。

所以，在战略决策的执行中，一定要速战速决。孙子在《九地篇》中说：“兵之情主速，乘人之不及，由不虞之道，攻其所不戒也。”用兵之道，贵在神速，要趁敌人措手不及时，走敌人意想不到的道路，攻击敌人不加戒备的地方。

你可能会问：“速度”为什么如此重要？孙子用“激水漂石”的例子对这一

问题进行了形象的说明。我们都知道，水是液体，重量比石头轻，在平常的状态下根本无法将石头漂起来。那么为什么湍急的水流能够漂起石头呢？这靠的是很大的水流速度。这种现象告诉我们，有限的力量，可以通过速度，或者可以说借助由速度形成的“势”，产生出成倍的能量。

速度是力量与时间和空间发生关系的一个范畴。当你的部队具有速度时，时间就会缩短，空间就会缩小，你就会通过速度获得在特定时间和空间上的兵力优势，你虽然整体上不算强大，但在具体的时空中却是时时处处强大的。凡是高明的将帅，没有一个不重视速度的，没有一个不掌握速度的。是速度，造就了神勇的军队，实现了将帅的奇谋，形成了用兵之理。

因此，兵家们总结出“兵贵神速”的作战指导原则，通过“以快制慢”，充分发挥自己军队的作战效能。当然，商家们也从中悟出自己的经营价值。而从现在的角度看，获得竞争优势的最佳方式是在最短的时间内以最低的成本提供最高的价值，有越来越多的公司靠建立竞争反应优势，取得了成功。

在当代激烈的商战竞争中，一些技术领先的公司依靠更快的速度来摆脱模仿者，保持住自己的竞争优势。这些公司明确地认识到这一点：只有当你建立起竞争对手很难接近的巨大反应优势时，你才真正能够得到真正的价值和额外的利润。

由此可见，“势”与力量的速度有关。我们可以认为“势”就是在最有利的时空条件下所产生的力量加速度的现象。当你拥有了速度，你就不会因你力量弱小而忧虑。你的速度越快，你拥有的势能就越大，你的力量产生的作用力就越大。

所以，在企业的市场竞争领域，时间也是制胜的重要因素之一，谁能根据形势变化快速调整经营战略，谁就能率先占领市场，雄踞市场的制高点，赢得竞争的主动权。所以抢占先机之后要顺势而为，在竞争对手还没来得及反应的时候，趁机努力做好快速跟进，保持领先地位，成为行业权威或者龙头，将抢占所得来的先机转化成自己的优势。

巨石抢占先机后快速加码投入，保持领先优势

前面我们讲到巨石抢占先机切入电子布生产，抢占了市场前沿制高点，然而，巨石真正的高明还在于抢占先机之后快速加码投入以保持其领先优势。

近年来，在智能化、信息化的时代浪潮中，5G基站、大数据中心等数字新基建

的发展，对PCB及上游电子纱、电子布原材料的供应数量和质量提出了更高要求。同时，随着5G、物联网、云计算、大数据、人工智能等新技术向传统行业渗透，智能制造、汽车电子、智能家电、智能医疗等融合新领域蓬勃发展，“中国制造2025”推进实施，拓宽的PCB的应用范围，推动电子纱、电子布需求提升。因此，“电子纱—电子布—覆铜板—PCB”全产业链向我国大陆迁移，中国逐渐主导全球供给。

在此背景下，巨石重磅快速加码电子纱和电子布产能，带动产品结构高端化升级。巨石2018年拥有10.5万吨电子纱产能，配套3.5亿米电子布产能。公司在2018年提出，在五年内将电子纱和电子布规模做到全球第一的目标，发力电子纱和电子布的大规模布局及产品结构的高端化升级。巨石目前规划的电子纱和电子布项目包括桐乡新材料智能制造百亿投资基地的电子纱及电子布二线和三线，均为6万吨电子纱加3亿米电子布配套，其中二线已经于2021年3月投产，三线已经于2022年4月前完成生产线建设，即将投产。巨石已经达到28万吨电子纱产能（包括即将投产的10万吨产能）配套10亿米电子布产能（包括即将投产的4亿米产能），再现粗纱行业参与者之一到全球龙头的成长故事。

巨石智能制造基地百亿工程采用最先进的技术与装备，共建设三条超大型电子级玻璃纤维生产线和三条超大型增强型玻璃纤维生产线。项目紧扣国家供给侧改革要求，生产玻璃纤维电子布、风力发电用纱、热塑性短切原丝等高端产品，不断繁荣和发展玻璃纤维及其增强复合材料产业，满足5G通信、智能汽车、清洁能源、节能环保等产业的需求。

1.“兵久无利”，效率就是效益

孙子在《作战篇》中强调速战速决，他认为，作战时间拖得越久，消耗就越大，对国家有害无益，“夫兵久而国利者，未之有也”。

企业的市场竞争也是这样，一项战略决策的执行拖的时间越久，投入的成本就越多，反而抓到的有利机会也越少，市场竞争的效益就越差。

从这个意义上讲，效率就是效益。就像巨石快速地切入电子布市场，因为抢在别人的前面，所以当电子布市场需求放量的时候，它就会成为“第一个吃螃蟹的人”，这个时候的市场竞争的效益是最好的。

2.“快鱼吃慢鱼”，速者生存

美国著名未来学家阿尔文•托夫勒提出了“速者生存”的观点，在当今企业市场竞争中，“大鱼吃小鱼”的规律正在被“快鱼吃慢鱼”的法则所取代，企业抢占市场先机的意识越来越强。因此，时间和速度决定竞争的成败。

所以，“兵情主速”已然成为企业市场竞争的战略导向原则。巨石在这一原则的导向下，抢占先机切入电子布生产之后，快速加码投入，才能保持其在电子布细分市场的领先优势，这样才能生存下来，落后就只能被市场所抛弃。

3.“速而不可及”，全速全力奔跑让对手追赶不上

一般而言，企业在市场竞争中抢占了先机，顺势而为，快速地跟进投入就会取得不错的收益。但是，在跟进投入的过程中，还存在一个相对速度的问题，大家同时起步，都在追加投入，但有的企业速度更快，并且跟进扩张的规模更大，抢占新产品市场的份额就会比其他竞争对手更多。

巨石在抢占电子布市场的过程中，真正做到了“速而不可及”，以比别人更快的速度和更大的投入快速抢占了电子布细分市场的世界第一，这就使得巨石不仅抢占到了先机，而且成为这个市场机会的最大的受益者，让其他的竞争对手追不上，进一步拉开了竞争差距。

4.“兵情主速”并不是仓促应战，而是“动于九天”

需要注意的是，企业在市场竞争中抢占先机，追求速战速决，并不意味着仓促应战。“兵情主速”是竞争战略的指导原则，但在激烈的市场竞争中，真正做到“速胜”，必须基于平时的积累和准备。

巨石之所以能够快速地投入扩大电子布生产规模抢占世界第一，一方面原因是巨石的决策能力强，能够及时把握住市场先机；但更重要的一方面原因，还是巨石在玻纤行业现有的规模和技术优势本来就领先于竞争对手，它甚至可以立足于自己粗纱世界第一的生产、技术和市场基础，来快速创造电子布世界第一的“神话”，这就是厚积薄发。

所以，只有“藏于九地之下”，锻炼了深厚的内功，夯实了坚实的基础，才能在决策执行中充分展现实力。“动于九天之上”，不动则已，一动就是迅雷不

及掩耳之势，在对手的迟疑和惊讶中占据市场的制高点。平时的准备越充分，力量积累越强，在抢占先机的时候竞争力就越大。

应用指南 || 如何在最短的时间内将先机转化成自己的优势？

巨石抢占电子布的先机后快速加码投入，保持领先优势的案例，充分展现了企业“速而不可及”加码投入让竞争对手追赶不上的成功实践。阅读完这一案例及从中拓展出的“商战智慧”，可以很清晰地总结出企业“兵情主速”迅速将先机转化成自己的优势的核心原则和主要方法：

- “兵久无利”，效率就是效益，要避免拖延消耗，迅速获得市场竞争的效益。
- “快鱼吃慢鱼”，速者生存，时间和速度决定竞争的成败。
- “速而不可及”，全速全力奔跑让对手追赶不上，抢占新产品市场的份额才会更多。
- “兵情主速”并不是仓促应战，而是“动于九天”，企业积累的力量越强，在抢占先机的时候竞争力就越大。

记住“激水”可以“漂石”，水虽然柔弱，但可以通过速度形成“势”，产生出成倍的能量。

六、兵者诡道——突破常规发展思路

——无论多么完美的战略也不可能完全适应市场形势的变化，因此，战略计划能否成功实施就需要突破常规发展思路，以变应变。

有很多企业管理者很熟悉差异化竞争和市场填空竞争方式的优点，但是在真正的市场竞争中，他们又很难发现市场的空白点，感觉市场无虚可击，怎么办呢？解决这个问题的关键就在于虚实的转化和非常规方法的运用，这就涉及孙子提出的“兵者诡道”这一战略思想。

兵者诡道，用非常规方法以变制变。

孙子在《计篇》中说：“兵者，诡道也。”战争充满了“诡道”。很多人都知道孙子的这一句名言。“诡道”两个字让人有很多误解，有的人认为“诡道”就是阴谋诡计、阴招、损招，是“邪门歪道”、是坑蒙拐骗的把戏，甚至因此认为《孙子兵法》就是讲欺诈之术，这显然是对《孙子兵法》的歪曲和误读。

那么，究竟何谓“诡道”呢？“诡道”很容易让人联想到诡诈，孙子在《军争篇》中也讲到“兵以诈立”，的确，孙子是承认诡诈之谋的。孙子强调，谨慎对待战争要以国家利益和百姓生命为重，以最小的代价去争取最大的胜利，在这样的前提下，使用诡诈谋略是必要的。“诡道”的本质是因敌因势而变，在变化中通过使用诡诈谋略战胜对方。从战略层面上讲，这是基于维护国家利益，指导对敌斗争的基本原则；从战术层面上讲，则是通过诡诈等多种手段，用最小的代价战胜对手的途径。但“诡道”的含义包含诡诈又不仅限于诡诈。

首先，我们来看看什么是“道”。《易经》中说：“一阴一阳之谓道。”老子说：“反者道之动。”结合在一起看，就是阴阳互为反面，任何一方的行为都受它的对立面的推动和影响。任何一种高明的选择都要善于从对方的角度去考虑，强调思考问题的时候不是简单地从a到b的线性关系，而是有阴有阳、阴和阳互动的辩证逻辑关系。

事实上，战争是对立双方的互动过程。一方的行动一定会引起对方的反应，双方都在想方设法破坏对方的行动，争取自己行动的成功。所以，战争的胜负不仅取决于自己的行动，而且还取决于自己对敌人反应的有效预测和应对。

其次，我们再来看看什么是“诡”，“诡”有多层含义。其一，“诡”有违反的意思，就是跟敌人拧着干，成心让他难受，让他不舒服；其二，“诡”也有诈的意思，就是伪装自己以达到欺骗敌人的目的；其三，“诡”有“不直”的意思，不是直来直去，横冲直撞。

所以“诡道”的本质是“攻其无备，出其不意”，是超乎想象、意想不到，是超出常规、不可思议。因此，从这个意义上理解，“诡道”就是搞“突然袭击”。因为战争中充满了变化和不确定性，因此，为了维护自身的根本利益，为了自己的生存和发展，既要踏踏实实“修道保法”、夯实内功，又要灵活机动地变化，用兵作战要善于使用“诡道”以变制变，从而掌握竞争的主动权。

诡道的核心在于“攻其无备，出其不意”。我听说过一种商业手段叫作“涨价性‘压仓’”。这是一个典型的违背常规、违背规律的逆向做法。一般的企业，只有在旺季涨价销售，没有说在淡季涨价。但是，为了调动营销商，有的企业却反其道而行之，在淡季涨价。此招如同反弹琵琶，刺激经销商以原价压库，收到奇效。这种方法对高端强势品牌特别管用。由此可见，逆向思维在商业领域，不仅能帮助一些企业走出困境，甚至能带来全新的商机与业绩的增长，做到出奇制胜。

发展轨道上的诡道，振石应对欧盟贸易保护的十年突围

振石旗下的恒石公司专业从事各类玻璃纤维编织产品的研发、生产及销售。经过20年的发展，恒石已成长为同行业中生产规模最大、产品品种最全、装备与技术最优、产品出口最多的企业。特别是在风电基材制造领域，恒石已然成

为当之无愧的全球市场领军企业，风电基材领域的“世界隐形冠军”。

恒石的主打产品玻璃纤维织物是一种用途广泛的新型增强材料，在欧洲市场上，主要应用于风力发电机上的巨型风力叶片的生产。

欧盟是世界上最大、最先进的新能源市场之一，长期以来，欧盟的新能源产业在技术和市场领域处于领先地位，风机制造的核心原材料都是从欧盟厂商处采购。但随着“中国制造”的崛起，为了降低产品成本、增强产品竞争力，西门子、维斯塔斯等世界新能源产业巨头加大了对原产于中国的玻纤织物的采购。相应地，以欧洲自产玻纤织物为原料的欧盟风叶生产商订单数量遭受影响，在通过常规手段无法取胜的情况下，欧盟的玻纤织物生产企业组建专门的协会，意图通过挥舞反倾销大棒，将中国产品挡在欧盟市场之外。

从2011年起，恒石在拓展国际市场的过程中，前后遭遇两次（2011年的反倾销调查和2019年的反倾销、反补贴调查）来自欧盟委员会的反倾销、反补贴调查的针对和遏制。两次调查的矛头都主要是指向恒石，涉案产品都是玻纤织物。

恒石与欧委会的第一次交锋发生在2011年。第一次反倾销调查是欧盟委员会应欧洲玻璃纤维织物保卫同盟（“GFFDC”）的申诉于2011年7月28日发起的。在调查期内，恒石涉案金额1亿元人民币，占公司营业额的1/3。这是恒石海外最大市场遭遇的首次重大挑战。当时，公司正处于高速成长阶段，欧盟市场极为重要，不容有失。

为此，恒石聘请了国内和欧盟律师事务所代理，全力以赴应诉。同时寻求并得到了玻纤织物上游产业和下游用户的强力支持，在各方面给予欧委会和欧盟申诉方极大的压力。2012年3月12日，申诉方向欧委会发函撤回申诉。两个月后，欧盟委员会不得不放弃业已实施了10个月的调查努力，发布公告，宣布终止反倾销调查，无税结案。第一次反倾销应诉中方大获全胜。

此役之后，张毓强意识到，欧盟市场对玻纤织物的贸易保护性制裁会有一个“空档期”，恒石必须在一定的期限内加速发展，把握重塑竞争格局的战略机会。

于是，恒石不断上新设备、新产线，国内产能、产量屡创新高。恒石的玻纤织物产量从2011年的3.6万吨，增加到2019年的11万吨。按照非常规发展思路，恒石成功实施“走出去”战略，进行产能全球布局。在2014年底，恒石在埃及苏伊士运河经济开发区，设立了国内全资控股的恒石埃及公司。埃及恒石从2016年开始试生产，2018年玻纤织物产量就已经达到1.7万吨，在2019年更是高达4.4万吨。恒石走的做大做强的路线，效果极其显著。

相比之下，欧盟产业二十几年来一直缺乏有效的整合，发展缓慢。全欧洲20余家企业2018年总产量才11.5万吨。然而，恒石生产的玻纤织物质量不输于欧盟产业的同类产品，但在价格上，因为具有规模优势，已经形成对欧盟产业的碾压式竞争优势。在此背景下，欧盟玻纤织物21家织物生产商组建欧洲技术织物生产商协会（TECH-FAB Europe）在2019年1月8日向欧委会提交反倾销申诉书。2019年2月21日，时隔八年，欧委会再次发起对中国和埃及的玻纤织物反倾销调查。2019年5月16日，欧委会对同一产品发起反补贴调查。第二次反倾销和反补贴调查都没有初裁，直接终裁。反倾销调查历时14个月，于2020年4月6日终裁；反补贴调查历时13个月，于2020年6月15日终裁。

在上次欧委会反倾销调查无功而返八年之后，恒石的企业竞争力越来越强，更为重要的是，由于“走出去”策略的成功，恒石在欧盟市场门口的红海之滨建立了大型海外生产基地，恒石埃及对欧盟市场的出货量日渐有超过中国本土企业的趋势。调查期内，恒石涉案金额1.75亿人民币，埃及恒石涉案金额1830万美元。

此次面对欧盟发起的双反调查，恒石与欧盟产业之间的实力已经发生了实质性的逆转，市场战略也发生了很大变化。中国新能源市场如火如荼，供不应求，恒石日渐深耕中国国内市场，传统的欧盟市场开始交给更具有成本优势的埃及恒石。因此，在第二次欧盟对华玻纤织物双反调查中，恒石虽然同样极为重视，聘请上一次反倾销调查同一批反倾销律师，全面配合应诉。与此同时，恒石也加大了在恒石土耳其公司扩建生产基地的力度。八年前的恒石，产能有限且只有国内一家生产基地，国外市场尚在培育，极为依赖欧盟市场。经过八年的全球产能布局，恒石已然成为世界风机基材的隐形冠军，在中国、埃及和土耳其都有生产基地，在欧委会不断挥舞的双反大棒面前，已经有着超出中国绝大部分应诉企业的底气。实力此消彼长，欧委会对浙江恒石极为忌惮。

事实上，恒石虽然在近年来产品出货量大幅增长，但并非走低价抢夺市场的路线，恒石的产品平均毛利率一直高达40%以上，通过正常手段，调查机关很难达到贸易保护的目的。为此，欧委会在双反调查中一再突破作为调查机关的底线，使用了各种匪夷所思的手段，强行为欧盟产业筑起极高的贸易保护壁垒。双反调查伊始，国内生产企业与埃及生产企业相比，在应诉条件上，处于明显的劣势。一方面，欧盟新修订的反倾销法律用“严重市场扭曲”条款替换了先前的“非市场经济地位”条款，用成本要素替代的方法，大幅增加了国内应诉企业倾销幅度计算的不确定性；另一方面，在反倾销调查中，由于恒石的关联企业巨石集团在调查期也有少量的涉案产品对欧盟出口，恒石与巨石在国内和埃及的所有相关关联企业，都必须全力应诉。但是，由于恒石的关联企业巨石集团大股东中国建材股份近年来的整合发展，过去长期以来作为巨石与恒石行业竞争对手的泰山玻纤被纳入中国建材股份旗下。反倾销概念下的关联公司范围大幅扩大，为国内企业的双反应诉结果带来更大的不确定性。

在此情况下，公司应诉的整体策略是力保埃及海外生产基地能获得较为合理的税率。对中国国内生产企业而言，则是强调全面配合欧委会调查，尽力而为，但对应诉结果不抱乐观期望。

但欧委会为了贸易保护，无所不用其极。在针对中国玻纤织物的反倾销调查中，欧委会简单粗暴地裁定恒石不配合调查。对此，欧委会适用《基本条例》第18条第（1）款，根据可获得信息对恒石的倾销幅度做出不利裁定。相对倾销调查，补贴调查相对简单。在欧盟过去不多的对华反补贴调查中，都是双反调查，计算出的补贴幅度一般都比较温和。由于传统的补贴计算方法不给力，欧委会为了达到人为提高补贴幅度的效果，在当前的反补贴调查中做了几处重要的改变。比如，极力扩大应诉关联企业范围；认为出口生产商的控股公司收到的补贴，将必然基于二者之间的股权投资关系，传导到出口生产商，进而传导到对欧盟销售的涉案产品价格上。根据欧委会新的征税方式，中国玻纤织物生产企业经过双反调查后，税负在54.6%—99.7%之间，将让出部分欧盟市场。与此同时，埃及恒石的双反税率为30.9%，公司还能在保有一定利润率的基础上继续维持对欧盟市场的出口量。

恒石及其关联公司与欧盟产业和欧委会在贸易救济领域交手了十年，交手地点从中国境内延展到埃及。恒石越挫越勇，国际竞争力与日俱增，而欧委会的手段从“非市场经济地位”到“严重市场扭曲”，从“分别税率”到“最佳可获得信息”，从先前的高高在上、云淡风轻，到最近的气急败坏、无所不用其极，欧委会态度的转变，也从另外一个方面反映出中国企业与欧盟产业实力的此消彼长，欧盟调查机关陷入深深的焦虑。

总体而言，恒石在过去十年所遭遇的贸易争端中成功突围，最重要的一个原因就是结合实际的竞争环境制定适合于自己的发展战略，立足于基本面采取非常规发展思路。

第一，恒石的玻纤织物生产从设厂之初就处于世界一流的高起点。诞生伊始，就奔着玻纤织物领域世界冠军的宝座一路狂奔。恒石是国内最早的风电基材生产企业，依托关联公司巨石集团（世界玻璃纤维领域的隐形冠军）高性能玻璃纤维供应，掌握着国际最先进的生产工艺，且生产设备全部为德国进口。得益于天时地利人和，经历了20年的狂飙突进，恒石的产品在欧盟同行面前，已经具有碾压性的竞争优势，江湖地位接近于风机基材领域的“华为”。

第二，恒石生产的玻纤织物的市场竞争力主要来源于两个方面：一是物美价廉的原材料供应（关联企业巨石集团提供），二是经年累月积累的生产技术、know-how（专门知识）和大量熟练工人和管理人员。相对而言，玻纤织物是一个轻资产的行业。在全球化日趋紧密的今天，恒石可以更为轻松地进行全球化布局，将优势产能布局在境外，埃及、土耳其、印度，甚至欧盟，从而突破海外同行的贸易壁垒围堵。

1.“兵无常形”，“诡道”的本质是以变应变

一般而言，竞争的胜负主要取决于双方的实力等基本面，但由于战场环境的复杂性、竞争形势的多变性和竞争过程的动态性，所以在竞争中，再完美的战略计划也可能存在不周之处，无法“因敌变化而取胜”。这就需要有“兵者诡道”的理念，使用策略，以变应变。

2011年，恒石面临的欧盟第一次反倾销调查，是恒石海外最大市场遭遇的首次重大挑战。公司正处于高速成长阶段，欧盟市场极为重要，不容有失，所以恒石的应对策略是全力争取国内应对反倾销胜诉。而在2019年欧盟第二次反倾销的时候，恒石已经完成在埃及建厂，可以通过埃及工厂向欧盟市场供应产品，恒石和欧盟竞争对手的实力发生了逆转变化。在此情况下，公司应诉的整体策略转变为力保埃及海外生产基地能获得较为合理的税率。

这就是“诡道”的策略应用，其本质就是以变应变。因此，企业可以借鉴孙子的战略思想，在对“五事七计”的基本面进行战略分析的基础上，如果“计利以听”，就需要充分利用有利条件，通过造势来辅助取胜。而造势取胜的

关键就在于“因利制权”，结合市场的具体环境和竞争的实际形势，通过“诡道”的合理运用以变应变，从而在动态的过程中抓住取胜的机会。

2.“兵闻拙速”，简单直接的突然动作往往更有效

前面我们讲过，“诡道”的本质是“攻其无备，出其不意”，因此，从这个意义上理解，“诡道”就是搞“突然袭击”。孙子在《作战篇》中也强调：“故兵闻拙速，未睹巧之久也。”在实际作战中，只听说过将领宁可方法笨拙也要速战速决的，而没有见过将领求巧而久战不决的。也就是说，在作战中，简单直接的突然动作往往更有效。

恒石在第一次应对欧盟反倾销的过程中，除了聘请律师代理应诉之外，还在进入应诉程序之后迅速寻求并得到了玻纤织物上游产业和下游大用户的强力支持，在各方面向欧委会和欧盟申诉方简单直接地施加极大的压力，对申诉方从客户关系维护的角度进行致命的一击，迫使其向欧委会发函撤回申诉，恒石大获全胜。

克劳塞维茨也说：“一切行动都毫无意外地要以出其不意为基础。”在战争中出其不意所造成的突然性，往往能够决定性地影响最终的战局。因为成功的出其不意，会使敌人因为没有预料和准备而陷入混乱，从而达到事半功倍的效果。

3.“诡道”制胜的可贵之处就在于“不可先传”

通过“诡道”迷惑对手或者扰乱对手，目的是令对手失去戒备，麻痹大意而营造出有利于我方先发制人的战机。做到这一点，就能改变竞争各方的战略态势，甚至形成绝对优势，以较小的代价战胜对方，这是领导者高超决策和指挥艺术的体现。

在恒石2019年应对欧盟反补贴调查中，由于传统的补贴计算方法不给力，欧委会为了达到人为提高补贴幅度的效果，在当前的反补贴调查计算方法中做了几处重要的改变。站在欧委会的角度，这就是为达到征税目的而根据形势变化情况所采取的“诡道”制胜策略。

虽然恒石对欧委会的这一反常规“诡道”感到很不舒服，但对欧委会而言，这是一种取胜的艺术。这种取胜艺术往往因人因时因势而变，无定法恰恰是其可贵之处。正如孙子在《计篇》中说：“此兵家之胜，不可先传也。”克敌制胜

的奥秘是无法事先规定的。

因此，由于竞争的环境条件充满了不确定性，我们回避不了客观的不确定性，但我们可以接受不确定性，甚至通过高超的“诡道”策略来制造不确定性，增加对手的不确定性，并充分利用这种不确定性，使自己取得竞争中的优势地位。

4.“多方以误”，影响对手的判断和行动计划的十二种具体策略

战争是一个动态的过程，如果想在这个过程中以最小的代价获得最大的战果，就需要巧妙使用“诡道”，充分利用有利条件发挥自己的优势而影响和限制对手发挥优势，这实际上是战场上的智慧博弈。因此，唐太宗也说众多兵书中的精华就在于“多方以误”这一策略。

怎么“多方以误”，运用具体的策略来创造出手的机会呢？孙子在《计篇》提出了“诡道十二法”：“故能而示之不能，用而示之不用，近而示之远，远而示之近。利而诱之，乱而取之，实而备之，强而避之，怒而挠之，卑而骄之，佚而劳之，亲而离之。”通过这十二条具体的策略和方法，可以达到“攻其无备，出其不意”的效果。

恒石在应对欧盟反倾销过程中，就运用了“亲而离之”的策略使下游客户给申诉方施加压力；运用“近而示之远”的策略以恒石中国正面应诉的方式力保恒石埃及；运用“乱而取之”的策略抓住欧盟反倾销的空档期，加快布局埃及和土耳其建厂；等等。这些策略的运用，使得敌人防不胜防，扰乱了敌人的计划，改变了敌我双方战略态势。

5.“诡道”制胜的路径：示形—动敌—击虚

“诡道”策略的运用可以引导对手、操纵对手、调动对手，从而为我战胜对手创造有利条件。运用“诡道”制胜的路径主要包括示形、动敌、击虚。

示形就是抛出假动作；动敌就是调动对手。示形就是为了动敌，进而找到对手的弱点“击虚”，完成致命决胜的一击。恒石在第二次应对欧盟反倾销的同时，也加大了在恒石土耳其公司扩建生产基地的力度。其在中国、埃及和土耳其都有生产基地，在欧委会不断挥舞的双反大棒面前，已经有着超出中国绝大部分应诉企业的底气。实力此消彼长，实现了避实击虚。

就像足球比赛一样，对手有后卫挡着，防守严密，就算是技术最好的球员也很难直接成功射门。因此，一定要来回运球穿插，虚虚实实，声东击西，通过“示形”调动对手，从而让对手在运动的过程中犯错误，出现空档。这样我们才能在对手出现空档的时候，立即抓住机会一脚射门，取胜就在最后这突然直接简单的一击。

6.“诡道制胜”的限制条件：“胜可为”或“胜不可为”

“诡道”制胜体现的是战争双方的智慧，在客观条件一定的情况下，谁的“诡道”运用更高明，谁就能掌握更多的取胜条件。从这个角度来讲“胜可为”，强调的是发挥主观能动性，创造取胜的条件。

但是，孙子同时也强调：“胜可知而不可为。”从客观角度来讲，决定胜负的关键条件还在于“道、天、地、将、法”这五个方面的实力大小。也就是说，取胜离不开基本面，脱离现实条件讲“诡道”只能是纸上谈兵。

所以，胜不可为，也可为。其实，人不可以胜天，所以胜不可为；人可以胜人，所以胜可为。人是不可以跟大势相抗衡的，只能敬畏大势，顺应大势，而不能妄为；但人又可以在智慧上超出自己的对手，可以通过谋略的运用为自己创造出打败对手的机会。

恒石在过去十年所遭遇的贸易争端中成功突围，最重要的一个原因就是结合实际的竞争环境制定适合于自己的发展战略，立足于基本面采取非常规的发展思路。所以孙子提倡积极主动进取的精神，他尊重客观实际，包括“五事”实力对比等因素的同时，更强调充分发挥人的作用，竞争是实力的较量，也是智慧的对抗。我们要做的就是在现有资源的基础上，充分发挥自己的智慧和主观能动性，积极创造条件克敌制胜。弱者也可以打败强者，道理就在这里。

应用指南 || 如何运用非常规方法从竞争困境中突围?

振石应对欧盟对华玻纤织物贸易保护的十年突围，这一案例充分展示了企业突破常规发展思路的成功实践。阅读完这一案例及从中拓展出的

"商战智慧"，可以很清晰地总结出企业"兵者诡道"运用非常规方法以变应变的核心原则和主要方法：

- "兵无常形"，"诡道"的本质是以变应变，在动态的过程中抓住取胜的机会。
- "兵闻拙速"，简单直接的突然动作往往更有效，成功的出其不意可以达到事半功倍的效果。
- "不可先传"是"诡道"制胜的可贵之处，接受不确定性并充分利用，使自己取得竞争中的优势地位。
- "多方以误"，可以借鉴"诡道十二法"影响对手的判断和行动计划。
- "诡道"策略的运用可以引导对手、操纵对手、调动对手，从而为我创造有利条件，主要包括示形、动敌、击虚。
- "敬畏大势"，顺应大势而不妄为，但可以在智慧上超出自己的对手。

在激烈的竞争当中，要做到出其不意，攻其不备，就要在别人想不到的超前点、独特点、难点和险点、盲点以及边界结合点上下功夫，发现了这些点，并加以经营，你就会做到别人想不到的事情，你就会获得机会，掌握成功的关键点。

七、践墨随敌——根据客户需求开发和生产产品

——面对多样化、不断变化的市场需求，企业能做的就是“践墨随敌”，以市场为导向，提供差异化的产品并不断创新优化和升级产品结构，以满足市场的最新需求。

在作战的过程中，由于战场形势复杂、敌情变化无常，所以孙子认为，作战指挥的将帅在遵从作战原则和规则的基础之上，要善于根据敌情的变化来确定具体的作战方案，因此提出了“践墨随敌”的战略指导思想。同样，企业也要适应市场和客户需求的变化，来确定具体的市场竞争、开发和维护方案，在市场的变化中抓住核心竞争力。

践墨随敌，根据敌情变化决定作战行动。

所谓“践墨随敌”，就是根据敌情变化决定作战行动。孙子在《九地篇》中说：“践墨随敌，以决战事。”“践墨”，是强调要按作战计划行事，“随敌”呢？因为孙子知道作战的具体方法，既要遵循一般的用兵原则，同时也要根据情况灵活变化，所以我们可以把“随敌”理解为根据敌情变化决定作战行动。

“践墨随敌”至少包含以下几个方面的要点：

一是要遵守作战原则和已经制订的作战计划。

二是在作战中要随时关注并掌握敌情变化情况。

三是在作战中要根据敌情变化决定作战行动。

孙子首先是重视常规思维，没有常规的战略思维方式，就难以做出正确的战略决策，所以在《九地篇》中，孙子划分了九种作战地域，提出不同地域条件的不同用兵原则。其核心思想就是使部队的作战行动与客观的地域环境、部队的不同心理状态统一起来，尤其是孙子特别强调，“九地之变，屈伸之利，人情之理，不可不察”，强调根据不同的地域环境的特点及士卒心理的不同状态，要求将帅必须针对其中与战略全局密切相关的问题进行战略思维和决策，以此在作战中实施正确的作战指导。

孙子主张根据不同的地域特点，“因地制宜”，采取切合实际的作战原则，这就是“践墨”，即遵循常规进行战略思维和决策。但是战略思维中仅仅遵循用兵作战的常规思维原则还是不足以制胜的，所以孙子论述了常规思维原则之后，特别强调的是“随敌”，即将帅要善于运用求异思维，“因敌制胜”，正所谓：“故兵无常势，水无常形；能因敌变化而取胜者，谓之神。”（《虚实篇》）

“随敌”，强调用兵既要用常规方法，也要灵活变化，就其战略思维方式来说，就是用兵既要使用常规思维方式，更要善于运用非常规的求异战略思维方式，根据不同的敌情，根据敌情的不同变化阶段，采取不同的作战行动。

在企业的经营中，借鉴“践墨随敌”的战略思想也具有很重要的现实意义。企业面临复杂的市场竞争和不断变化的市场需求，所以我们既要坚持一般的市场竞争原则，又要根据不同的市场特点和不同的客户要求，以及不同时期的产品需求变化，来制定企业的经营政策，并在战略计划的实施过程中根据市场的变化进行行动。这样企业的战略决策才能以市场为导向，满足市场的需求，从而使企业跟上市场变化的潮流，保持竞争优势。

巨石根据客户需求开发和生产产品

巨石有一个很重要的市场理念，就是根据孙子“践墨随敌”的战略思想，根据客户的需求来开发和生产产品。

巨石很多产品都是以客户为导向研发出来的，比如西班牙一家游艇公司使用巨石产品后发现，游艇壳体的外观色泽不均匀、强度降低。巨石西班牙公司立即派专家调查，发现是当地气候容易引发静电，影响了玻纤使用功能所致，于是马上研制了具备抗静电能力的玻纤产品。

2007年4月，广东有多家客户投诉巨石的短切毡产品质地偏硬、服帖性不佳，但除了广东市场，别的地方的客户没有类似反应，于是巨石的销售员和质量管理员开始思考，是不是广东市场的使用领域有特别之处？为此，他们立即成立了走访小组，火速赶往广东，用三天时间走访了9家用户。他们将客户说的每一句话、每一个使用环节都一一记下，最终找到了原因。原来广州的客户都来自模特制作领域，模特的人体结构弯曲点特别多，弧度也特别多，常规的短切毡不适用。他们意识到，必须为这一领域量身打造一款短针毡，于是从黏结剂类型、原始类型、生产工艺与之匹配性等方面进行了一次又一次的改进实验，终于生产出了客户想要的产品。

风能是玻纤所涉及的高端领域，生产风能产品对玻纤纱的要求非常高。销售人员在和客户接触的过程中发现，巨石的风能领域用纱300—386T产品外圈含油浸透过大，影响用户的制品性能，有较大的质量隐患。为此，产品质量经理人网络成员从各个角度分析可能的影响因素，对拉丝涂油工艺展开全面分析，决定采用之前从未尝试过的涂油工艺进行改进。

这个工艺难度很大，确定工艺类型仅仅是万里长征的第一步，最后改进人员又用大量的产品验证来探索工艺参数。如同科学家做实验一样，改进人员解剖了大量的纱团，充分验证纱团不同部位与含油率的对应关系，反复试、反复调、反复验证，终于设计出了最为合理的工艺参数。但这还没完，客户的使用效果好才是工作的终点。

这就需要改进人员在客户生产现场定点跟踪，不是到那儿看几眼、问一问就完事了，他们经常要一个通宵一个通宵地跟，因为只有拿到大量的现场数据才能分析得出最完美的改进方案。最终，用户制品的浸透性能和力学性能比以前优化了很多。

科威特北部Ratqa油田的一个重油项目的石油管道用的是巨石的玻璃纤维，合作过程很曲折。在沙漠中修建石油管道对管材性能有特殊要求，一般的玻璃纤维受热容易老化变硬，导致玻纤出现毛羽变多以及树脂不能完全浸透玻璃纤维的情况，在高压强下容易发生液体泄漏事故。巨石2015年底和客户洽谈，当时提供的308产品力学性能满足客户正常的生产要求。但随着行业竞争日益激烈，客户需要更高性能的产品来竞争市场。

于是，巨石立即派遣销售团队和研发团队到客户公司进行技术交流，实地调研收集信息，回国后马不停蹄地实施产品更新优化的方案。研发人员整整用了半年多时间，最终研发出来环氧胺固化用石油高压管道直接纱308H，与之前的308产品相比，强度和耐腐蚀性有了显著提高，爆破强度提高15%，拉伸强度也比之前提高了8%。

与此同时，巨石销售团队每天有指定的销售员与客户用电话或邮件进行沟通协商，确保信息交流畅通，每隔一两个月就实地走访，深入了解客户需求。2016年底，308H产品真正开始出货，客户非常谨慎，收到小样后在自己的研发中心重新检测，再小批量下单，从一个柜开始逐步放量到一万多吨。现在，他们的石油管道已经做到三四百公里长，用的都是巨石的产品。

巨石的产品创新有很多都是销售员发现产品线索或者从客户的投诉中发现问题，然后立足于客户的需求，带动研发、生产部门一起在解决客户实际问题和满足客户不同需求的基础之上，开发出多样化的产品类型，丰富了巨石的产品结构，更好地满足了客户和市场的需求。

1. 根据市场需求确定企业生产的产品质量标准

企业经营的目的就是生产出符合市场需求的产品，然后通过销售实现产品的价值，从而获得收益。如果生产出来的产品存在质量缺陷，不能满足客户的需求，那么产品就很难销售出去，即便销售出去也可能因为质量缺陷而被客户退货或者索赔，这样导致企业生产的产品价值无法实现，达不到经营目的。

所以，企业在经营过程中应当特别重视市场的需求，然后根据市场的需求来确定生产的产品的规格和质量标准，以便实现产品的畅销。巨石特别重视客户的产品质量投诉，因为客户的投诉可以帮助企业发现产品的质量缺陷，而通过解决这些投诉问题，可以优化产品的质量，提升产品的品质，从而可以更好地满足市场的需求。

简而言之，企业生产的目的就是满足市场的需求，从而实现产品价值。而要满足市场需求，一是要根据市场需求制定好产品的生产规格和质量标准；二是要在产品的销售过程中，重视和处理产品的质量缺陷问题，以满足客户的需求。在产品质量满足客户需求这一点上，生产部门和销售部门的目标应当是一致的。

2. 根据市场的多样化需求提供差异化的产品

就像在不同的战争区域条件下，需要采取不同的作战策略，企业所面对的市场也有多样化的需求，应当采取差异化的产品供给。

巨石在产品生产和销售上一直遵循“践墨随敌”的战略原则，充分考虑到不同区域、不同领域、不同客户的不同需求。比如，根据广州模特制作对玻纤产品的特定化需求开发出特定的产品，从而满足客户的需求。

企业通过向市场提供差异化的产品，从而丰富自己的产品类型，扩大产品的市场需求范围。这也是通过市场导向拉动生产，扩大规模的一种有效途径。

3.根据市场需求的变化创新调整产品结构

企业以市场为导向，追随市场需求的变化进行产品的开发和生产，也可以推动企业的产品创新，优化产品结构。

巨石在向科威特石油管道客户提供玻纤产品的过程中，客户为了提高竞争力根据需求提高产品的要求。巨石根据客户的要求进行产品的创新研发，最终实现将更符合市场需求的高端产品推向市场，既满足了客户的需求，也提高了产品的市场占有率。

所以，“践墨随敌”，以市场导向进行产品的开发和生产，最大的价值就源于市场需求的变化，对企业带来的产品创新驱动和产品结构优化升级。就像巨石这类伟大的企业，往往可以在这个过程中跑在市场的前面，获得新产品的先发优势，充分享受新产品填补市场的超额收益。

应用指南 || 如何以市场为导向并主导市场?

巨石根据客户需求开发和生产产品的案例，充分展示了企业“践墨随敌”满足市场变化和多样化需求的成功实践。阅读完这一案例及从中拓展出的“商战智慧”，可以很清晰地总结出企业“践墨随敌”以市场为导向并主导市场的核心原则和主要方法：

- 根据市场需求确定企业生产的产品质量标准，优化产品质量，从而更好地满足市场的需求。
- 根据市场的多样化需求提供差异化的产品，扩大产品的市场需求范围，扩大企业生产规模。
- 根据市场需求的变化创新调整产品结构，获得新产品的先发优势，充分享受新产品填补市场的超额收益。

第四部分：价值创造过程管理之道

——《孙子兵法》与经营管理策略

前文分享了《孙子兵法》应用于企业发展和市场竞争的战略智慧。在这一部分，我们将以振石和巨石价值创造过程管理为例，专题分析《孙子兵法》应用于企业内部对外投资与技术合作、原材料和设备供应、产品生产过程与质量管理、市场资源维护等价值创造过程中的战略智慧。阅读这一部分内容，我们将更好地理解和解决如下重要问题：

• 如何避免盲目投资的风险，进行高效的资本运作？

• 如何摆脱“卡脖子”的情况，突破常规，寻求技术合作与突破？

• 如何保证生产供应，降本增效，创造价值链增值？

• 如何进行全面创新，构建全面质量优势，掌握预算目标与计划的关键，围绕“中心”完善全面风险管理？

• 如何在经营困境中利用一切有利条件破局过关？

企业的经营过程就是为客户创造价值的过程，客户需要的不是产品，而是价值，企业只有通过创造价值才能赢得客户选择。

对企业而言，经营的过程就是为客户创造价值的过程。现代管理学之父彼得·德鲁克把客户的需求分三种：第一种是现实急迫的需求，是客户最基本的需求；第二种是潜在模糊的需求，客户隐隐约约感觉得到，但是说不清楚，这种需求比第一种更大；第三种需求是有待创造和挖掘的需求，客户自己可能都不知道自己有这个需求，需要企业用客户的视角去洞察和发现的价值。

没有最好的产品，只有更好的价值，企业必须持续投入，全面创新降本增效，提质升级，超越自我，从而“占领”客户。

一、三非不为——理性投资和资本运作

——企业的重大事项决策要保持“非利不动、非得不用、非危不战”的理性，以利为本，不打无把握之仗，临危敢战，这才是企业长久、稳定的发展之道。

有的企业在经营过程中，习惯于追逐热点，对外投资的动作不断，项目很多，但总体经营情况仍然不佳，甚至因为众多投资项目回报不达预期，陷入经营困难，这是企业经营缺乏理性的表现。孙子强调，开战与否是“国之大事”，所以要坚持“非利不动，非得不用，非危不战”的原则。由于“不动”“不用”“不战”都是“不为”，所以我把它称为“三非不为”原则，定原则对企业的经营管理具有很好的实践指导意义。

三非不为——保持“非利不动，非得不用，非危不战”的理性。

孙子强调慎战，提醒人们作战要保持理性。他在《火攻篇》中说：“非利不动，非得不用，非危不战。”形势不好就不要采取行动，没有必胜的把握就不要用兵，不是到了危急关头就不开战。这是作战中，必须遵守的“三非不为”理性原则。

从这里我们可以清楚看出，在战争决策问题上有三点至关重要：

- 一是“非利不动”。
- 二是“非得不用”。

- 三是“非危不战”。

“非利不动”——要以利为本，合于利而动，不合于利而止，“利”之权衡要以大局利益为重、以长远利益为导向。

“非得不用”——要谨慎决策，战争大事关系着国家发展的命运，要慎之又慎，要先有充分的准备，做到胸有成竹，“先胜而后求战”。

“非危不战”——要临危敢战，如果没有危及核心利益就不要轻举战端，但是如果形势的发展危及了核心利益，该出手时就要出手。战争是火，也是剑，既要防止引火烧身，也要在关键时刻敢于亮剑。

孙子在《火攻篇》中还强调：“主不可以怒而兴师，将不可以愠而致战。”国君不能因为一时的气愤而发动战争，将帅不能因为一时的愤恨而出阵交战。符合国家的利益就可以出兵，不符合国家的利益就停止行动。这是国君和将帅应当具备的理性要求，特别强调要坚持以上“三非不为”原则，不能情绪决策。

孙子解释说，因为愤怒之后还可以重新欢喜，愤恨之后也可以再有高兴，但是一旦违背上述“三非不为”原则，情绪化、非理性决策，导致国家灭亡了便不可能存续，人死了就不会重生。所以，对于战争，明智的国君要慎重对待，贤良的将帅要警惕，这是安定国家、保全军队的重要原则，孙子将这种理性提到了“安国全军之道”的高度。

同样，企业的投资和经营决策也无异于企业大事。因此，对企业的核心管理层来说，做此类重大决策，需要充分认识到重大事项对企业发展大局和长期发展的影响，要坚持“三非不为”原则。核心管理层要充分考虑决策是否对企业的长远发展有利，是否具备或能够创造使决策获得成功的充分条件，是否处于企业的重要转折点或危及企业生存发展的紧要关头，最终进行理性的决策。作为企业的高层决策者，一定要始终保持理性，不能情绪化决策，因为一旦决策错误影响到企业的发展命运，就可能导致“亡国不可以复存”的结局。

巨石引进战略投资者弘毅

作为实业家的张毓强对资本的态度是“重视而不盲从，利用而不依赖”，始终坚持“非利不动，非得不用，非危不战”的“三非不为”原则。他擅长根据客观情况进行资本合作，但从不热衷于资本运作。

玻纤是资本密集型产业，巨石在加速成长中的资金需求很大。2007年，有了需要进行大额的融资来补充资金，以便扩大投入的现实需求。然而，融资扩产涉及了一个问题，即如果进行大金额的融资，巨石的资本开支太大，也许会造成企业的资金链过于紧张甚至陷入财务危机。

经过分析，巨石所处玻纤行业的进入门槛比较高，因为它是资本密集加技术密集型行业，不是卖一种大宗商品，而是为每个客户研发专门设计的产品，客户黏性很高。同时，这个行业属于劳动力密集型行业，需要有一定数量的技术工人，这使得巨石相对于欧美企业来说具有比较强的竞争优势。在此情况下，如果客户黏性高，而且产品能不断提升附加值，那么，资本开支是可以逐步消化的。因此，张毓强心中有数，巨石按照当时的融资计划进行融资用于扩大再生产的资本开支压力比较大，但是总体风险可控。

那么，采用什么样的融资方式？当时，由于股市低迷期较长，中国玻纤在二级市场的融资能力不够强，影响到扩张战略的推进。如果分拆巨石的资产上市融资，根据政策规定，上市公司的主导产业不能单独分拆，而巨石占中国玻纤净利润的90%以上，分拆无望。在此背景下，巨石决定引入战略投资者，这一资本运作势在必行，并且符合公司的发展现实利益需要。

接下来，是选择与什么样的投资者合作的问题？在巨石有意要引进战略投资者之后，闻讯而来的投资者很多，国内、国外至少有30家，初步定了13家，最终巨石选择了弘毅。弘毅是当时中国建材集团介绍进来的，弘毅的理念是，“对民企，弘毅要做的事是‘如虎添翼’，对国企，要做的是‘放虎归山’，为它们创造良好的机制”。弘毅作为战略投资者的这一理念与巨石的发展需求气息相通。

在确定了战略投资者之后，巨石与弘毅进一步明确了合作条件，特别限定弘毅未来出售巨石股权时，不能出售给几大国际玻纤巨头。对此，弘毅欣然接受。于是，双方达成一致。2007年1月，巨石集团用18.5%的股份作为对价，引进了联想控股集团旗下弘毅投资有限公司的7500万美元战略投资，用于年产12万吨无碱玻纤池窑拉丝生产线的建设。企业自身资本实力增强了，银行信贷支持就会更多，这为巨石的产能飞跃提供了更充分的资金基础。

1.“非利不动”，合于利而动，不合于利而止

企业重大事项的决策要坚持“非利不动”，要以利为本，“合于利而动，不合

于利而止”。巨石在引进战略投资者弘毅的过程中，就是以利为本进行决策的。

一方面，“利”之权衡以大局利益为重。巨石通过引入弘毅的7500万美元战略投资，用于年产12万吨无碱玻璃纤维池窑拉丝生产线的建设，有利于促进巨石的生产规模再上一个台阶，从而进一步发挥规模成本优势，提升巨石在国际上的整体竞争力。

另一方面，以长远利益为导向。在确定了战略投资者之后，巨石与弘毅进一步明确了合作条件，特别限定弘毅未来出售巨石股权时，不能出售给几大国际玻纤巨头，避免以后战略投资者退出的时候让竞争对手收购股权，影响巨石的长远利益。

2.“非得不用”，不打无把握之仗

“非得不用”，要谨慎决策，重大投资和资本运作等重大事项的决策关系企业的发展方向和命运，要慎之又慎。“先胜而后求战”，在没有把握的情况下，就不要轻举妄动。

巨石在引进战略投资者弘毅的时候，遵循“非得不用”原则，确认了公司对大额投资支出有足够的消化能力、战略投资者的投资理念契合公司的发展要求、战略投资者的进入和退出不会对公司的长远发展利益产生负面影响、战略投资者本身的投资实力雄厚可以顺利出资到位等关键性事项。

此外，巨石对募集到战略投资之后，所投入的年产12万吨无碱玻璃纤维池窑拉丝生产线的建设，以及建设完成之后产能扩张所带来的产品销量和市场容量进行了充分的预测。综合各种现实因素来看，巨石引进战略投资者胸有成竹，志在必得，稳操胜券。

3.“非危不战”，临危敢战

企业对重大事项的决策也要坚持“非危不战”的原则。如果没有危及核心利益就不要轻举妄动，但是如果形势的发展危及了核心利益，该出手时就要出手。

回头来看巨石引进战略投资者，一方面是由于巨石属于资金密集型行业，并且通过增加产能进行规模竞争已经提上日程，迫切需要大额资金的融资，这是现实需求。同时，通过分拆上市和银行融资的道路行不通。所以，在此背景下，引进战略投资者投资可谓不得已而为之。如果不为，就会制约公司的发展，

这已经构成影响公司核心利益的关键转折点，确确实实到达“非危不战”的时候和火候。

战争是火，也是剑。巨石是以玻纤制造为主的实体企业，为防止出现孙子在《火攻篇》中所说的逆风而战导致“引火烧身”的不利局面，在企业发展过程中从来都是很谨慎地进行资本运作。但是在面临公司战略转折点等关键时刻，也会果断出击，通过资本运作解决公司发展过程中的资金制约，敢于亮剑。

应用指南 || 如何规避投资风险进行高效资本运作?

巨石引进战略投资者弘毅的案例，充分展现了企业理性投资和资本运作的成功实践。阅读完这一案例及从中拓展出的“商战智慧”，可以很清晰地总结出企业“三非不为”规避投资风险进行高效资本运作的核心原则和主要方法：

- “非利不动”，合于利而动，不合于利而止。投资决策以大局利益为重，以长远利益为导向。
- “非得不用”，不打无把握之仗，重大投资和资本运作要分析重大事项对企业发展方向和命运的影响，在没有把握的情况下，不要轻举妄动。
- “非危不战”，临危敢战，在面临公司战略转折点等关键时刻，要果断出击。

二、半济而击——突破常规，寻求技术合作与突破

——站在巨人的肩膀上，依托更高的平台
“半济而击”，就是走捷径占据高度优势。

企业在发展中要赶上世界先进水平，完全靠自行研发是很难的。因此，可以借鉴《孙子兵法》中的“半济而击”策略，引进适合自己发展的先进技术并吸收、消化、发展，在短时间内以较小的代价开发出具有世界同类水准的产品，少走弯路，较快进入世界市场进行竞争。

半济而击，抓住时机半道截击。

孙子在《行军篇》中说：“绝水必远水；客绝水而来，勿迎之于水内，令半济而击之，利。”意思是说，横渡江河后，要在远离江河处驻扎，敌人渡河来战，不要在敌人刚入水时就去迎击，而是在一半敌军渡过河时再去进攻最为有利，这就是“半济而击”。

“半济而击”是孙子对地面部队与渡江、渡河部队作战所归纳的朴素科学真理，意思是当敌人渡河渡过一半的时候再去攻击，指善于捕捉有利的时机攻击敌人。“渡河渡过一半”从字面上理解，可以是部队渡河渡到水面的一半，也可以是渡河渡江部队一半人员到达了对岸。一般认为，前面一种理解有一定的道理，但是后面一种理解更具有科学性。

如果敌人渡河渡到河面的一半，那么出击的话，对我方并没有什么利益可言。一方面，敌人马上了解了当前的情况审时度势，可以选择继续进攻或者立即后退，

不利于我方套住和消灭敌人；另一方面，渡到水面的一半就出击，想必要与敌人在水面上交战，这就成了水战，与“客绝水而来，勿迎之于水内”这一原则相违背。

如果敌军的渡河部队中一半人员到达了对岸，而我方进行实时攻击，那么，一方面敌人的部队没有全部集结，各种军事力量及士气大为削弱；另一方面剩下未渡河的一半敌军部队，不知道对岸我方部队的情况下，会产生犹豫、徘徊、畏惧的心理。因此，在此敌人立足未稳之际出击，无论在军事对比上还是在士气上，显然都是有利的。

大将军韩信在潍水之战中巧妙运用了兵法“半济而击”。公元203年，韩信率大军往东追击齐王，项羽派龙且带领20万部队去救齐国。龙且轻视韩信，在潍水岸扎营。韩信在夜里派人用袋子装沙填进潍水上游，再带兵半渡潍水去攻击龙且，然后诈败退兵。此时，龙且很高兴地说，我早就知道韩信会害怕的，于是下令追击韩信。龙且的部队刚渡过一半，韩信立即派人挖开沙袋，结果河水暴涨，龙且的部队大半被水冲断。韩信马上下令反击，杀了龙且，俘虏齐王，平定齐国。韩信巧妙运用“半济而击”可谓高明。

随着社会的发展，军事斗争不断演化，“半济而击”有了更广泛的应用。例如，敌人在进攻我方的某一目标时，我方可以根据情形在敌军驻点与其攻击目标的半路上伏击，使其进退两难；敌人在通过山地时，我方可以等到敌人的部队刚通过了一半，而阻隔另一半，再发起猛烈攻击，使其首尾难顾；敌人在败退逃跑时，可以根据我方情形，先放走一半敌人，而围截消灭另一半，然后再乘胜追击。“半济而击”不仅在水战中可以运用，在山地战、运动战中也能碰到，所以“半济而击”也可以被认识、理解为“半截而击”。

“半济而击”一般来说是针对相对强势或旗鼓相当的敌人而言。在“半济而击”之前，我们需要做充分的准备，正确判断敌我双方的形势，合理利用自然地理优势，才能达到预期目的与效果，否则就会变成敌人背水一战。那样，胜负就难以预料了。

“半济而击”的策略应用于企业经营发展，本质上就是充分利用现有的他人或社会资源为基础，“半道出击”，从而走捷径达到目标，甚至弯道超车，快速实现领先优势的一种企业经营和竞争策略。

当今世界的经济开放政策和市场经济自主发展越来越深入，市场变化和扩大的速度越来越快，信息和技术的交流与传播速度也越来越便捷，这为企业瞄准全球先进技术“半济而击”创造了现实的有利条件。

振石旗下风电基材的技术合作与突破

本书前面专节介绍的振石旗下的恒石公司，“避实击虚”成长为风电基材行业的世界“隐形冠军”的基本历程。其实，恒石公司成功的一个最关键的原因就是运用了“半济而击”的策略，掌握了风电基材用玻纤织物的核心技术，从而控制了市场竞争的最关键的技术密码。

恒石的第一个大客户是丹麦的一家在全球风电涡轮市场举足轻重的风力发电机制造商维斯塔斯（Vestas），维斯塔斯看到了中国风电的前景，也希望在中国找到为风电叶片提供基础材料的物美价廉的供应商，以提高供应链效率。他们在中国成立了超过100人的专门的供应商质量评价工程师团队，与供应商在现场开展日常合作，如提高产品质量、精简生产流程、减少废物、更少利用资源以及降低成本，达到和维持“六西格玛”的管理水平。

恒石当时的设备和条件，离维斯塔斯的要求非常遥远，但恒石公司只要解决好设备、工艺，还有规模的问题，就一定能满足维斯塔斯的高要求。还有更重要的一点，就是恒石可以“半济而击”，和世界级客户一起研发，倒逼自己不断进步。恒石如果做到这一点，就拉开了和其他竞争对手的优势距离。

因此，恒石安排了专门的团队，与维斯塔斯的技术人员进行了整整20个小时的交流，明确了维斯塔斯的要求。恒石确定了单轴向产品和多轴向产品两条产品线，斥巨资从德国引进先进设备，通过技术开发和改造生产出了与国外厂家质量相同但性价比更高的产品，并通过了维斯塔斯的严格认证。

恒石当时做风电的主要材料是布，原始的布，就是0度、90度，而风电基材要做到从30度、40度、50度、60度，一直到80度，为的是让风电叶片在旋转的过程中，每个角度都受力。生产产品的技术难度提高了很多，而维斯塔斯的要求极其严格，假如运行时，恒石提供的产品有一点瑕疵就会被驱逐出局，无法通过认证和验收。客户就是上帝，要上帝满意，其中的艰苦和痛苦难以言说，但恒石始终坚持按世界最牛客户的要求去做、去改、去提高。在与客户的沟通和合作中，客户也会给恒石一些有用的先进经验和建议。这样，恒石公司在材料、设备、设计、强度、加工成型工艺、疲劳实验等方方面面都得到了不断提高。在跟上客户要求的过程中，恒石也形成了自己以客户需求为导向的质量文化和始终满足世界顶级客户要求的领先核心技术优势。

2008年前后，在张毓强的直接参与下，恒石又成了西门子风电的供应商。后来，恒石又成为赫氏、通用电气等世界级大客户的供应商。恒石和这些世界级的客户一起研发，满足不同客户的不同的高要求。这样，恒石公司在“半济而击”策略的指引下，形成了自己的一条企业发展与经营管理法则——融入世界、以市场为导向、以客户为中心、接受客户的牵引，和世界级客户一起研发产品，由此倒逼研发和生产的进步，成就自己的核心竞争力。

1.“半济而击”就是从更高的起点快捷达到目标

恒石公司在“半济而击”策略的指引下，以客户为中心、接受客户的牵引，和世界级客户一起研发产品，由此倒逼研发和生产的进步，成就自己在风电基材产品技术方面的核心竞争力。

实际上，“半济而击”不仅体现在先进技术的吸收和利用方面，别人的优势资源或者可靠信息都可以“半济而击”，为我所用。例如，企业要计划投资进入某一新兴产业，没有选择自己设立初创公司从零起步，而是选择收购控股一家发展已经比较成熟的实体公司的方式。这样“半济而击”，就可以在目标公司现有的发展基础之上，高起点出发，更快捷地达到发展目标。

2.抓住“半济”时机，果断出击

在作战中，“半济而击”的最佳时机是敌人“半济”的时候。如果这个时机不到，绝大部分敌人还没有渡河，就提前出击，这会增加套住和歼灭敌人的难度；如果错过最佳时机，绝大部分敌人都已渡过河并且站稳脚跟，再进攻，也会增加克敌制胜的难度。同样，企业要抓住优质的资源和技术进行“半济而击”，也需要掌握最佳时机才能做到成本最优，达到最佳效果。

恒石公司在决定进入风电基材产业以后，如果要通过“半济而击”掌握风电基材的行业先进技术，就必须和国际上的龙头企业进行合作。因此，当维斯塔斯到中国来寻找风电基材的供应商的时候，就是最佳时机。如果错过了这个时机，维斯塔斯和国内的其他企业建立了合作，由于产品的严格认证导致的供应商和客户之间的高度依赖关系，恒石将很难再找到这样的机会。

因此，尽管当时恒石的各项条件不具备，距离维斯塔斯的要求还相去甚远，但恒石还是果断出击，努力抓住了这一时机，最终通过了维斯塔斯的认证，为以后开展与维斯塔斯的合作，进行技术开发和创新提供了前提条件。

3.准备出击，等待也是强有力的战斗形式

前面已经讲过，如果时间不到，提前出击，这很难达到“半济而击”的最佳效果。企业经营也是如此，如果“半济而击”的条件还不成熟，出击的最佳时机还不到，就应该等待最佳时机的出现。利用等待的时间，充分了解市场信息和目标资源与技术的情况，提前做好出击的准备。在准备中等待，等待也是强有力的战斗形式。

恒石公司在和维斯塔斯合作之后，距离掌握行业内领先技术的差距还很大，直接进行“半济而击”获取先进技术的条件还不成熟，所以恒石公司采取了等待的策略，在等待中准备。坚持客户就是上帝，要上帝满意，其中的艰苦和痛苦难以言说，坚持按世界最牛客户的要求去做、去改、去提高，创造一流的产品检测条件，进行各种产品性能的测试和工艺改进，苦练内功，再利用有利时机和客户沟通，寻求客户的帮助，“半济而击”，突破了行业的领先核心技术。

4.“半济而击”，站在巨人的肩膀上占据高度优势

对一个制造业企业，如果其主要客户是一家行业内的领军企业，那么，它们往往会对行业的发展趋势和产品的更新换代进行前瞻性的研究和布局。

例如，恒石的大客户西门子和维斯塔斯等，它们在陆上强风区不断被开发后，就会预测未来陆上风能将会向弱风区发展，因此会预先对风电基材提出更高的技术要求，需要有更长、更轻的叶片产品来支撑。这又推动了恒石先于其他竞争对手进行产品开发，形成恒石未来的另一片市场蓝海。

站在巨人的肩膀上，往往会得到更多的市场前沿机会，更早地把握行业发展趋势，提前进行领先的产品技术开发，从而占据高度优势。

应用指南‖如何摆脱“卡脖子”的情况，寻求技术合作与突破?

振石旗下风电基材的技术合作与突破案例，就充分展示了企业突破技术瓶颈的成功实践。阅读完这一案例及从中拓展出的“商战智慧”，可以很清

晰地总结出企业“半济而击”寻求技术合作与突破的核心原则和主要方法：

- “半济而击”，要想高起点快捷达到目标，需要以客户为中心，成就自己在技术方面的核心竞争力。
- “半济而击”，抓住时机果断出击，掌握最佳的时机才能达到最佳效果。
- 利用等待的时间，充分了解市场信息和目标资源和技术，提前做好出击的准备。
- 站在巨人的肩膀上“半济而击”，往往会得到更多的市场前沿机会。

三、军食可足——生产供应充足是胜利之本

——“军食可足”是胜利之本，也是决定企业生产经营的物质条件。因此，企业加强供应端的稳链、补链、控链、强链、优链，就是提升企业产业链的核心竞争力。

孙子特别重视军需物资的准备，提出了从作战兵员之“役”、武器装备之“用”、人马消费之“粮”，这三个方面来保证“军食可足”的战略思想。

军食可足——军需和粮草可保充足。

孙子在《作战篇》中特别强调，战略决策确定之后就要进行作战预算，做好备战物资准备。他说：“役不再籍，粮不三载，取用于国，因粮于敌，故军食可足也。”

善于用兵的人，兵役绝不一再征集，粮草不会多次运送。就是一次征兵就解决问题，不要打仗打了一半，人打没了，回头又回国征兵，粮食运输也要做好最坏的风险预防计划。

“军食”主要由三方面构成：

- 作战兵员之“役”。
- 武器装备之“用”。
- 人马消费之“粮”。

“军食可足”就是指这三个方面的“军食”都可保充足。“军食”供应要达

到“可足”的要求：一次就要准备充足，不返工，军需补给要高效率，有保障。

这是《孙子兵法》第二篇《作战篇》中关于作战前物资准备的内容，其核心思想就是作战之前要先准备充足的军需和粮草，这是作战的必要物质条件，也是作战之前必须落实的工作。如果军队得不到军需物资的保障，那么，就会导致“诸侯之乱”，后方和外交都会出问题，仗就没法打。

诸葛亮六出祁山，屡战屡败，其中一个非常重要的原因就是粮草供应不上。因为粮草供应不上，作战缺乏物质基础保证，任凭诸葛亮再足智多谋，也难逃失败的结局。拿破仑远征莫斯科，俄国人实行坚壁清野，造成拿破仑大军缺衣少粮，饥寒交迫，惨败而归。在缺衣少粮的客观条件下，无论拿破仑多么骁勇善战，也只能认命于惨败的现实。

所以，战争是建立在经济基础之上的，“军食可足”是胜利之本。同样，企业运营也是建立在经济基础之上的，企业生产所需的人员、物资、设备等生产资料，都是企业正常生产所必需的物质条件。

“巧妇难为无米之炊”，如果企业生产所需的主要原材料和设备等生产资料无法得到供应保障，那么，企业就像一支没有军需物资和粮食的军队，无法正常进行生产。相反，如果企业加强供应端的管理，生产所需的主要原材料和设备等生产资料，都能够得到充足的供应保障，那么，企业就像一支弹药充足、装备精良的部队，具备生产作战的物质基础，甚至可以提高生产战斗效率，降低生产成本，提高“成本—效益”的竞争力。

巨石掌控主要原料和关键设备供应

玻璃纤维原材料成本占比较高，一吨玻璃纤维生产需要0.7—0.8吨叶蜡石，10—50千克石英，350—400千克高岭土，300千克石英粉，原材料成本占玻璃纤维生产总成本的四成以上。

为了降低原材料成本，提高矿石原料的质量，控股上游原料厂商以保证“军食可足”成了巨石的选择。

2012年、2013年，巨石分别收购桐乡磊石微粉有限公司75%和25%的股权，最终掌握桐乡磊石微粉公司100%股权。巨石90%的叶蜡石采购自桐乡磊石微粉公司，叶蜡石采购量随着产能规模的扩大而逐渐扩大。2016年，巨石在桐乡投资3.19亿元建设年产60万吨叶蜡石微粉项目，充分满足了巨石因产能扩张对叶蜡石需求的增量。

除了叶蜡石等核心原材料以外，对玻璃纤维生产成本影响比较大的一项是铂铑合金漏板。铂铑合金漏板是玻璃纤维的重要生产工具，铂铑合金主要用于玻璃纤维的最后成丝工序。在拉丝的过程中，熔融玻璃液流入漏板，然后通过底板上的漏嘴流出，并在出口处被高速旋转的拉丝机拉伸为连续玻璃纤维。由于铂铑等金属价格昂贵，在新建的玻璃池窑生产线中，铂铑合金漏板投资额约占整个项目设备投资额的一半。

巨石作为行业领军企业，2012年就开始往上游铂铑合金漏板加工制造领域进行延伸，以保证“军食可足”。2012年、2013年，巨石分别收购桐乡金石贵金属设备有限公司75%和25%的股权，最终成为桐乡金石公司100%的股东。桐乡金石主要生产玻纤纱所用的专用铂铑设备，同时从废旧金属漏板和池窑托砖中提炼，回收其中的铂铑合金。巨石收购桐乡金石后，一方面节省了公司铂铑合金漏板日常清洗、加工等费用，参考山东玻纤情况，其每年向OC（美国欧文斯科宁公司）支付的铂铑合金漏板加工费用约占其制造费用的2.5%；另一方面，提高了公司废旧漏板的回收利用率，节省成本。除此之外，桐乡金石可以充分发挥其在漏板设计方面的优势，针对巨石窑炉的规格、玻璃液的配方，设计出更适合公司拉丝作业的漏板，从而降低漏板的损耗，延长漏板的使用寿命。

巨石收购桐乡磊石微粉公司和桐乡金石公司，使得巨石形成具有原料、生产、装备的完整产业链，具备了生产经营的“军食”充足条件，有利于公司整体更全面的发展。

1. 企业可持续发展的前提是“军食可足”

前面讲过，孙子关于战争准备的核心思想是，作战之前要先准备充足的军需和粮草，这是作战的必要物质条件，也是作战之前必须落实的工作，而且要一次性准备充足，不能仗打了一半再来补充。

同样，企业经营持续发展的前提是“军食可足”，有充足的原料和装备，以保证公司生产的消耗，这是企业生存和发展的“刚需”。如果这些刚需条件不具备，企业的领导者也只能像诸葛亮和拿破仑一样，力不从心，理想破灭于失败的现实。

特别是当制造业企业发展到一定阶段，就需要长期稳定的原料供应。如果企业经常出现原材料供应短缺，供应链过长，原材料价格剧烈波动，供应渠道频繁变化，那么就会出现原材料质量不稳定、数量不足、供应延期、价格上涨等一系列问题，从而导致原材料成本居高不下、生产产能无法释放、产品质量波动。长此以往，就会导致企业的发展受限，甚至因为“断粮”而停产，陷入经营危机。

所以，企业在有了战略决策以后，首要的事情就是加强自身的供应链建设，借鉴巨石的经验：从“稳链”开始，做好“补链”和“强链”工作。对核心原材料，在条件成熟的情况下尽可能做到“控链”。在核心原材料有保障的情况下，还应当根据企业自身的情况做好供应链的整合优化等“优链”工作。

2.掌握供应链就是提高“成本—质量—效益”竞争力

从巨石对核心原材料的“控链”和“强链”以及最关键设备的控制给企业带来的效益和保障作用来看，像巨石这样的制造业企业，掌握主要原料和关键设备，供应链就是提高竞争力。下面我们将从巨石控制主要原料这一角度，进一步深入观察“军食”控制对生产成本、质量、效益的积极作用。

巨石就近收购了桐乡磊石微粉公司，一方面保证了原料的供应，另一方面也减少了原料的运输成本，使得其他玻纤企业难以抹平和巨石的矿石原料成本的差距，从而建立了禀赋优势和成本壁垒。

孙子在《作战篇》中说：“国之贫于师者远输，远输则百姓贫。”国家会因作战而贫困，是由于军队远征，粮食长途运输造成的。企业经营也是这样，如果一个企业的原料，特别是核心原料，需要长途采购，那么必然导致主要原料成本上升，压缩产品的盈利空间。

实际上，巨石就近向桐乡磊石微粉公司采购叶蜡石，使得公司享有得天独厚的原料运输成本优势，从而使得公司叶蜡石采购价格明显低于竞争对手。2019年，公司叶蜡石采购价约430元每吨，而泰山玻纤和山东玻纤的采购价高达580元每吨和640元每吨。如此，巨石每吨叶蜡石的采购成本较另两家企业低150—210元。根据玻纤情报信息网，生产单吨玻纤纱所需叶蜡石行业平均水平为0.7吨叶蜡石，我们可以预测，巨石相比于其他玻纤企业，每吨有105—150元的天然成本优势。

3.基于“军食可足”建立自主原料技术壁垒的竞争优势

对企业生产经营而言，为了保证“军食可足”，需要做到“役不再籍”“取用于国”“因粮于敌”，即保证人员够用、装备齐全、原料充足，但这只是最基本的条件。

企业还可以有更高的追求，就是充分利用现有人员、装备和原料等自身资源，进一步开发出成本更低、性能更优、品质更稳定等具有竞争优势的替代原料技术方案，形成自主原料技术壁垒，从而进一步提升自己的核心竞争力。

玻纤工业和机械电子工业的一个不同之处在于，后者的零部件是高度标准化的，整机厂商可以外购加工组装，而玻纤从原料到成品之间的过程很长，各个环节之间的适配需要一定的调试、微调，只有每个环节都自己控制，每个地方都不断降低不确定性，并增加彼此之间的适配，最终的结果才可控。

所以，巨石在收购桐乡磊石微粉公司之后，就引进了先进的立磨系统。磊石公司在低铝、低铁、高铝高硫、高铝低硫等品种的叶蜡石的微粉生产中，质量逐步提高，越来越精细，使得玻璃液的质量也越来越稳定。

除了矿粉，玻纤生产和拉丝中还会用到很多化工原料，其中浸润剂原材料和配方技术是决定玻纤制品内在质量的关键技术，也是生产中一刻不能少的消耗品，被称为“玻纤中的芯片制造技术”。然而，国内玻纤企业多年如一日使用石蜡型浸润剂、711浸润剂、811浸润剂等老配方导致在比较高端的产品方面与国外存在很大差距。

于是，为了做高端产品，提高企业的竞争力，巨石在市场上买单体化学原料，然后自己研发，进行化学反应，做出自己的浸润剂，原料自己命名，自己调好比例，这就形成“秘密武器”，别人无法拷贝。经过巨石人的努力，巨石的精细化工生产工厂节节胜利，很快就发现了多种进口化工原料的替代品，折合到每吨纱上可以节约400—500元，巨石带动了国外化工原料的降价，间接也让国内其他厂家受益。由于在浸润剂原料方面的长期坚持，目前，巨石在30多种化工原料中已经实现了85%的替代原料，放在180万吨玻纤产能规模上来考虑，其对成本的节约极为巨大，而国际玻纤巨头的替代率还不到50%。这样，巨石形成了自主核心原料技术壁垒，进一步增强了企业的核心竞争力。

应用指南 || 如何建立核心原料和设备供应以保证体系和壁垒优势?

巨石掌握主要原材料和关键设备供应的案例，充分展示了企业保证持续发展供应链的成功实践。阅读完这一案例及从中拓展出的“商战智慧”，可以很清晰地总结出企业“军食可足”保证供应充足的核心原则和主要方法：

- 企业要为可持续发展创造“军食可足”的条件，保证充足的原料和装备供应，解决企业生存和发展的“刚需”。
- 掌握主要原料和关键设备供应链就是提高“成本—质量—效益”的竞争力。
- 在“军食可足”的基础上，充分利用现有资源，进一步开发出更具有竞争优势的替代原料技术方案，进一步提升自己的核心竞争力。

制订好战略计划之后，在实施准备中，第一步要考虑的重点就是支撑战略实施的资源，要从这一基础入手来展开战略计划的实际运作，从竞争力的物质基础着眼，着手各种现实或潜在的资源的预算、储备和积累。

四、以迂为直——降本增效，创造价值链增值

——发展的道路不可能都是最近捷的，因此，需要以迂为直，找到抵达目的地的通路，突破常规发展的瓶颈，“以迂为直”策略运用的最高境界是“变迂为直”。

在每个企业的经营过程中，“行为—成功”的途径上并不都是平坦顺畅的，总会或多或少存在一些障碍。这些障碍或大或小，有的很难直接跨越，怎么办呢？高明的军事家、政治家、企业家等经常会使用“以迂为直”的策略去实现其特定的战略目标。

以迂为直，避开障碍，迂回通行，后发先至。

孙子在《军争篇》中提出了“以迂为直”的重要思想。他认为，争夺有利条件之所以困难就在于“以迂为直”，把迂回弯曲的道路变为直道捷径。不过，当我们能够做到“以迂为直”时，尽管我军后于敌军出发，却能先于敌军到达战场，占据有利位置，这才是真正懂得“以迂为直”计谋的将帅。

远远地迂回，是让对方感觉我军很远，从而放松警惕。我军能后发先至，是因为我军早已度量好地形，知道哪儿远，哪儿近，从哪儿穿插过去。“以迂为直”，就是指用迂回曲折的路径达到近直的目的。欲东先西，欲速先缓，表面上看，这样的行动与实际目标远了，而实际上是避开障碍，走了直路。通俗一点讲，就是有些事不可强中取，只可曲中求。

我们都知道，两点之间直线距离最短，但在现实的复杂地理环境和竞争环境中，很难找到从起点到终点之间是完全的直线通路，并且没有任何阻碍可以直接抵达的情况。然而，往往表面上的直路却暗藏着弯曲和险峻障碍而难以跨越，表面看起来遥远的路途却相对畅通，容易通过。

在两军相争的战场上，远和近，迂和直，既是空间概念又是时间概念。在战场空间中，远而虚的地方，易行易进，费时少，远而为近。近而实的地方，难攻难进，费时多，近而为远。大家都知道的，中国工农红军二万五千里长征，就是通过战略大迂回，以迂为直，取得胜利的。

所以，对“以迂为直”的理解，我们可以解释为“把迂回的弯路变为捷径”，但是要注意，这个“捷径”，不能简单地理解为“直路”。虽然，“以迂为直”，我们从字面可以理解为：把弯路变为直路，但实际作战，并不是真的要变弯路为直路，没有必要，也很难做到。孙子的真正意思是：作为将帅，要明白弯路比直路更好走，走得更快。有时候，那些弯路实际上是比直路更容易接近目标的捷径。所以，孙子说的“迂其途”不是什么佯动，而是主力部队真正在走弯路，因为弯路更好走，走得更快。这里面就是“迂”和“直”的辩证法，需要我们运用辩证的思维才能理解。

巨石激活全价值创造过程增节降，持续降本增效

1998年4月，巨石在降成本的考核中正式提出了增收、节支、降耗（以下简称增节降），并在整个集团铺开项目，共分为三类：一是增加收入的项目；二是节约支出的项目；三是降低物资消耗的项目。通过项目当年实际的消耗与上年的对比，得出本年度实际消耗的增减金额绝对值，根据完成金额和项目的科技含量、难度等，对开展项目的员工进行奖惩，鼓励员工深入开展降低制造成本的活动。

1998年，当年增节降立项项目73个，节支降耗的目标金额1693万元，实际实现2326万元，而当年巨石的利润仅为989万元，如果没有增节降会亏损上千万元。巨石通过增节降“迂回”增效明显。

1999年，巨石进一步深入开展增节降，并将增节降与紧紧依靠科技进步、依靠人才、加强管理、提高劳动生产率、严把原材料质量关结合起来。以1998年的消耗指标为基础，1999年全年立项84项，增收、节支、降耗年度目标1720

万元，实际完成1950万元。

随着增节降持续开展，传统降低成本的潜力越来越小，增节降完成金额呈下降趋势。此时，巨石又采用“以迂为直”的策略，提出“向科技创新要效益”的思路，转变方式进行增节降，明确增节降“有起点，无终点”，从创新角度掀起又一波增节降的高潮。

中国建材集团专门安排人员到巨石进行系统调研，总结出了“增节降工作法”。张毓强创造的增节降工作法，从当初鼓励员工小改小革的激励措施逐步发展为一套内容涵盖创新增收、节支、降耗、减损、节能、减废、减排，激励全体员工参与的全面创新体系。增节降的管理要素包括七个方面，即项目管理方式、机构与职责分工、项目分类原则、立项工作程序、实施过程控制、数字化考核机制、成果推广。

从管理角度看，增节降是运用目标管理、项目管理、品质管理、持续改进等基本管理方法，通过逐年环比、月度考核、年度兑现等激励约束制度，协调各级企业、各个部门、各类工段持续开展创新、增收、节支、降耗、减损、节能、减排、减废等活动，促进企业通过技术创新和管理优化打造核心竞争力。

1.“增节降”就是“以迂为直”降本增效

一般企业都会面临产品价格、质量、客户资源等方面的激烈竞争，在市场决定价格的条件下，除了垄断以外，一般企业很难自己决定产品的价格。所以，采取“以迂为直”的策略，在不提高产品价格的情况下，通过增收、节支、降耗来降低产品的生产成本，达到增加营利空间的目的。同时，增节降可以避开与客户进行正面的市场开发争夺，而通过“成本—效益”优势迂回达到提高市场占有率的效果。

在玻纤行业里面，巨石产品的成本优势不可撼动，其中最重要的原因就是巨石长期以来坚持进行增节降，降本增效的成效明显，最终转化为竞争优势。可以讲，增节降是企业“以迂为直”取胜的生动案例，特别是在行业陷入不景气时期，增节降甚至可以成为决定企业竞争成败的关键因素。

2.“以迂为直”，自下而上，将“增节降”变成一种全员运动形式

“以迂为直”的策略不仅可以运用到企业经营的战略决策中，而且可以应用

到具体的项目或者事件的执行中。例如，增节降是一个大家都知道的降本增效的有效途径，但很多企业通过专门的管理办公室或者技术部门进行自上而下的增节降管理，很难取得实效。而巨石采用自下而上的方式，将增节降变成一种全员运动形式，反而通过“以迂为直”取得更好的成效。

中国建材报记者董波，长期跟踪报道巨石，他在2001年10月的一篇报道中举了这样一个例子：巨石建立了三级成本管理，即车间对各项物耗、能耗、单位工资、车间费用负责，副总经理（分厂厂长）对产品生产成本负责，总经理对全部成本负责。企业三个分厂、三个公司、九部二室一中心，个个头上有指标。230多个产岗位产品有10多个系列，数百种规格，都对产量消耗、成本有详尽的核算。每年集团都对增节降列出计划，由车间部门提出项目，集团审核立项，每月跟踪执行情况，年底进行考核，奖罚到人。

可见，早在20世纪90年代末和21世纪初，通过增节降，巨石已经形成了自己的管理文化，而且每一个岗位都自觉为节约成本和技术改造而努力。由此可见，巨石在增节降的道路上最初自下而上，似乎是走了一条最远的道路，但这条路走顺畅了，反而比别人先到达成功的目的地。从这个意义上讲，“以迂为直”也不是“舍近求远”，而是通过最顺畅的途径快捷地抵达目的地。

3.“以迂为直”，由点及面拓展增节降范围

企业经营管理涉及方方面面，而企业管理的资源往往是有限的，所以很难一下就直接达到全面管理的高度。因此，管理者要学会善于利用以迂为直的策略，化整为零，由点到面来推动相关的管理工作，反而更容易达到管理目标的要求。

巨石的增节降最初也是从小改小革开始的。比如，生产线的浴室洗澡用水，原来采用天然气进行加热，改造后，将部分余热蒸汽转送至浴室，利用余热蒸汽管道直接通过水箱对水进行加热，降低天然气消耗，全年节省成本数万元。又如，一盏普通的日光灯功率为24瓦左右，LED灯的功率为6瓦左右，使用LED灯以后，巨石照明系统每年节能量达七八百吨标准煤。巨石在增节降活动中，很多合理化建议都来自基层员工的小发明、小创造、小革新、小设计、小建议，这被称为“五小”。

这种由小点及大面的管理工作方法就是“以迂为直”策略的生动应用。在

这个过程中，一方面基层员工由少数到多数，再到全员，逐渐形成了全员参与增节降活动的文化；另一方面增节降管理的范围也由点到面，最终形成完善的增节降项目分类管理体系。经历十年探索完善，到2009年前后，巨石增节降发展为一套全员参与、全面创新的体系，以项目管理为抓手，从项目立项开始，到项目结束全过程进行计划、组织、指挥、协调、控制和评价，更好地调动资源，达成目标。

4.创新驱动，“增节降”有始点，无终点

“以迂为直”的策略还可以应用到企业的管理过程中，通过创新驱动方式突破现有工作的瓶颈。比如，提高生产力最直接的方式之一就是提高工人的熟练程度，但当劳动工人达到平均熟练程度以后就会遇到瓶颈，这时通过科技创新来提高生产力水平，就可以有效地通过提高劳动熟练程度来提升生产力。

巨石在增节降管理过程中，当传统的增节降项目的降本增效金额越来越小的时候，根据“以迂为直”的策略，将创新技改纳入增节降的管理范畴，并通过技术创新与增节降挂钩的考核方式，引导员工通过技术创新的方式来实现增节降的目标。于是，巨石增节降突破了传统项目的瓶颈，打开了创新驱动的新空间。

5.在“以迂为直”的基础之上，创造条件“变迂为直”

企业“以迂为直”达到发展目的之后，往往优先获得市场机遇，获得了更多的资源，具备了更强的实力。这时，企业可以继续运用“以迂为直”的策略，放弃原来顺畅但迂回的竞争途径，重新投入开辟一条属于自己的更直接的通道，“变迂为直”，从而形成更大的竞争优势。

比如，从南山脚下一点出发到北山脚下的一点，在无法找到一条直线通路的情况下，就只能“以迂为直”，通过山脚下的羊肠小道迂回抵达目的地。但当现实条件具备，大家都需要长期反复地从南山脚下的起点抵达北山脚下的终点，有的人就从南山脚下起点以直线挖洞到北山脚下终点，“变迂为直”，结果大大缩短了起点到终点之间的距离，享受“直线距离最短”的便捷和畅快。

但现实中从“以迂为直”到“变迂为直”并不是一件容易事，需要具有挖掘山洞的雄厚的物质和技术条件，并且付出艰苦的努力才能达到。比如，巨石刚开

始“以迂为直”通过增节降提升自己的“成本—效益”竞争力。当增节降做到行业的最优之后，巨石的产品成本便不可撼动，这实际上使得巨石通过增节降“变迂为直”，获得了自己的核心竞争力，这其实就是一种超常规发展和竞争策略。

应用指南 || 如何“以迂为直”创造价值链增值?

巨石激活全价值创造过程“增节降”持续降本增效，这一案例充分展现了企业“以迂为直”降本增效的成功实践。阅读完这一案例及从中拓展出的“商战智慧”，可以很清晰地总结出企业“以迂为直”创造价值链增值的核心原则和主要方法：

- 通过增节降实现“以迂为直”降本增效，可以通过“成本—效益”优势迂回达到提高市场占有率的效果。
- “以迂为直”，自下而上，将增节降变成一种全员运动形式，应用到具体的项目或者事件的执行中。
- 由点及面拓展增节降范围，利用“以迂为直”的策略，将目标化整为零，从而达到管理目标要求。
- 增节降有始点，无终点，通过创新驱动方式突破现有工作的瓶颈。
- 在“以迂为直”的基础上，创造条件“变迂为直”，重新投入开辟一条属于自己的更直接的通道。

要想在双方力量接触上“避实击虚”，要想“行千里而不劳者，行于无人之地也”，就要在力量运用方向和方式上“以迂为直”。

五、战胜不复——通过全面创新管理，以变应变

——唯一的不变就是变，创新是引领企业发展的第一动力。因此，企业要勇于创新，以变应变，“战胜不复”才能成为“因敌而制胜”之神。

企业处在富于变化的市场中，随时随地会面临需求转变和风口转向。因此，企业管理不能墨守成规，而是应当吸收孙子“战胜不复”的智慧，勇于创新，以变应变，从而取得竞争的有利地位。

战胜不复，通过创新，以变应变。

孙子在《虚实篇》中说：“故其战胜不复，而应形于无穷。”这是孙子提出的一个重要思想，意思是战胜敌人的战法战术每次都不一样，应当根据敌情变化而灵活运用，变化无穷。因为对手也在不断地总结经验教训，不断地了解我军的兵力配置情况和战略战术的运用策略。如果我军依旧按兵不动，仍然照搬以前的取胜经验指导下一次作战，必然会遭到对手更强有力的有效应对，从而变得越来越被动。

我们都很熟悉长平之战。赵括饱读兵书，擅长纸上谈兵，但不能适应战场上的实际变化，导致40万将士被活埋。类似的案例不胜枚举，这不得不引人深思，这究竟是为何呢？

如果按照孙子的思想来进行分析，其关键原因就在于不重视变化，不善于变化，不适应变化。孙子深谙其中的奥妙，因而他在重视战争双方的实力和竞

争格局等基本面的基础之上，还非常强调变化，重视通过“兵者诡道”来以变应变。因为“兵无常势，水无常形”，所以他在《虚实篇》中指明：“能因敌变化而取胜者，谓之神。”

那么，如何“因敌变化而取胜”呢？在孙子看来，就是“战胜不复”，以变应变。在抗日战争时期，刘伯承师长在山西七亘村两次设伏袭击日军，都在同一个地点取得了胜利。第一次设伏，刘伯承选择日军不会料到此处会有埋伏；第二次设伏，刘伯承又料到日军认为我军不会重复设伏，从而不加防备。两次设伏尽管地点一样，但敌人的心理状态不一样。刘伯承两次都料到了敌人的心理状态，这是典型的“因敌而制胜”，是“战胜不复”指导思想的灵活运用。

同样，企业在经营管理过程中，也要适应市场情况的复杂多变的情况，不断地进行管理创新、技术创新和产品创新，突破现有的技术瓶颈，转变思维，创新管理模式，推陈出新，从而“战胜不复”，以变应变，在变化中取得胜利的成果。

全面创新，巨石提升一体化的系统竞争力

巨石建立了以技术中心为核心，以高效组织系统、战略规划系统、科研开发系统、知识共享系统、动力保障系统五大系统为支柱，由15种机制构成的创新体系，培育技术驱动能力。

巨石的经验告诉我们，创新是一个技术上“know-how”的积累和经验总结日积月累逐步深化的过程。巨石在刚起步时，玻纤生产技术被国外封锁，张毓强在实际工作中发现问题就进行会诊总结，然后形成操作规范流程进行宣贯。比如，漏板该怎么换？从哪里开始换？在什么情况下换？流量温度到什么参数换？都一一进行总结，形成制度，从而转化成自己的技术成果。

同时，巨石对创新也经历了一个从消化吸收到自主创新的过程。比如，工业化体系的管理复杂性超乎想象。玻纤的生产工艺装备系统包括土建、公用工程、窑炉、工艺、自控、装备开发、窑炉维护七个方面。每个方面又有诸多子系统，比如，窑炉的关键是熔制能力，窑炉要小、产能要大；和玻璃熔制相关的系统又包括单元窑、成型通路、燃气装置、鼓泡系统、金属换热器、投料机、自控系统等；自控包括窑炉自控、拉丝自控、制品自控等。巨石经历了外部引进、消化吸收、自主加外辅、自主创新这四个阶段，就像一个人一样，最后才

有了自己的灵魂。

巨石的创新除了体现在技术创新上，还表现在管理创新方面。比如，巨石在很长一段时间都是上市公司总部在北京，而生产基地在桐乡。2014年10月8日，中国玻纤总部从北京迁至桐乡，张毓强随即提出“统一财务、统一采购、统一销售”的“三统一”管理改革创新，加强集团总部的集中垂直管理，把上市公司平台直接运作起来。为此，巨石对财务的组织架构进行了颠覆，走垂直化之路，权力上收；采购方面，完成从属地采购到集中由整个集团统一采购的转变，就有了更强的谈判能力；销售方面，改变了过去客户和巨石桐乡、巨石九江、巨石成都三个地方都签合同、都开发票和结算的情况，实现统一销售管理，由巨石总部统一与客户签订销售合同、统一开票、统一结算回款，然后内部做一道买卖，简化了流程，提高了效率。

又如，研发流程创新，巨石在研发管理中提出了基于4D模型的玻璃纤维产品开发流程，以动态QFD（质量功能展开）将顾客需求直接转化到制造工艺参数，以DFMEA（设计失效模式及后果分析）将产品潜在故障做量化分级，以DOE（实验设计）识别因子影响程度并做优化，以动态控制计划指明生产过程的管控关键点，构建出“明知需要什么、预知风险什么、早知优化什么、已知管控什么”的全流程管理控制方法。

巨石的创新由点到面，并贯穿产业链条的全过程，环环创新，形成了产业一体化的系统竞争力。玻纤生产要经过很长的一个链条：叶蜡石、石灰石等无机矿石经过精细研磨成粉，进行科学计算和合理配比，送入特制窑炉高温熔制，玻璃液经过拉丝、络纱、浆纱、织布等工艺最终形成各类玻纤产品。由于玻纤应用范围广泛，生产特征是小批量、多品种，要采用专业化、精细化的生产方式，以满足不同客户的个性化需求。因此，立足于客户的需求进行产品创新非常重要。

由于巨石不断追求每一个环节上的创新，上能保证又高又稳的开机率以充分获得规模效益，中有玻璃配方和浸润剂配方等先进技术以保障产品生产优势，下能适应市场导向进行新产品、新技术的创新开发。这样，巨石就具备了大工业生产的全链条一体化专业能力、精细化管控能力、生生不息的创新能力。

这就是巨石创新所带来的产业一体化的系统竞争力。一方面，巨石从技术到设备，从原料到物流，完全自主掌握，可以自己设计生产线，输出全套技术工艺，也可以根据客户需要改造生产装备，从而保证成本和规模优势；另一方面，由于系统的创新使得巨石在各个环节上没有短板，而且相互加强，从而实现了巨石在规模、速度、质量、成本、效率等各方面的均衡发展，发挥出了系统的竞争力优势。

1. 唯一的不变就是变，创新是引领发展的第一动力

无论是在军事的战场，还是在商业的市场，都有一个共同的定律：一切环境和事物都是发展变化的，可以说，唯一的不变就是变。

因此，孙子强调“战胜不复”，以变应变，才能取得胜利。对企业而言，“战胜不复”就是创新。企业是发展的主体，各种创新活动都要通过企业来实现。当今世界，创新是企业生存发展的前提条件。没有创新，企业就无法生存和发展。

张毓强注重创新，巨石用创造性的思维和方法不断创造出别人没有或比别人更好的技术、产品和管理机制、制度、流程，最终形成了全员创新的文化。巨石在生产链条的各个环节不断地挑战自己、颠覆自己、否定自己，从而达到全面创新，把创新活动渗透到企业生产经营活动的各个方面和各个环节，为企业的持续发展注入了强大的活力。

2. “应形于无穷”，全面创新应当打破边界限制

因为“兵无常势，水无常形”，孙子强调“战胜不复，而应形于无穷”，应当根据敌情变化而灵活运用战略战术，这是取胜的关键驱动力。对企业而言，变化无穷，变化无时不在、无处不有，要求打破边界限制，进行全面创新。

一般而言，企业创新可分为技术创新、管理创新和制度创新。但从一定意义上讲，制度创新也是一种管理创新。巨石经过初创期和快速发展期，进入了规范化稳定发展期，企业制度正处在转轨时期，把以体制机制转换为主要内容的制度创新从管理创新中分离出来具有重要意义。

不仅如此，巨石还建立了以技术中心为核心，以高效组织系统、战略规划系统、科研开发系统、知识共享系统、动力保障系统五大系统为支柱，由15种机制构成的创新体系，打破了技术、管理和制度的边界，着眼于全面、全过程的创新，从而大大增强了创新驱动能力。

3. 归核—借力强核—造核—扩核：从消化吸收到自主创新

技术创新，一般包括原始创新、集成创新、引进吸收消化再创新；技术、工艺和新产品开发；科学研究与科技成果转化；专利、知识产权和协同创新等。其中，协同创新主要是指创新主体和创新资源的协同，其他则是创新对象的创新。

孙子在《虚实篇》中强调："水因地而制流，兵因敌而制胜。"技术创新要建立在客观物质条件的基础之上，要适应市场需求的变化，是一个复杂的系统工程。以巨石玻纤的生产工艺装备系统创新为例，包括土建、公用工程、窑炉、工艺、自控、装备开发、窑炉维护七个方面的创新，每个方面又有诸多子系统的改进升级。

事实上，巨石的技术创新，经历了消化吸收到自主创新的过程，具体包括四个阶段：

- 归核（通过业务的整合确定核心业务，即实现归核化）。
- 借力强核（即通过引进、吸收消化、再创新，增强自己的核心竞争力）。
- 造核（创造自己的专利技术和知识产权）。
- 扩核（把拥有的核心技术扩大运用到相关领域）。

这四个阶段包括了生产技术和产品的全方位创新，从而做到了"因敌而制胜"。

4. 技术创新之势需要借助于管理创新之形才能增强驱动力

对一个企业而言，管理水平的高低和管理创新能力的强弱，是创新的管理基础和保障，没有管理创新，进行科学的组织技术创新就很难实现。正是从这个意义上讲，技术创新之"势"需要借助管理创新之"形"才能增强驱动力。

一方面，张毓强求之于技术创新之"势"，通过不断地技术创新推动技术进步和产品创新；另一方面，他强力推动管理创新，为更好地技术创新打好基础，创造有利条件，提供有力保障。比如，巨石进行"研发流程创新"研发的全过程管理，大大提高了技术创新的效率。

其实，管理创新包括的内容比较广泛。从管理的层次划分，企业管理可分为基础管理、专业管理和综合管理。基础管理包括规章制度建设、定额、定员、计量、统计、原始记录等管理；专业管理主要包括投资管理、预算管理、财务管理、成本管理、利润管理、技术管理、知识产权管理、人力资源管理、采购管理、销售管理、生产管理、质量管理等；综合管理则主要包括战略管理和各项全面管理，如20世纪80年代，企业管理学界提出的四个全面管理，即全面计划管理、全面技术质量管理（使用价值管理）、全面经济核算管理（价值管理）、全面劳动人事管理等。在上述管理的各个层面和环节都需要并能够进行大量的管理创新活动。

5.通过制度创新发挥系统创新的竞争力优势

孙子在《军争篇》中借助“夜鼓昼旗”的例子说，夜间作战会多处点火、多次击鼓，白天作战会在多处设置旌旗，这都是为了适应士兵的视听，以统一行动。这里强调的是，“夜鼓昼旗”的转换统一行动，以更好地适应环境的变化。

同理，企业也需要通过制度创新以统一行动，以更好地适应环境和实际情况的变化，创新也是如此。将创新成果制度化，可以有效发挥创新的系统竞争力，技术创新和管理创新都需要体制和机制的创新来保障。巨石在刚起步时，玻纤生产技术被国外封锁，张毓强在实际工作中发现问题就进行会诊总结，然后形成操作规范流程，建立制度，从而转化成自己的技术成果。由此，随着一个一个的技术流程和制度的建立并不断优化，巨石逐步建立起完善的技术创新体系。

由于系统的制度创新使得巨石在各个环节上没有短板，而且相互加强，从而实现了巨石在规模、速度、质量、成本、效率等各方面的均衡发展，发挥出了系统的竞争力优势。

6.抓住时势，创新推动企业的战略转型升级

巨石之所以能够取得今天的成就，最核心的驱动力就来源于抓住时代趋势进行全面创新，保持技术领先和成本优势，引领产品市场潮流，“因敌制胜”。前面我们在“势险节短”中讲道，时不我待，势不可当。2018年起，巨石也开始重点推进以智能制造为核心的第四次创业，这次创业的四大战略举措是：制造智能化、产销全球化、管控精准化、发展和谐化。

新时期，巨石抓住时代的发展趋势将创新的方向明确为生产、经营、管理的智能化。随着工业3.0向工业4.0的转变，以及工业互联网向物联网的发展，企业生产经营活动的信息化水平不断提升以及两化的进一步融合，企业的生产经营管理或某一环节的智能化水平也将进一步提升，企业生产、经营、管理的

智能化将成为企业创新的大趋势。

同时，巨石还通过创新推动企业的战略转型升级。主要包括：

- 专业化、归核化、专业化基础上的多元化、国际化、大规模定制化与制造服务化等。
- 新型人力资源管理，包括人力资源优化配置与新形势下的分配、激励机制等。
- 战略性财务管理，包括大资金、大成本、大预算管理。
- 发挥企业党组织的政治核心作用与新形势下的公司治理与集团管控。
- 安全生产与风险管控。
- 价值链、供应链、产业链管理。
- 绿色发展、共享发展与社会责任管理等。

应用指南 || 如何通过全面创新管理，创造并保持竞争优势？

巨石全面创新提升一体化的系统竞争力，这一案例充分展示了企业创新发展的成功实践。阅读完这一案例及从中拓展出的“商战智慧”，可以很清晰地总结出企业“战胜不复”全面创新管理的核心原则和主要方法：

- 唯一的不变就是变，创新是引领发展的第一动力，可以为企业的持续发展注入强大的活力。
- “应形于无穷”，全面创新应当打破边界限制，着眼于全面、全过程的创新。
- 把握“归核—借力强核—造核—扩核”这一创新路线，实现从消化吸收到自主创新的技术进步。
- 通过提高管理水平和管理创新能力，为创新提供管理基础和保障，借助管理创新之“形”为技术创新之“势”增强驱动力。
- “夜鼓昼旗”，将创新成果制度化，为技术创新和管理创新提供体制和机制的保障。
- 抓住时代趋势创新推动企业的战略转型升级，保持技术领先和成本优势。

六、以镒称铢——构建全面质量管理优势

——质量就是生命，质量管理水平的高低决定了竞争实力的强弱。因此，优秀的企业都会基于现有资源构建“高质量”之形，不断解决自己的质量问题、消灭自己的质量弱点，“占领”客户，从而立于不败之地。

质量对企业的重要性不言而喻，可以说，没有质量就没有市场，没有质量就没有效益，没有质量就没有发展。因此，提高品质才是硬道理，按照孙子“以镒称铢”的战略思想，企业的绝对质量优势就是企业的核心竞争力。从产品质量由“检验”到“预防”，由“堵”到“疏”，到生产的“全面质量管理”，这一过程环环相扣。我们不难看出，生产过程中的精细化要求与质量水平要求越来越高，为了保证产品质量安全，企业在质量管理方面，已经以更高的起点全面导入产品生产的质量管理理念，建立独立于生产管理的质量保证体系。

以镒称铢，创造实力对比优势。

“以镒称铢”，从字面上来看就是强调“镒”和“铢”之间的重量对比，孙子将其用来比喻各方的实力对比优势。孙子在《形篇》中说：“故胜兵若以镒称铢，败兵若以铢称镒。胜者之战民也，若决积水于千仞之谿者，形也。”“镒”和“铢”，是古代的两个重量单位。“镒”是比“两”大的单位，一镒等于24两；“铢”是比“两”小的单位，一两等于24铢；一镒就相当于576铢。“称”就是

对比、对付。“胜兵若以镒称铢”，这是何等的力量悬殊？一支部队如果和其他的部队相比，实力对比悬殊，占有绝对优势，那么战斗力必然倍增。在这种状态下的部队，其战斗力量犹如“决积水于千仞之谿”，高峡湖水缺口，飞流直下，具有不可阻挡的冲击力，战胜对手就如同山洪摧枯拉朽。

“以镒称铢”，对企业而言，就是通过“谋形”，形成强大的实力对比优势。企业的实力如何体现出来呢？

第一，“以镒称铢”对比的是数量，从企业经营的角度来讲，数量就是资金投入和产品的市场占有率、产品的成本。第二，“以镒称铢”从根本上体现的还是质量对比，企业的竞争力量优势往往取决于产品的质量优势。孙子讲“兵非益多”而在于“精”，同样，优秀的企业也要注重组织结构的精简、人员的精锐和产品与服务质量，以质取胜。

所以，从管理的角度来讲，企业全面质量管理是形成企业核心竞争力的基本条件。结合孙子《形篇》的核心思想来看，企业的质量管理之“形”一定是基于自己的资源能力和自己的实力而构建，企业所表现出来的质量之“形”，就是资源的投入与分配在什么地方，投入多少资源，配置什么样的资源，哪里集中资源，哪里可以分散资源，等等。

质量管理强调自己掌控的各种要素的规划和现有资源的配置和利用，并在此基础之上形成自己的质量优势，从而展现出自己在竞争中“进可攻、退可守”的攻守自如之形。

积水千仞，巨石构建全面大质量管理体系

巨石以卓越绩效管理模式为核心，积极整合质量、环境、职业健康与安全、两化融合、测量、知识产权、能源、实验室等多个管理体系，深入实施大质量管理，丰富统一管理、精细管理、专业管理和高效管理，将质量管理覆盖到产品质量、过程质量、工作质量、经营质量和发展质量，形成全面大质量管理体系，质量水平全面提升，提质增效成果显著。

巨石的质量管理要求精细化，也就是质量要精，管理要细，精于质量，细于管理。巨石在质量管理上也是长期坚持、日积月累，才形成了凡事问制度的习惯，将一切人的行为都建立在“5W1H”的制度和文化之上，即谁（Who）在何时（When）何地（Where）为什么（Why）怎样（How）去完成什么任务

（What）。到目前为止，各种制度已经有几百万字，涵盖了从生产到管理的方方面面，如果出现新问题，解决之后就补充成一条新制度。

但是巨石的质量管理没有停留在通用的管理框架上，质量管理也融入了创新管理的要素。除了业界通用的PEM卓越绩效模式、可视化管理、QFD质量功能展开、六西格玛等管理手段外，巨石根据玻纤行业的特点，创造了一些独特的管理模式。比如，“555量产”管理，在原料更换、生产工艺调整、生产线变更等涉及产品生产变化时，要小试、中试、大试，每个阶段都要进行“产前沟通、产前准备、产中跟踪、产后验证、最终确认”五个步骤，逐阶控制。

巨石质量管理体系的建立是自下而上总结和自上而下落地这两方面努力的结果。早期更多的是自下而上的，那时工厂有不少质量问题，被问题推着走，后来越来越正规，按照PDCA循环（计划—执行—检查—总结与改进），不断更新引入国际通行的各方面的管理标准，形成模块化、标准化的管理体系。

全面质量管理由体系部负责进行归口管理，按照基层、厂部级、集团三级，每一级从不同角度进行落实。为了提高质量管理落实的效果，采用项目管理的方式，分为质量策划管理、质量实施管理、质量检查管理、质量处置管理、质量活动管理和质量统计管理几个环节，由集团体系部统一管理、统一实施、统一检查、统一改进提升。

归口统一进行质量管理有效地保证了质量标准的一致性。集团总部向下发的标准不存在标准不一致的问题，这些标准有的叫“遵照执行”，大家要无条件遵守；有的叫“参照执行”，分厂、子公司可以结合自身情况进行调整，但调整后必须报总部，经审核没有问题后，由总部纳入质量管理体系的平台。分厂、子公司自己可以有一些自己的标准，但也要放入总部的平台，纳入集团总部的整个管理体系之中。

巨石的设备、技术、配方也是从上到下一致的，以保证所有生产线可以生产任何产品。总部计调部门把所有地方和分厂的生产线视为一个整体，随时可以调整，比如桐乡的某条生产线，原来生产供应美国的产品，美国要加征关税，有的生产任务就转移到埃及。

所有地方的技术标准、配方标准和工艺参数都达到一致，使得任何一条生产线，只要拿到新订单，就可以按照标准生产，这是建立在质量管理标准化和精准管理的基础之上的。能够标准化的都标准化，通过建设“样板线”，然后进行推广，形成标准放在平台上，人人按标准做事。此外，将所有生产线的各项数据在平台上展示，造成对标的效果，这是一个简单实用的标准落地办法。

最后也是最重要的一点，全面质量管理首先要在全员中建立正确的质量观。什么是质量？质量就是符合统一的要求，而不仅仅是“好”。巨石的质量哲学是：质量问题是人的问题，并不是技术性活动；质量的本质就是管理；质量管理就是纲。百忙千忙，忽视质量是瞎忙；千苦万苦，不抓质量会更苦。这也可以说是巨石的质量文化。

1.“不可胜在己”，基于现有资源构建高质量之形

形胜之道，是准备制胜，是做基础工作、积累实力的过程，先在准备上立于不败之地，为胜利打下基础。任何军队离开了充分的准备工作，都难以在战斗中因敌情而变，实力不行，士卒的军事素养不够，即便是抓住战机，也不一定能取胜。

因此，“不可胜在己”，能不能打胜仗的关键在于“己”，在于我们自己，而不是敌人，只有自己才是命运的主宰。巨石将质量管理覆盖到产品质量、过程质量、工作质量、经营质量和发展质量，形成全面大质量管理体系，质量水平全面提升，提质增效成果显著，从而保持了质量的领先优势，始终掌握着企业高质量发展的主动权。

巨石的高质量发展带来了相应的高市场占有率和低成本优势。竞争对手不是被巨石打败的，而是败给了自己，是其自己准备不充分，判断不准确或松懈了，质量不过硬无法满足市场的需求。而巨石准备充分，准确又有能力抓住市场机遇，满足了市场的需求，甚至引导和培育新的市场需求。这样的机遇不是对手给的，而是自己主动抓的，能不能抓得住就看自己有没有充足的准备。

正是从这个意义上讲，“胜可知”，胜利之所以可以预见，是因为我们基于现有资源积累的高质量要求，一旦产品投放市场就能够满足市场的需求。

2.消灭自己的质量弱点，“先为不可胜”

孙子认为“立于不败之地”的关键就在于自己不犯错误，没有弱点，无懈可击。孙子在《形篇》中说：“不忒者，其所措必胜。”不暴露弱点，不暴露缝隙，才能在竞争中有“必胜”的把握，“先为不可胜”。

也就是说，我们管得了自己，管不了别人，自己的行动自己做主，而敌人的行动则不可控。当然，“致人而不致于人”，掌控战争的主动权，我们会用，对方也会用，不仅我们想方设法调动对方，对方也会想办法调动我们以抢占主动权。所以“先为”才是最重要的，先做好自己，先让自己立于不败之地，才是最佳的资源配置。

巨石就抓住了一个关键词“先”，在企业发展的过程中，做好备战工作，练基本功，积累实力，以问题为导向，不断解决自己的问题，消灭自己的弱点，将基础的事做扎实。巨石在质量管理上也是长期坚持、日积月累，才形成了凡事问制度的习惯，将一切人的行为都建立在“5W1H”的制度之上，形成了统一的质量标准，减少了人为误差，形成了全员参与的质量文化。

高质量的关键不在于好，还在于持续稳定的统一质量要求，需要长期地不懈努力和积累，不要等战争开始以后企图到战场上去创造奇迹，去实现以少胜多的梦想。

3.“可胜在敌”，以质取胜的关键在于客户的需求

“不可胜在己，可胜在敌”，是说立于不败之地在于我自己，能不能战胜对手，关键看对手犯不犯错误，这取决于对手。同样，当有了满足市场需求的高质量产品，我们就可以立于不败，有了竞争的资本。但能不能扩大市场份额，提高市场占有率，关键还要看我们能在多大程度上满足或者超过客户的期望和要求。

孙子同时还在《形篇》中说：“能为不可胜，不能使敌之可胜。”是说我能让自己立于不败之地，但不能强令对手一定要具有可能被我战胜的时机。因此，巨石虽然一手抓质量、一手抓市场，两手抓、两手都硬，但质量的本质始终是管理（质量管理就是纲）。

强势品牌往往都是依靠满足甚至超过客户期望和要求的高质量而立于不败之地，获得越来越多的取胜机会。而强势品牌的消失往往也不是被别人打败的，而是自己从内部失败的，是败给了自己的质量管理，最终因为无法满足客户的期望和要求而失去了客户和市场。有的品牌之所以能战胜强势品牌，取得成功，主要还是靠自己的质量优势，并且是长期的质量优势，坚持下来，始终满足甚至引领客户的期望和要求，最终才能立于不败之地。

4.“攻则有余”，质量竞争关键还要看对手怎么样

孙子说：“守则不足，攻则有余。”是说采取防御是因为兵力不足，采取进攻是因为兵力有余。关于这一句话，还有一个完全相反的版本“守则有余，攻则不足”，是说在同等兵力的情况下，用于防御则兵力有余，用于进攻则感到兵力不足。无论孙子的原意是什么，孙子都强调战争的主动权，他并不认为兵力不足就要守，关键还要看对手怎么样。

全面质量管理首先要在全员中建立正确的质量观。什么是质量？质量就是符合统一的要求，而不仅仅是“好”。巨石的设备、技术、配方也是从上到下一致的，以保证所有生产线可以生产任何产品。总部计调部门把所有地方和分厂的生产线视为一个整体，随时可以调整。

所有地方的技术标准、配方标准和工艺参数都达到一致，使得任何一条生产线，只要拿到新订单，就可以按照标准生产，这是建立在质量管理标准化和精准管理的基础之上的。因此，相对于对手而言，巨石就具有稳定而持续的质量优势，从而在竞争上处于“攻则有余”的态势。

5.“胜者战民”，全员参与以降低质量管理成本

孙子说：“胜者之战民也，若决积水于千仞之谿者，形也。”就是用比喻的形式给“形”下的定义。这里的“战民”，是指动员民众投入战争中，打一场人民战争，这种动员能力能够降低战争的成本。

拿破仑最早运用人民战争，毛泽东将人民战争发挥到极致。有人说，淮海战役是老百姓用车推出来的，发动了大量民众参与其中，参军的参军，做后勤支援的提供后勤保障，一句“打土豪、分田地”将人民的积极性全部调动起来。

巨石逐步推动全员质量管理，提高质量管理效率的同时降低了管理成本。巨石的质量哲学是：质量问题是人的问题，并不是技术性活动；质量的本质就是管理；质量管理就是纲。百忙千忙，忽视质量是瞎忙；千苦万苦，不抓质量会更苦。这也可以说是巨石的质量文化。

6.“若决积水”，在关键点上积累质量优势

孙子在《形篇》中所说：“若决积水于千仞之谿者。”这句话的关键点不在

“决”，决水是势，是《势篇》中已经说明的内容，《形篇》则更强调积累实力，蓄势待发。因此，这句体现了两个关键点，一是说要在关键位置上积水，二是讲积累、讲蓄势。

在关键的位置上积水，这关键的位置就是“千仞之谿”。在高山之上，在高处蓄水才能产生“形”上的落差，从而产生势能，一旦将水决开，将产生强大的势能，势不可当。因此，企业要在关键的位置上进行压倒性的投入，高投入一旦产出为高质量，就具备了压倒性的竞争优势。

巨石以卓越绩效管理模式为核心，积极整合质量、环境、职业健康与安全、两化融合、测量、知识产权、能源、实验室等多个管理体系，深入实施大质量管理，在统一管理、精细管理、专业管理和高效管理的基础上，将质量管理覆盖到产品质量、过程质量、工作质量、经营质量和发展质量，形成全面大质量管理体系。

这就相当于质量管理的“战略蓄水池”，一个企业要找到一个点，在这个点上，在这个关键位置上积蓄势能，积蓄品牌资产不断强大，自己成为某个领域的权威专家，成为某个领域的资讯中心，建立品牌的话语权。

而要掌握话语权，就需要在关键的位置上面进行积累、蓄势。一般人都想要一蹴而就，一飞冲天，不愿意做基础的事，练基本功，但任何事都有一个过程，都是一点一点积累的结果，都是先把小事做好，将小事积累成大事，将小成绩积累成大成功。正如荀子所言：“积微者速成。”

应用指南 || 如何提升全面质量管理优势，掌握竞争的话语权？

巨石构建全面大质量管理体系的案例，充分展现了企业“积水于千仞之谿”的质量积累和提升之路。阅读完这一案例及从中拓展出的“商战智慧”，可以很清晰地总结出企业“以镒称铢”全面质量管理的核心原则和主要方法：

- “不可胜在己”，基于现有资源构建高质量之形，为质量取胜打下扎实的基础。
- “先为不可胜”，先消灭自己的质量弱点，从而立于不败之地。

- “可胜在敌”，以质取胜的关键在于客户的期望和要求，尽力打造强势品牌。
- 质量竞争的关键还要看对手怎么样，从而在竞争上处于“攻则有余”的态势。
- “胜者战民”，通过全员参与的方式降低质量管理成本。
- “若决积水”，在关键点上积累质量优势，掌握话语权。

七、知胜之道——掌握预算目标与计划管理的关键

——企业需要结合战略计划进行全面预算目标与计划管理，做到先“知”而胸有成竹，这样方能在目标计划的执行过程中“知己知彼，百战不殆”。

很多企业都知道预算管理的重要性，但真正能做好预算管理的并不多，特别是在预算目标与计划的实行层面。如何破解这一难题呢？孙子提出的用于目标评价的“知胜之道”对企业的全面预算管理具有很强的实践指导意义。

知胜之道，目标计划“预算”的核心要素。

孙子十分重视战争的目标和计划管理，《孙子兵法》中的《谋攻篇》主要讲的就是作战目标和计划方面的内容。

何谓“谋攻”？谋，《说文解字》注解为“虑难曰谋”。就是讨论、筹划如何解决难题；《古代汉语词典》中“谋”作为动词，有筹划、策划、计划的意思。实质上，“谋”是“计”的延伸，也就是在战略决策之计的基础之上谋划好作战目标和计划。谋攻，就是如何计划对敌发动攻击，强调如何谋划制订作战计划，属于目标管理的范畴。

从《谋攻篇》的内容来看，以“全”为上、“破”次之作为目标，建立分级目标，然后将目标进行分解，抓住关键动作，以及对目标计划进行保障和评价。

孙子强调，确立以“全国为上，破国次之”的总目标，然后自上而下分解，

按照国、军、旅、卒、伍的军队编制单位确定分层次的“全”为上、“破”次之的分级目标。

为了实现目标可以单独或者组合使用伐谋、伐交、伐兵、攻城的战法，各种战法选择的优先层级在本书“必以全争”中进行了解读，不再赘述。需要说明的是，无论选择什么样的战法，都要坚持非战、非攻、非久的原则，优先选择使用伐谋、伐交的手段，速战速决。具体的战法选择和组合还要结合实际的兵力配置情况，比如当兵力处于绝对优势的情况下，可以“十则围之”，通过合“围”伐谋、伐交，以低成本快速取得胜利。这是作战计划确定时选择战法要坚持的原则。

在确定了作战目标和计划之后，首先要“选将”并给予充分授权，放手让将领根据“三军之事”和“三军之权”管理和指挥作战，以保证作战计划的高效执行和落实。

那么，作战目标能不能落地，作战方案是否确实可行，该如何判断和评估呢？孙子在《谋攻篇》中说：“故知胜有五：知可以战与不可以战者胜，识众寡之用者胜，上下同欲者胜，以虞待不虞者胜，将能而君不御者胜。此五者，知胜之道也。”用现在的话说，孙子的意思是：预知胜利的情况有五种：知道可以战或不可以战的，能够胜利；明白兵力强弱对比之用法的，能够胜利；上下同心同德的，能够胜利；以己有备对敌无备的，能够胜利；将帅有指挥才能而君主不加牵制的，能够胜利。这五条，是预知胜利的方法。换一句话来说就是：一是知道当面之敌是否可以与之战；二是知道敌我兵力对比的情况以及应该采取的方法；三是知道自己的军心是否凝聚；四是知道准备是否充分；五是知道国王与将帅的关系是否协调。这五个方面就是判断和评估目标与计划是否能够落地并且切实可行的五个核心要素。将帅在“谋攻”的时候，必须预先知道自己是否有取胜的把握，能否获得胜利。当一名将帅连自己能否获胜都没有准确判断的时候，就采取行动，是典型的莽撞和蛮干。

因此，对这五个核心要素，需要结合战备情况进行充分的“预算”，做到先“知”而胸有成竹，这样方能在目标计划的执行过程中“知彼知己，百战不殆”。

巨石以“全”为上，建立预算目标与计划管理体系

巨石实施全方位、全过程、全员参与的全面预算编制与实施管理模式，通过固化格式统一推广、规范流程等措施，建立了预算编制、预算执行审批、执

行跟踪反馈、执行结果分析的一整套预算管理体系。

张毓强一直以来十分重视年度工作计划目标和预算管理，年度工作指标在预算里，预算落地在工作计划里。

张毓强强调，“预算是一把手工程”，他每年都要亲自召集各单位的一把手启动和落实预算工作。每年6、7月份，财务部门开始做预算方案，8、9月份召开预算启动会，三季度各个业务单位和部门做好年度预算，11月中旬以前编制出预算初稿，11月底前和预算领导小组开会讨论确定年度预算方案，12月到1月宣布年度预算。

预算工作越来越系统、全面、深入，预算的覆盖面越来越广，预算外事项越来越少，预算外事项占一年全部事项的比例由最初的10%左右下降到1%以内。同时，预算的准确率也越来越高，比如2018年销售、成本、费用、利润预算的准确率达到了97%。

总结巨石的预算管理经验，预算管理能否行之有效的关键就在于是否与工作目标和经济责任制考核挂钩和分解落实。预算编制出来就有了预算目标，然后是预算分解。以分厂预算目标分解为例，预算大目标分解到各个车间，各车间都定了自己的小目标。比如，拉丝一车间某条线的目标是：全年完成成品产量多少，开机率多少，优等品率多少，吨纱配合料消耗同比下降多少，吨纱电耗和天然气消耗同比下降多少，吨纱污水排放量，吨纱COD（化学需氧量）浓度是多少，内部质量投诉次数是多少，消耗千吨投诉率多少，等等，所有这些目标都是逐日考核的。

1.“以全为上”，预算目标要分层级通过激励递进

在孙子看来“全”和“破”都是目标，如果能求全，达到最完美的第一目标，就可以获得全胜的效果。但是由于受到现实条件和目标计划执行过程中存在变数，就只能追求下一层级的目标，即“破”敌而胜的结果。

企业的预算管理也是这样，为了使得预算目标能够落地，需要基于不同的现实条件设定分层级目标。巨石一般将预算目标分为三个层级：第一层级目标是综合计算各种资源利用能够达到的目标，可以称为预期目标；第二层级目标是在预期目标的基础上，再加上潜在资源的利用以及现有资源的扩大利用所能带来的效益增加值，可以称为超预期目标；第三层级目标是在预期

目标的基础上，扣减部分不确定性因素所可能带来的效益减少值，可以称为保守目标。

然后，可以在分级目标的基础之上设定递进的激励机制，达到保守目标给予其基本激励，达到预期目标再给予目标完成的激励，如果能够达到超预期目标就再给予超预期激励。这样就建立了通过递进激励的方式推动递进目标实现的有效激励机制。

2. “知可以战与不可以战者胜”，预算需要明确工作任务

孙子在《谋攻篇》中指出：“知可以战与不可以战者胜。”在作战之前的战略决策中需要“先计后战”以判断是否可以战的问题，在确定可以战后制定作战目标和计划的过程中，也要结合实际的战场环境，谋划哪里可以战，哪里不可以战，明确作战的边界范围。

对企业的预算管理而言，预算目标确定之后，还需要落实预算目标的相关责任人明确受领工作任务的范围，“知可以战与不可以战”。巨石一贯的做法是，在各单位负责人的经济责任制考核合同中纳入预算目标计划落实的各项任务，每一个责任人都知道自己哪些事情能做，哪些事情不能做；知道自己要做好哪些重点工作，要放弃哪些工作；知道自己能够利用哪些资源，不能利用哪些资源。

只有当相关单位的责任人很清楚地领受了自己的工作任务，并且明确了解了工作任务的范围，才可能有序地开展工作，有效地落实目标和计划。

3. “识众寡之用者胜”，通过预算更好发挥资源效用

孙子在《谋攻篇》中指出，对目标计划而言，“识众寡之用者胜”。强调人尽其才，物尽其用，只有充分利用资源，才能高效地实现目标。

巨石的预算工作越来越系统、全面、深入，预算的覆盖面越来越广，预算外事项越来越少，预算外事项占一年全部事项的比例由最初的10%左右下降到1%以内。同时，就各种原材料、设备、劳动力、客户等资源利用价值进行了精细的预算，使得销售、成本、费用、利润预算的准确率达到了97%以上，实现了资源的高效利用。

4.“上下同欲者胜”，预算目标需要自上而下分解，自下而上落实

孙子强调，确立以“全国为上，破国次之”的总目标，然后自上而下分解，按照国、军、旅、卒、伍的军队编制单位确定分层次进行目标分解。通过自上而下地目标分解，才可以做到“上下同欲”，自下而上地落实计划，实现目标。

企业的预算管理，在确定了总的预算目标之后，也要根据公司的管理层级进行逐级分解和落实。巨石对预算管理也是这么做的，总的预算目标编制出来后就进行预算目标分解。以分厂预算目标分解为例，预算大目标分解到各个车间，各车间都定了自己的小目标，然后又将目标分解到每一条生产线或者班组。

这样，通过对基层一线的分解目标进行逐日的考核和落实，实现各车间的小目标，并进而推动分厂的大目标实现。当然，自下而上的目标落实的效果很大程度上取决于自上而下的目标分解的精细化程度。

5.“以虞待不虞者胜”，制订预算目标完成计划和措施

孙子在《谋攻篇》中说：“以虞待不虞者胜。”对一个作战目标和计划而言，只有对未来作战中可能会面临的各种困难和挑战都做好充分的预测和应对准备，才可能顺利地完成作战计划，落实作战目标。

同样，企业的预算管理不仅仅是确定预算目标，还要结合未来的市场变化和企业的经营情况，制订预算目标完成的计划和措施。特别是在计划和措施中要有全面地对困难和挑战的预测，并以问题为导向制订周密的、可操作的有效解决方案，“以虞待不虞”，提前化解预算目标计划落地过程中的障碍。

巨石在预算目标确定之后，各单位都会根据相应的分解目标制订周密的工作计划和措施，预算目标中的关键绩效指标、计划和措施都要接受考核，指标考核是否达标，计划和措施考核相关事项是否完成，将预算管理工作落到实处。

6.“将能而君不御者胜”，预算目标落地需要充分授权

孙子认为，在确定作战目标和计划之后，要“选将”并给予充分授权，放手让将领根据军事行动的原则和战场的变化来指挥作战，以保证作战计划的高效执行和落实。这就是孙子在《谋攻篇》中所强调的“将能而君不御者胜。”

为什么孙子要强调授权呢？因为指挥作战的将领最靠近战场，他能听到前方的枪炮声，更了解现场的复杂情况以及作战态势的变化，只有充分授权，让最了解情况的人根据现场的情况灵活应变，才不会导致“三军既惑且疑”“乱军引胜”的局面。

企业的目标和计划实施也需要通过各单位的负责人来分解落实。巨石通常将目标通过经济责任制合同的形式分解给相关责任人，目标分解后允许相关责任人结合实际情况部分调整工作计划和措施，抓住目标结果、放开计划过程，使得相关责任人放开手脚，自主发挥创新精神，经常超额完成工作任务，达成超预期预算目标。这就是“将能而君不御”的生命力和活力表现。

应用指南 || 如何掌握全面预算和目标管理的关键？

巨石以“全”为上建立预算目标与计划管理体系的案例，充分展现了企业预算与目标管理的关键。阅读完这一案例及从中拓展出的“商战智慧”，可以很清晰地总结出企业基于“知胜之道”进行全面预算与目标管理的核心原则和主要方法：

- “以全为上”，预算目标要分层级递进，并建立递进激励机制，推动递进目标的有效落地和实现。
- “知可以战与不可以战者胜”，预算需要明确工作任务的范围，结合实际的战场环境明确作战的边界。
- “识众寡之用者胜”，通过预算更好发挥资源效用，从而高效地实现目标。
- “上下同欲者胜”，预算目标需要自上而下分解，自下而上落实。
- “以虞待不虞者胜”，制订预算目标完成计划和措施，对面临的各种挑战做好预测和应对准备。
- “将能而君不御者胜”，预算目标落地需要充分授权，让“听得见炮声”的人灵活应变。

八、杂于利害——围绕“中心”完善全面风险管理

——企业是以营利为目的的市场主体，逐利无可厚非，但如果不“杂于利害”，采用风险管理的方式为企业发展保驾护航，那么，一味“唯利是图”，则极有可能因为发生风险而导致最终“无利可图”。

我们经常听说，有的企业突然遭遇重大的诉讼索赔或者经营管理不善导致出现资金链断裂，陷入经营困境甚至破产倒闭。追根溯源，企业发生危机的一个重要原因就是缺乏危机意识，风险管理不到位，当风险积累到一定程度，爆发出来才造成无法承受的损失。所以，企业的管理者要借鉴孙子“杂于利害”的智慧，通过全面风险管理，为企业发展保驾护航。

杂于利害，杂于利而务可信，杂于害而患可解。

“杂于利害”，就是在分析问题的时候，要同时考虑利与害两个方面。为什么要同时考虑利与害两个方面呢?

因为利与害是一个事物中对立统一的两个方面，具有矛盾的普遍性，所以利与害在任何一件事物中都同时存在，并且贯穿始终。无论我们考虑还是不考虑，利与害都同时存在。

所以孙子在《九变篇》中主张：“智者之虑，必杂于利害。”作为明智的将领，在思考和处理问题的时候，必须同时兼顾利与害两个方面。因为只有利与

害两个方面都考虑到，才能做到“趋利避害”。

也因为这个原因，“利害”思维贯穿《孙子兵法》的每一篇，每一个决策都要见利思害，遇害思利，在有利的条件下思考可能存在的隐患，在不利的条件下能够看到机会，看到有利的地方扭转局面。这就是孙子在《九变篇》中所说的“杂于利而务可信也，杂于害而患可解也。”

又因为矛盾的特殊性，利与害，在不同的事物中表现不一样，这就要求我们在认识和处理事务的过程中要具体问题具体分析。只有认识和区分了事物的主要矛盾和次要矛盾，才能找到解决矛盾和问题的正确处理办法。

孙子也强调用“利害”思维去指导分析问题和解决问题，特别是要重视“有利就有害”，平时要有危机意识，做好风险防范。孙子在《九变篇》中认为，对待风险的正确态度和方法应该是“无恃其不来，恃吾有以待也；无恃其不攻，恃吾有所不可攻也”。能够指望和依靠的不是敌人不来或者不攻，而是自己要有所准备，不懈怠，让自己在风险来临时不可被撼动。

所以在战争中，强大自己的防御，努力使自己拥有让敌人攻不下的力量，才是重要的事情。企业经营也是如此，市场风险无处不在，无时不有，领导者在决策时必须要有“利害”思维，不要抱有侥幸心理，要认真做好基础的风险防范和危机管理，这才是企业长久发展的关键。

振石构建法律、合规、内控、风险管理协同运作机制

振石努力健全全面风险管理体系，持续完善信用管理机制，有效推进内部控制，重点建设法治企业，深入实施安全管理，建立完善预警机制，使风险管理常态化、制度化、规范化，确保风险防控从严从细，风险管理从以救济为主变为以预防为主。

振石坚持“完善制度、夯基固本”的原则开展全面风险管理。集团法律事务部、体系管理部、稽查监管部等相关职能部门牵头，以强化制度建设为基础，坚持尊法、学法、守法、用法，将行之有效的风险控制经验做法及时转化为企业规章制度，嵌入业务流程，加强制度执行情况监督检查，强化制度刚性约束，强化对制度的全生命周期管理。

振石全面风险管理是一个突出重点、全面深化的过程。从2008年开始逐步建立健全法律风险防范机制、以强化合规管理为重点，坚持问题导向，在做深、

做细、做实上下功夫。2015年到2018年完成了各单位的风险识别、评估、应对、跟踪与改进的常态化、规范化风险管理机制，建立了由法律事务部主导风险预防和危机救济、体系管理部推动合规制度建设、稽查监管部检查监督风险管理工作执行质量的协同工作机制，构建起法律、合规、内控、风险管理协同运作机制，真正发挥出“强管理、促经营、防风险、创价值”的作用。

张毓强自振石股份制改革以来就一直特别重视健全依法治理体系。高度重视章程在公司治理中的统领地位，切实发挥法务管理机构专业审核把关作用，科学配置各治理主体权利、义务和责任，明晰履职程序和要求，保障章程依法制定、依法实施。在对外投资的过程中，要求多元投资主体企业严格依据法律法规和公司章程，明确股东权利义务、股东会定位与职权，规范议事决策方式和程序，完善运作制度机制，强化决议执行和监督，切实维护股东合法权益。优化董事会知识结构，通过选聘法律、经济专业背景人员担任独立董事等方式提升董事会依法决策水平。依法对子企业规范行使股东权，认真研究制定子企业章程，严格按照公司治理结构，通过股东（大）会决议、派出董事监事、推荐高级管理人员等方式行权履职，切实防范公司人格混同等风险。

在推动全面风险管理过程中，着力加强内控管理、健全合规管理体系。持续完善合规管理工作机制，健全企业主要负责人领导、法务管理机构归口、体系以及稽查监管等相关部门协同联动的合规管理体系。发挥法务管理机构统筹协调、组织推动、督促落实作用，加强合规制度建设，开展合规审查与考核，保障体系有效运行。强化业务部门、经营单位和项目一线主体责任，通过设置兼职风险管理员、将合规要求嵌入岗位职责和业务流程、抓好重点领域合规管理等措施，有效防范、及时处置合规风险。探索构建法律、合规、内控、风险管理协同运作机制，加强统筹协调，提高管理效能。

目前，振石已经具备了全面的风险管控能力。持续巩固规章制度、经济合同、重要决策法律审核制度，在确保100%审核率的同时，通过跟进采纳情况、完善后评估机制，反向查找工作不足，持续提升审核质量。常态化开展风险隐患排查处置，针对共性风险通过提示函、案件通报、法律建议书等形式及时开展预警，有效防范化解。加强知识产权管理，完善专利、商标、商号、商业秘密等保护制度，打击侵权行为，切实维护企业无形资产安全和合法权益。严格落实重大法律合规风险事件报告制度。完善涉外重大项目和重要业务法务人员全程参与制度，形成事前审核把关、事中跟踪控制、事后监督评估的管理闭环。

同时，振石也已经具备独立的主动维权能力。加大法律纠纷案件处置力度，综合运用诉讼、仲裁、调解等多种手段妥善解决。加强积案清理，健全激励机制，深化案件管理“压存控增、提质创效”专项工作，加强典型案件分析，及时发现管理问题，堵塞管理漏洞，推动“以案促管、以管创效”。严格落实案件报告制度，企业发生重大法律纠纷案件时及时报告，按时报送年度法律纠纷案件综合分析报告。

1.“智者之虑必杂于利害”，一味“唯利是图”反而“无利可图”

前面我们讲过，因为利与害是一个事物中对立统一的两个方面，具有矛盾的普遍性，所以利与害在任何一件事物中都同时存在，并且贯穿始终，无论我们考虑还是不考虑，利与害都同时存在。企业的经营管理和业务交易也同样包含利与害两个方面。

所以，“智者之虑，必杂于利害”。作为明智的企业领导者，在进行战略决策、制订经营计划、进行经营活动、思考和处理问题的时候，必须兼顾利与害两个方面。

张毓强是一个特别谨慎、风险意识很强的人。2008年，振石就专门设立了法律事务部专职履行风险管理职责，这在处于初创期的民营企业中是不多见的。一味“唯利是图”反而“无利可图”，只有利与害两个方面都考虑到，才能做到“趋利避害”，所以张毓强坚持通过全面风险管理为企业的长期稳定发展保驾护航。

2. 做好风险识别和预防，有备无患

企业的全面风险管理，强调的是做好风险的识别和预防，提前对潜在的风险进行识别，这可以最小的成本避免风险的发生，达到防患于未然的效果。同时，对大概率要发生的风险提前预防，制定好相应的应对措施，这可以做到有备无患。正如孙子所说：“杂于害而患可解也。”

振石自2015年以来，对旗下的各个业务单元进行了系统的风险识别，以产、供、销等内部价值创造过程为主线，对企业生产经营和业务交易的核心环节中存在的潜在风险进行了系统的梳理和识别，制定了风险清单，在风险清单中明确了风险项目以及风险发生的概率和损害后果，同时明确了每一项风险可能发

生的业务节点。这样，大家对自己的职责范围中存在什么风险、这些风险如何预防、出现风险事件如何处理都心中有数。

3.风险防范重在落地，要“有以待”和“有所不可攻”

风险防范重在落地，在企业的日常经营管理中能够指望和依靠的不是风险不来或者不攻，而是要“有以待”和“有所不可攻”，自己有所准备，不懈怠，让自己在风险来临时不可被撼动。

振石坚持“完善制度、夯基固本”的原则开展全面风险管理，强调落实。集团法律事务部、体系管理部、稽查监管部等相关职能部门牵头，以强化制度建设为基础，将行之有效的风险控制经验做法，及时转化为企业规章制度，嵌入业务流程，然后加强制度执行情况监督检查，强化制度刚性约束，强化对制度的全生命周期管理。

4.关口前移，内控不是风险管理的起点，也不是终点

企业的风险防范一般都是从事后救济开始着手，这就像病人治病，等到病情严重的时候，就会引起重视，并且病情已经显露出来，容易诊断。但是等到病情严重才治疗的话，总要打针吃药，甚至开刀做手术，成本很高，损害后果更严重。

因此，企业的风险管理需要将关口前移，注重风险预防，这就如同人的身体做好健康管理，才能更好地保证健康。当然，风险预防的成本是最小的，但由于是在风险还没有发生的情况下进行提前的识别和预防，所以难度更大，大家也往往因为风险还没有发生而不够重视。

振石在推动全面风险管理的过程中，着力加强内控管理、健全合规管理体系。但是合规管理只是全面风险管理的一个方面，内控是全面风险管理的一个抓手，不是风险管理的起点，也不是风险管理的终点，真正的全面风险管理需要探索构建法律、合规、内控、风险管理协同运作机制，加强统筹协调，提高管理效能。

5.全面风险管理不一定上来就“全面撒网”，也可以先“重点捞鱼”

全面风险管理是一个系统工程，建立在内控管理和合规管理的基础之上，

同时，需要健全的制度保障。因此，全面风险管理不一定上来就“全面撒网”。

振石全面风险管理在进行“全面撒网”之前，会以问题为导向进行“重点捞鱼”，突出重点，从重要事项、重点环节的风险管理入手，在做深、做细、做实上下功夫，一个专项、一个专项地做，一个节点、一个节点地控制，一个环节、一个环节地推进，一步一步全面深化。

从2008年开始，振石经过十年左右的努力才逐步完成了各单位的风险识别、评估、应对、跟踪与改进的常态化，规范化风险管理体系，建立了由法律事务部主导风险预防和危机救济、体系管理部推动合规制度建设、稽查监管部检查监督风险管理工作执行质量的协同工作机制，真正发挥出“强管理、促经营、防风险、创价值”的作用。

6.全面风险管理的立足点是业务和作业节点，而不是“控制指引框架”

前面我们讲到，由于矛盾的特殊性，不同的企业、不同的事项、同一事项在不同的环境和不同的时间都会有不同的特点。因此，全面风险管理可以借鉴风险“控制指引框架”，但不能立足于框架，因为框架虽然很全面，却不一定能适应每个企业的实际情况。

振石在全面风险管理的过程中，没有照搬照抄风险管理的指引框架，而是根据企业自身的发展阶段和其所处的市场环境，结合企业的管理和经营现状，将行之有效的风险控制经验做法，及时转化为企业规章制度，嵌入业务流程，立足于经营管理和业务交易的重要环节和关键节点。

这样，逐步建立起风险管理与业务管理的协同，将风险控制措施融入业务操作的流程中，使得全面风险管理就像一只无形的手，在企业经营管理和业务交易的重要环节和关键节点，随时随地发挥风险防范的作用，促进价值创造过程顺利推进，充分发挥保护财富和创造财富的作用。

7.“杂于利而务可信”，风险管理也要“合于利而动”

“杂于利害”除了强调“杂于害而患可解”，要通过风险管理避免危机和灾难，同时也强调“杂于利而务可信”，在不利的条件下能够看到机会，看到有利的地方扭转局面，风险管理的根本目的是保护和创造效益这一中心目标。

因此，企业的风险管理不是为了单纯地以风险为中心，也不是片面地向风险要效益，而是“合于利而动”，以服务效益为中心，通过风险防范保护劳动成果。脱离利益的风险管理是没有实际意义的。

振石的风险管理一直坚持“夯基固本”原则，将风险控制融入战略管理、业务流程，重在提高经营和交易效率。不是对风险视而不见，也不是见到风险就不惜代价地规避，而是认真识别发展风险，然后采取合理的控制措施，冒可承受的风险追求最大的利益。

应用指南 || 如何通过全面风险管理为价值创造保驾护航？

振石构建法律、合规、内控、风险管理协同运作机制，这样充分体现了企业防患于未然，保证企业健康稳定发展的成功实践。阅读完这一案例及从中拓展出的“商战智慧”，可以很清晰地总结出企业基于“杂于利害”进行全面风险管理的核心原则和主要方法：

- “智者之虑必杂于利害”，一味“唯利是图”反而“无利可图”，管理者在思考和处理问题的时候必须兼顾利与害两个方面。
- 做好风险识别和预防，“杂于害而患可解”，以最小的成本避免风险的发生。同时，对大概率要发生的风险提前预防，做到有备无患。
- 风险防范重在落地，要“有以待”和“有所不可攻”，让自己在风险来临时不可被撼动。
- 关口前移，内控不是风险管理的起点，也不是终点，真正的全面风险管理需要探索构建法律、合规、内控、风险管理协同运作机制。
- 全面风险管理不一定上来就“全面撒网”，也可以先“重点捞鱼”，从重要事项、重点环节的风险管理入手，在做深、做细、做实上下功夫。
- 全面风险管理的立足点是业务和作业节点，而不是“控制指引框架”，逐步建立起风险管理与业务管理的协同。
- “杂于利而务可信”，风险管理也要“合于利而动”，通过风险防范保护劳动成果。

九、以患为利——利用一切有利条件破局过关

——企业在面临危机和困境时，能否破局过关的关键就是可以“以患为利”，利用一切有利条件，锻炼自己的竞争之剑，去掉多余废旧的铁削，打磨最具威力的刚劲。

企业所处的经营环境复杂多变，经常会面临经营危机和困境。如同用兵作战，战场环境错综复杂，战争形势变幻莫测，因此军队在作战中难免会陷入危机四伏的困境。那么，如何化解危机、绝地反击、突出重围，成功扭转战局？这是一个关系生死存亡的问题。于是，孙子提出了“以患为利”的战略指导思想。

以患为利，在不利条件下充分利用有利条件寻求突破。

孙子认为利害共存，他在《九变篇》中说：“杂于利而务可信也。”因此，聪明的将帅在考虑问题时，必定兼顾“利”与“害”两个方面。在不利的情况下要“以患为利”，充分考虑到有利的条件，才有可能坚定信心，然后利用一切可以利用的有利条件去克服困难，完成作战任务，实现目标。

“以患为利”至少包含三个重要方面：

一是“患中有利”——在不利的条件下，充分考虑有利条件，坚定信心。

二是“患中取利”——在不利的条件下，充分利用有利条件，克服困难。

三是“变患为利”——在不利的条件下，充分创造有利条件，转折破局。

当然，在危机四伏的动态环境中利用有利条件，并不是一件容易的事情。

孙子也认为，争夺有利条件之所以困难，就在于要把迂回弯曲的道路变为直道捷径，把不利的因素变为有利的因素。因此，“以患为利”实际上就是充分发挥主观能动性，重视、利用、创造有利条件，坚定目标、克服困难，实现转折破局的战略指导思想和行动能力要求。

企业的长期发展也必然会受到国际经济形势波动的影响，甚至会遭受金融“海啸”或者经济危机的冲击，而面临“覆巢之下，安有完卵”的生存困境。因此，如何成功地穿越危机生存下来？这也是一个关系到企业生死存亡的问题。我以为，可以参考孙子的“以患为利”这一战略指导思想进行破题，即企业在困境中，充分利用和创造有利条件，克难破局，成为激流勇进的胜利者和成功者。

巨石在困境中锻炼发展的刚劲

巨石在2002年至2008年之间，迅速地进行产能扩张，达到了世界第一的规模。2008年7月28日，桐乡经济开发区“巨石60万吨玻纤工业基地落成暨实现全球玻纤规模第一”仪式隆重举行。

从2004年208工程起步，经历210、215、216、218工程，在桐乡基地五条特大型玻纤池窑拉丝生产线组合成世界规模最大、技术最先进的生产基地，加上在九江和成都的生产线，巨石实际年产能已经达到80万吨。在此基础上，巨石计划力争到2012年再投资100亿元，实现玻纤产能突破150万吨，占全球玻纤产能的25%以上的目标。

然而，就在这时，2008年美国次贷危机爆发。9月15日，美国第四大投资银行有158年历史的雷曼兄弟公司，带着6130亿美元的负债宣告破产，标志着次贷危机转化为整个金融市场的信用危机，很快波及全球。中国的经济也受到冲击，国家出台“四万亿”刺激计划，但仍然难以阻止经济下滑。

玻纤制品的主要应用领域包括汽车、房地产、高端游艇等，这些都是危机的重灾区。2008年第四季度，海外订单出现下滑，而巨石产品的出口比重达到60%，因此备受冲击；2009年情况更糟，由于市场需求减少而过去几年产能大增，供过于求，全球玻纤产品的价格大幅跳水，平均价格下降了约30%；2009年第一季度，中国玻纤的营业收入为5.9亿元，同比下降36.2%。趋势一旦形成就很难逆转，8月5日，中国玻纤发布业绩预警，预计上半年累计净利润与上年同期相比下降90%左右。2008年上半年，归属于上市公司股东的净利润为1.53亿元，基本每股收益为0.36元，如果下降90%则意味着2009年上半年每股收益只剩不到4分钱。8月20日，半年报发布，主营业务收入同比下降28.06%，营业利润为-2771.15万元，同比下降105.90%，公司面临亏损的境地。

2009年，巨石面临的最大问题是企业的规模已经这么大，又处在一个需要不间断地连续生产的行业，一旦启动就很难停窑，可是仓库里已经有7个月的库存积压，大小仓库47个，其中30个都是外租的，全部放满了产品。

在市场环境恶劣、库存压力如此之大的情况下，巨石做出了一个非同寻常的决定，那就是继续满负荷生产。张毓强认为，巨石的困难很大，但基于他对行业的判断，困难是暂时的，不是持续的，因为玻纤行业是朝阳产业，处于产业链上游，一旦全球经济回暖，会率先受益，而且当时中国的人均玻纤年消费还不到美国的1/10。此外，因为玻纤是替代型新材料，价格下降在一定程度上有利于产品的普及。

这个时候，"信心就是黄金"，巨石一定有希望走出这一次危机。本着"以患为利"，利用和创造有利条件，保障不停产，巨石制定了系统的方案：改造老线不停新线、加快创新调整结构、有压有保、以变应变，把危机当成变革的契机，消化前期快速发展过程中遗留下来的弊端，在生产这一端调整结构，特别是调整中、西两地落后的产品结构、技术结构。

于是，巨石九江利用这个时候实施整厂搬迁，关停了技术落后、生产效率低下的老生产线。2009年5月31日，风雨兼程50年的代铂炉生产线全线停产；7月18日，经过近七年安全运行、年产1.6万吨池窑拉丝生产线光荣退役；8月19日，年产3万吨节能环保池窑拉丝生产线停窑放玻璃水，老厂区的使命正式终结。与此同时，退城进园，整厂搬迁，在九江开发区新建年产15万吨（双池窑）无碱玻纤池窑拉丝生产线及配套工程，其中，运用了大量最先进的技术。巨石成都将年产4万吨中碱玻纤池窑改建为无碱池窑。巨石桐乡本部实施的年产3.5万吨节能环保池窑拉丝生产线项目于2009年7月开工建设。

在供应链端，巨石在桐乡建设了新的配料系统，在九江、成都新建了微粉生产工厂。在生产中，通入纯氧燃烧技术在桐乡本部和攀登公司全面使用，平均实现节省燃气603标方每小时，该技术也在成都技改工程中使用。与此同时，巨石还大力推进增节降，这是传统的法宝。2009年实现增节降5.25亿元，几乎是1998年增节降工作法建立11年来，实现金额的总和。

如此，巨石坚持了差不多两年半，2009年一整年，2010年一整年，2011年半年左右，情况才慢慢开始好转，巨石重新步入正轨，进入了新一轮发展期。

1. 企业想长期生存就要学会与不确定性共舞

企业处于动态的环境之中，危机是不可能避免的，任何企业都蕴藏着爆发危机的可能性，在商业活动中，危机就像普通的流行感冒病毒一样，种类繁多，防不胜防。

对一个企业而言，危机可能来自外部，比如说经济危机的冲击，也可能来自企业内部，比如说管理的漏洞造成的人为危机。这已经是一个大家所熟知的客观规律，甚至不用举例说明。

巨石“以患为利”，成功穿越危机的经验告诉我们，每一次危机既包含了导致失败的根源，又蕴含着更多成功的种子。所以，危与机、利与害、成功与失败都是相伴相生的，我们没有办法逃避危机。因此，我们能做的就是与不确定性共舞，应对危机，做好危机管理。

正如孙子所说，智慧的将帅在思考问题的时候，都会兼顾利与害两个方面。不要指望危机不会来，我们需要做的就是做好危机应对的准备，我们“有以待”，不怕它来；并且我们也不能指望危机到来的时候，不会给我们带来负面的打击和损失，我们能做的就是提升自己的抗风险能力和危机救济能力，我们“有所不可攻”，使得一般的危机无法撼动我们。

2. 在困境中找到并拉开突围之门的栓子

企业在困境中会面临很大的压力，这些压力可能来自经营所涉及的物资供应、生产、市场销售、产品价格、产品质量、安全事故、自然灾害、能源供应等方方面面。不同性质的危机其处理方法有所差异，企业首先要认清到底发生了什么性质的危机，找到危机产生的真正原因，抓住问题的关键，这样才能高效率地化解危机。

巨石在2008年金融危机中，由于确认了危机来自外部，而不是企业内部，是系统性的金融危机而不是行业危机。所以，巨石认为化解危机的关键不在于市场竞争，而在于如何使自己度过危机，活下来，就会在经济回暖的时候首先受益。因此，巨石决定继续满产，同时做好库存管理和产品质量管理，以及瞄准未来市场需求进行产品结构调整，可谓找到并拉开了突围之门的栓子。

3.“以守为攻”，抓紧准备冲刺下一个城墙口

对企业而言，每一次危机都是转型调整的机会，蕴含着未来生机的危机往往成为变革的抓手。

巨石在危机来临的时候，尽管面临重重压力，但对未来行业发展的趋势和危机带来的影响做了充分的预判。因此，生产继续保持不停产的状态，其中有一个最值得借鉴的宝贵经验，就是放弃继续大规模扩张，按原来的套路扩充产能的道路，而是选择以守为攻，沉下心来梳理企业过去在快速发展的过程中，遗留下来的弊端和不足之处。比如，生产方式不够现代化、产品结构不够高端化、管理不够精细化等问题。这些问题在过去快速发展的过程中没有时间顾及，正好抓住危机中产能紧缩的时机，进行“废旧换新”“去低转高”“去粗取精”，进行生产技术改造，调整产品结构，转型升级，瞄准未来的市场需求，抓紧准备，冲刺危机过后的下一个城墙口。

要知道，等待也是强有力的战斗形式，这种“以守为攻”的策略，本质上就是利用危机时期，“藏于九地之下”锻炼自己的竞争之剑，去掉多余废旧的铁削，打磨最具威力的刚劲。

应用指南 || 如何在危机中利用有利条件破局过关？

巨石在困境中锻炼发展的刚劲的案例，充分展现了企业“以患为利”渡过难关的成功实践。阅读完这一案例及从中拓展出的“商战智慧”，可以很清晰地总结出企业基于“以患为利”在不利的条件下充分利用有利条件破局过关的核心原则和主要方法：

- 企业想长期生存就要学会与不确定性共舞，提升自己的抗风险能力和危机救济能力。
- “以患为利”，困境中找到并拉开突围之门的栓子，抓住问题的关键，从而高效率地化解危机。
- “以守为攻”，抓紧准备冲刺下一个城墙口，抓住每一次危机所释放的转型调整机会。

第五部分：组织绩效管理之道

——《孙子兵法》与组织建设策略

《孙子兵法》中的组织管理与组织能力建设智慧，能够帮助企业提高组织绩效和战斗力，提升企业的价值创造能力。阅读本部分内容，我们将更好地理解和解决如下重要问题：

- 如何组建“强势”管理领导层，释放人才群体能量形成强大合力，构建大业同心的能量场？
- 如何打造强有力的核心管理团队，练就一支高效协同的“胜兵”和“精兵”？
- 如何营造开放融通的内部环境，营造团队的创新应变之势？
- 如何高效激励，通过完善物质基础培育团队的精神动力？
- 如何高效激励，面向未来战场进行团队建设？

组织管理、制度流程管理和高效指挥系统的建立，决定企业的成败。

企业和军队一样，都是一个由人组成的组织，《孙子兵法》的“运兵”计谋、“治军”之道和“用兵”之术同样适用于企业的组织管理。

孙子在《计篇》中将“法”作为“五事七计”的核心内容，是决定组织实力和能力的五个战略要素之一。所谓“法”，就是“曲制、官道、主用”这三个方面。

“曲制”，指的是有关军队组织编制等方面的制度，在当今人力资源管理中就是“组织结构”，是组织内部分工协作的基本形式和框架。

“官道”，指的是有关各级将官的职责区分、统辖管理等方面的制度，也就是现在企业人力资源管理中的“岗位职责”和“规章制度”。

“主用”，指的是各种军需物资后勤保障的制度。也就是现在的企业“后勤行政管理”这一块。所谓“兵马未动，粮草先行”，没有辅助部门的支持，主营业务就没法开展。

站在组织的角度来看，上面的“官道”需要建立在“道”的基础上，“道”就是“令民与上同意”，指的是现在的企业文化。伴随着企业的不断发展，企业文化的总结与提炼就提上了日程，否则打仗没有了信仰，没有了精神支持，不知道为什么而上战场，则必败。所以，进行企业文化建设，让士兵明白为何而打仗，统一思想，生死与共，方能取胜。

可见，孙子在当时对军队管理时，是很重视人力资源管理的，从部队文化建设，思想统一，到组织管理，制度管理，已经达到了系统管理的标准。这一点，孙子在《势篇》也有所提及："凡治众如治寡，分数是也；斗众如斗寡，形名是也。"这里的"分数"就是组织编制，"形名"就是指挥工具，即现在的指挥管理系统。

组织建设的制胜之道就在于强将手下无弱兵，在关键的位置上配置"选锋"。

孙子在《地形篇》中说："故兵有走者，有弛者，有陷者，有崩者，有乱者，有北者。凡此六者，非天之灾，将之过也。""凡此六者，败之道也，将之至任，不可不察也。"孙子这里讲的是军事上的几种败局，与现代企业组织管理紧密联系。

第一种败局，"夫势均，以一击十，曰走"。以一击十，要么是决策者没有认清自身实力，盲目自信；要么是侦察失误，企业市场调查不细致，目标定得过高。这两种情况都会导致败局。

第二种败局，"卒强吏弱，曰弛"。决策无误，目标切实可行。但如果员工很强势而领导很软弱，管理者威信不足，整个团队没有凝聚力，纪律松散，也会导致失败。

第三种败局，"吏强卒弱，曰陷"。这和"弛"刚好相反——领导个人能力特别强，但员工能力较弱，或者积极性不高。结果就是领导自己"事必躬亲"，员工围坐看戏，企业就"陷"进去了。有的领导光自己很厉害，什么事情都靠自己搞定，不会培养和带领下属，这是最糟糕的领导。做成任何一件事情，必须是经过群策群力，是整个团队一起去把它做成的，而不能是某个人自己单独做成的。领导者最重要的责任就是培养新的领导者，要不断有新人成长为领导者，企业才能发展壮大。

第四种败局，"大吏怒而不服，遇敌怼而自战，将不知其能，曰崩"。"怼"就是小将对大将不服，并且还很怨恨，所以遇到敌人的时候擅自率领亲兵就"怼"上去了，这种内部管理失控的军队就会遭遇"崩"这个败局。军事中，下级绝对服从上级的命令比他有多勇敢更重要。现代企业里面也有这样的人，他可能有些本事或者是老员工，于是他就不服上级或者越级，只服董事长。面对这种人，要么让他做总经理，要么就别用他，否则整个团队都会因为这样的人而分崩离析。

第五种败局，“将弱不严，教道不明，吏卒无常，陈兵纵横，曰乱”。将领很懦弱且没有威信，管理也不严格且没有方法来管教士兵，就导致大家做事情没有规矩，也不知道应该怎么做。“吏卒无常”，这就是乱军。现代公司管理混乱也是这样——做事情没规矩，谁想怎么干就怎么干，而且也不知道该怎么干，这就是乱。

第六种败局，“将不能料敌，以少合众，以弱击强，兵无选锋，曰北”。将领不能正确判断敌情，以少击众，用兵不懂得选择精锐，这就叫“北”，也就是败北。这里的关键是“兵无选锋”的“选锋”，孙子强调用兵一定要用选锋，就是把最精锐的士卒选拔出来组成先锋队，尖刀一般插向敌人。现代企业也要打造自己的精英团队。

将军之心、三军之气：组织的“人心”管理之道，就是将领准确判断形势，稳定军心，找到前方微弱的亮光，带领大家一起走出去。

孙子在《军争篇》中说：“故三军可夺气，将军可夺心。”打击军队的士气，打掉将军的信心（包括意志力），这是孙子倾向的一种精神层面的攻击目标，即“用势”的一种核心方向。实际上，任何时期的战争，都需要强大的战争意志，这是战争力量中不可忽视的一部分。一般而言，意志力受影响的直接主体是将军与士兵，即《孙子兵法》所讲的“将军之心”和“三军之气”，深层次的影响因素包括政治、经济、文化、社会等我们暂不做讨论。

- 将军之心。《孙子兵法》的“将军之心”首先要求“以治待乱，以静待哗，此治心者也”，又说“将军之事，静以幽，正以治”。其核心思想都一样，即要求将军准确判断形势，稳定军心，找到前方那一道微弱的亮光，带领大家走出去。从某种程度上讲，将军的战斗意志，决定了整个团队的士气。

- 三军之气。团队是由不同个体组成的，而个体与个体之间的关系又影响着团队的走向。因此，《孙子兵法》讲“六败”，这六种情况中“走”与“北”属于“将军之心”的范畴，是将领能力的问题；而“弛”“陷”“崩”“乱”属于管理问题，是个体之间一种负面氛围相互作用与影响的结果。

对士气的管理，情绪控制与赏罚把握是总体而言，具体操作会涉及主孰有道（包括分配机制、奖励机制、文化氛围与信仰等）、将孰有能（打胜仗的能力）、天地孰得（时空、彼己的适应性）、法令孰行（令素行）、兵众孰强（数量优势、武器优势、后勤优势等）、士卒孰练（人与物器的融合、人与战术的结合等）、赏罚孰明（公平公正原则、KPI考核的修道保法等），这些在本部分后面都会进行专题分析。

将领是管理“人心”的主体，但将领也处于群体之中，也会受群体氛围的影响。管理群体，在实际操作上，要充分发挥他们各自的能力，发挥他们的特长，让他们基于现场灵活地解决各种问题，但要在精神上形成统一的认识。这有点《老子》中“道常无为而无不为”的意思，在上位者“无为”，下边才能“无不为”地人尽其才、物尽其用。“无为”，不是什么都不做，而是还处于“无”的状态时，还没有开干之前，就定了规则、秩序、思想、精神等“法则”，到了“有”以后，就可以“无不为”了。总之，将领这个主体的“心”管好了，团队的“气”也会随之高涨起来，这就是“将军之心，三军之气”对人的心理的管理。

一、择人任势——组建“强势”管理领导层

——组织战斗力不取决于某一个人的能力强弱，所以企业需要择人任势，组建“强势”的管理领导层，形成并力共进的态势。

有的企业领导者很苦恼，为了企业的“大事业”招揽了不少的人才，但是总觉得大家各有各的想法，各有各的特点。这些人才中有的能力不够强，有的忠诚度不够高，有的责任心不够强，各行其道，自以为是，整体上一盘散沙、组织涣散，缺乏凝聚力和战斗力。这是现实中经常会存在的问题，那么如何解决呢？孙子认为，好的领导者在弱的团体中就如同陷入泥潭一样很难动弹，一个好的团队在一个弱的领导者的带领下就如同松开弦的弓箭一样松弛无力。因此，需要“择人任势”，打造管理团队的合力战斗态势。

择人任势，打造管理团队的合力“战斗”态势。

为了更好地理解什么是“择人任势”，我们先一起来看一下三国时期蜀国的“高层管理”。蜀国高层有一个诸葛亮，大家都比较熟悉，他“功盖三分国，名成八阵图”，但是蜀国除了他以外，再也没有栋梁之材来支撑这个大局，就像民间所传说的那样，“蜀中无大将，廖化作先锋”。这样就形成了蜀国独木难支的高层管理局面，诸葛亮一人殚精竭虑、兢兢业业，最终积劳成疾，死于五丈原，身边也找不到合适的继任者来继续开创蜀国“万世之业”。

正如孙子在《地形篇》中所说：“卒强吏弱，曰弛。”如果一支军队领导层

没有实力，那么，即使士兵的整体素质很强，军队也就像一张松弦的强弓一样没有战斗力，这是军队作战失败的主要原因之一。所以，组织的战斗力不取决于某一个人的能力强弱，而是需要有一个强势的管理层形成合力战斗的态势。

孙子在《势篇》中指出："故善战者，求之于势，不责于人，故能择人而任势。"善于指挥打仗的人会追求形成有利的态势，而不会苛求于士兵承担责任，所以会选择合适的人才并能依靠这些人才来顺应、创造、借用有利态势。

可见，"择人任势"有三个关键点：

- 不责于人。
- 求之于势。
- 择人任势。

第一个关键点是"不责于人"，干大事业不能过分依赖个别人才，因为人才能力有高低，忠诚与否不由我们掌握，但这是现实中经常会存在的问题。

第二个关键点是"求之于势"，既然独木难支，单枪匹马打天下不行，那就需要组建强有力的领导层管理团队，形成合力共进的态势。比如，100个人的组织，如果各自走马观花，自由分散活动就没有什么感觉；如果这100个人排成整齐的方阵就会给人整肃严明的态势；如果这100个人组成战斗进攻的阵形就会给人勇猛冲击的态势，这种集体的态势所展示出来的威慑力要远远大于其中任何一个人的威慑力。

第三个关键点是"择人任势"，要形成管理层的强大威慑力，就需要广泛选择人才，组建成人才队伍。"择人"的"择"既可以理解为"选择"，也可以理解为"释放"（"择"通"释"），要放手使用他们，释放他们的能量，合力发挥和利用有利的态势。有了"强势"的管理层才能形成强大的威慑力、凝聚力，从而提高组织的战斗力。

企业在组织建设中也同样需要"择人任势"，要想方设法追求和营造有利的态势，而不是苛求部署拼命死战，要注重选择有才能的将领组成领导层管理团队，合力造势、借势，这才是提高组织战斗力的有效途径。

振石加强总部管理职能，形成多元集中态势

振石业务横跨特种钢材、炼铁、制造、矿产资源、风电基材、复合新材、科技研发、贸易物流、房产开发、酒店健康、金融投资等，形成了第二、第三产业并重，新、老产业并行的产业格局，业务范围辐射全球30多个国家和地区，

拥有50余家国内外控股或参股子公司。2020年，总资产达377亿元，形成了多点开花的多元化发展格局。

前面我们讲道，张毓强一直坚持“并敌一向”集中资源办大事的发展理念，即便是在振石进入多元化发展的道路之后，也依然遵循“集中力量办大事”的发展思路，坚持“理性多元化”的发展原则：第一是主业一定要做到同行前五名；第二是选择的产业最好和主业相配套，可以补充主业的产业链，比如物流作为制造业产业配套、复合材料作为玻纤下游应用的产业延伸；第三是在资源满足现有产业发展的基础之上跳出产业链，培育其他有市场前景的项目。

其实，振石的多元化发展之所以充满活力和发展后劲，除了集中资源投资以外，还有一个重要的原因就是加强总部职能，形成多元集中管理态势。

振石是在集团总部设立的董事局领导下，总裁负责制的管理体系，属于现代流行的管理层级少，而管理幅度大的扁平化组织。特别是加强了高层分管领导的选任与培养，大胆起用了一批年轻能干的职能部门总经理独立负责整个集团范围的战略投资、财务、人事、体系、采购、销售、法务、审计、行政、党群等经营管理事务。这样形成了集团的高层领导与职能部门总经理和副总经理组成的管理层中坚力量，每一个职能部门和子公司的领导在集团分管领导的带领下，形成一支小型的独立完成特殊职能任务的“特战分队”，不同职能的“特战分队”在集团董事局主席和总裁的统一指挥下“奇正相生”，共同组成带领整合集团千军万马的“将军营”。

在这样的将军营中，任何一名将军缺失，都不会对整个“将军营”的威慑力、凝聚力和战斗力产生太大的影响，这就是领导管理层的“强势”。

在振石总部职能“多元集中”管理模式下，虽然仍有传统组织的高层、中层、基层等层级，通过明确与清晰的责权分工以及集团对控股子公司统一采购、统一人事、统一财务、统一销售等集权式管控，但又创新性地将企业（子公司）自主权和积极性与集团的管控完美结合，形成振石特色的放权又不失管控，有层级又不失决策高效，既能“直线”地上传下达、政令统一，又能从“职能”的角度兼顾现代企业技术复杂、管理精细精准的生产运营体系。

1.“不责于人”，统一分解“决策层、管理层和经营层”三级管理职能

张毓强坚持“不责于人”的理念，不把企业经营管理的希望寄托在一个人

或少数几个人身上，也不把多元化职能管理的职责和使命落实到一个人或少数几个人身上，因为一个人担不起这个大任，即便能担得起也不能满足公司长远发展的需要。

因此，最好的办法就是统一分解管理职能，将企业的经营管理职责落实到不同的管理者身上，建立高效的分工合作组织管理架构。振石建立了如下管理层三级组织架构：

- 决策层。董事局是集团最高决策机构，由三名成员组成，不包括两名非常驻外部董事，董事局主席由董事局选举产生，每届任期三年，董事局授权董事局主席在董事局闭会期间，行使董事局的部分职权，董事局聘请外部独立董事为集团董事局决策提供建议。
- 管理层。集团设总裁、副总裁，分管集团相关职能部门及下属子公司工作，管理层也是执行层，负责执行董事局的各项决策以及集团总裁例会决定的各项工作。
- 经营层。集团部分职能部门直接参与企业的生产和经营工作，如采购供应部、全球销售部、财务会计部等。各子公司通过集团董事局和子公司董事会的授权，并在分管的集团总裁和副总裁的领导下，独立开展生产与经营。

2. 领导班子营造“决策层—管理层—经营层”三级推进态势

张毓强着力建立总部职能“多元集中”的管理模式，建立了“决策层—管理层—经营层”三层级的领导骨干队伍。这三级干部队伍整合起来就组成了振石的“特战将军营”，集团公司的战略决策和经营计划从决策层分解到管理层再落实到经营层，三级推动，形成三级领导梯队带领团队进攻执行的战斗力。

通过明确与清晰的责权分工以及集团对控股子公司统一采购、统一人事、统一财务、统一销售等集权式管控，依据职能聘任各职能负责人，形成管理层，这样通过管理层将企业（子公司）自主权和积极性与集团的管控完美结合，形成合力共进态势。

3. 用人之长，创造条件释放人才群体能量

每个人都有不同的性格和特长，所以不能对每个人都求全责备，而要扬长避短，放手发挥领导班子成员的个体能量，并形成强大的合力。

振石的决策层、管理层、经营层里每一个领导都有各自的特点，比如分管战略投资的领导精通金融投资和资本运作，分管生产经营的领导精通生产现场管理和核心技术，经营层的领导擅长细节和质量管理，等等，他们都能充分利用自己的特长在不同的岗位上各显神通。

所以每一个人都有自己的天性，但是将他们处于特定的岗位或者风口浪尖之上，使得他们有共同的愿景和使命，他们的特长和战斗力就会被调动起来，充分释放能量，同时形成合力，积累起企业强大的竞争力。

当然，正如唐代著名宰相陆贽在奏折中所说，战胜敌人的关键在于是否能选到合适的将领，驾驭将领的方法在于是否能把握住驾驭的艺术，如果将领选的是不合适的人才，兵力虽多也不足倚仗，驾驭的方法没掌握好，将领虽有才能也难以发挥其作用。同样的道理，企业建立领导班子的关键就在于对所匹配的领导班子人员的选用、配置和灵活运用，这是一门艺术。

应用指南 || 如何打造强势管理层团队？

振石加强总部管理职能形成“多元集中”态势的案例，充分展现了企业打造强势管理层的成功实践。阅读完这一案例及从中拓展出的“商战智慧”，可以很清晰地总结出企业基于“择人任势”组建强势管理层团队的核心原则和主要方法：

- “不责于人”，统一分解“决策层、管理层和经营层”三级管理职能，建立高效的分工合作组织管理架构。
- 营造“决策—管理—经营”三级推进态势，将公司的战略决策和经营计划从决策层分解到管理层再落实到经营层。
- 用人之长，创造条件释放人才群体能量形成强大合力，积累起企业强大的竞争力。

二、主孰有道——构建大业同心的能量场

——水能载舟，亦能覆舟。企业发展如同舰船航行，除了需要顺应天地风浪之势，更需要拓展上下沉浮之力。

一支军队由成千上万的士兵组成，这些士兵往往各有各的兴趣，各有各的性格，各有各的梦想，如何才能充分调动他们的积极性，形成万众一心、齐勇若一的全军士气？这是将令统率军队所面临的一个难题。同样，企业在成长的过程中，规模越来越大，人员越来越多，如何激发员工的积极性，让员工全心全意、尽心尽力地为企业工作？我相信这也是一个企业所面临的难题，也是企业领导者非常希望解决的问题之一。其实，这也是孙子研究的重要课题之一，他认为解决这个问题的关键就在于“主孰有道”。

主孰有道，谁的一把手更能做到上下同欲。

孙子在《孙子兵法》的开篇《计篇》就提出，军事行动关系重大，因此在决策的时候应该着重考察分析比较双方的五个战略要素。他说：“故经之以五事，校之以计，而索其情。一曰道，二曰天，三曰地，四曰将，五曰法。”其中，“道”排在第一位，在战略决策分析时首先要考虑的问题就是“主孰有道”。

所谓“主孰有道”，就是哪一方的主有道，这里的“主”就是处于“主位”上的人，对国家而言是国君，对军队而言是主将，对企业而言是老总，对团队而言是一把手，简单地理解，主就是一把手；“道”就是“令民与上同意”，军

民上下目标相同，心意相通，可以同生共死，而不惧怕危险，这样才能做到“上下同欲者胜”，是竞争的政治和群众基础。

所以，一个组织或者团体的战斗实力主要取决于道、天、地、将、法这五个方面的战略要素，而其中最重要的要素就是“道”，“道”对整体竞争力的作用甚至超过武器装备和组织管理。而一个组织或者团体是否有“道”的关键又在于“主位”上的一把手得不得“道”，得不得民心，得民心者得天下。

相信很多人都听过陈平归汉和范增辞楚的故事，这两个故事都体现了一把手谁更得民心的重要性。陈平在鸿门宴上看中刘邦必成大器，就离开项羽归汉，跟随刘邦；陈平略施小计离间项羽与范增，项羽就上当疏远范增，范增离开项羽。

振石“十四五”战略规划制定中的“上下同欲”之道

2019年，张毓强推动振石启动“十四五”战略规划的编制工作，他要求战略规划编制工作不应当拘泥于形式上的战略框架和战略编制委员会等部分人的战略发展研究经验，而是应当结合企业的实际情况并立足于企业全体员工对企业的价值认同，本着同心同行的理念来开展战略规划编制工作。

振石集团子公司众多，且各业务板块之间关联性较弱，对编制集团五年战略规划工作带来挑战，单纯地自上而下和自下而上方法并不适用于集团的实际情况。

在张毓强的主导下，振石“十四五”规划编制采用了以“自上而下分解”与“自下而上合成”相结合的方法，推进战略规划编制的各项工作，耗时15个月，圆满完成了集团“十四五”战略规划的编制和发布。具体编制过程如下：

- 建立规划编制组织架构。为保证编制工作顺利展开，成立了以集团高管为成员的战略规划领导小组和以投资战略部为成员的战略规划编制工作小组，并根据集团主要业务板块，对编制工作进行分工。编制工作由战略规划领导小组统一部署，在工作小组组长的指挥下具体开展，各业务板块配合战略规划编制小组推进编写工作，集团各职能部门为编制工作提供资料信息支持。
- 制定五年战略规划编制大纲。大纲是编制集团五年战略规划的起点，也是决定五年战略规划编写方向和内容的统领性总绳。工作小组结合集团的实际情况，并召集各业务单位和职能部门进行多次讨论，广泛征求意见，初步拟定了集团五年战略规划编制大纲。此外，工作小组还根据集团各子公司的实际情况进行调整，初步形成各子公司的五年战略规划编制大纲。

- 召开各单位启动会，推进子战略编制。工作小组赴各职能部门和子公司召开五年战略规划编制启动会，强调战略规划编制的重要性，宣讲战略规划编制专业知识，明确分工安排，沟通需要协调的事情。同时，与各职能部门和子公司主要负责人进行深入访谈调研，进一步了解企业发展现状、外部环境和发展前景。

- 进行多轮问卷调查，收集信息。结合对各职能部门和子公司的调研情况，对各子公司的战略规划编制大纲进行调整，并据此编写有针对性的调查问卷，然后发给各职能部门和子公司填写。工作小组根据各职能部门和子公司填写的情况和反馈意见，对问卷进行优化调整，并再次发给各职能部门和子公司填写。如此逐步优化，直到信息收集达到完整、具体、切合实际。

- 编制八大指标体系的关键KPI指标。工作小组根据各单位的实际情况构建了八大指标体系，然后由各子公司和集团职能部门围绕这八大指标体系，提出各自未来五年的关键KPI指标，并填列未来五年的规划数据。

- 向战略规划领导小组做PPT汇报。工作小组协助各子公司和集团职能部门根据各自的规划编制大纲、问卷调查收集的资料和未来五年关键KPI指标制作PPT，并向战略规划领导小组做汇报。各子公司和集团职能部门按照张毓强在会议上提出的要求做修改调整和补充完善，并再次汇报，直到无进一步修改意见。

- 编写子战略规划Word文稿。各子公司和集团职能部门根据经汇报确定的PPT，编写各自战略规划的Word文稿。工作小组对各子公司和集团职能部门提交的战略规划材料进行检查及格式统一统稿，并报送战略规划领导小组审阅。

- 编写集团总战略规划（PPT）。梳理汇总各子公司和集团职能部门战略规划材料，详细梳理集团历史沿革、专利、荣誉、大事记、组织架构变化、董监高变动及子公司信息等资料，协同财务部和人事部编制汇总集团关键KPI指标。总结集团过去五年取得的发展成果，剖析发展过程中存在的问题，分析集团的优势和劣势、外部的机会和威胁，提出集团新的使命、愿景和未来五年战略目标，等等，形成集团总战略规划汇报PPT。

- 集团总战略规划的汇报及修改完善。战略规划领导小组针对集团总战略规划召开十余次专题讨论会，工作小组根据张毓强在会议上提出的指示精神和修改意见，进行了几十轮的内部分析与讨论、测算和几十稿的反复修订、补充、完善和优化，最终确定集团总战略规划纲要。

- 撰写集团总战略规划Word文稿。工作小组根据最终确定的总战略规划PPT，撰写集团总战略Word文稿。同时，对总规划附件文件进行检查和统稿。最后，报送张毓强审定后进行委外排版印刷。

- 战略规划材料的发放与发布。将印刷商交付的五年规划材料进行汇整编号，在指定范围内发放，并召开隆重的振石“十四五”规划发布会，让大家明确企业“十四五”规划的使命、愿景和目标，统一思想、点燃激情、落实行动。

1.“主孰有道”关键在于一把手，作为“1”的你一定要正

张毓强作为振石的一把手，十分重视员工对企业价值的认同。他在企业战略规划编制的过程中，强调同心同行的理念，自己立身正，治企方向正，这也是“主孰有道”的重要表现。

柳传志有一段很有名的话，他说：“做人要正。虽然这是老生常谈，但确确实实极为重要。一个组织里面，人怎么用呢？我们认为每个人都相当于一个阿拉伯数字。比如说1000，前面的1是有效数字，带一个0就是10，带两个0就是100……其实1极其关键。很多企业请了很多有水平的大学生、研究生，甚至国外的人才，依然做得不好，是因为前面的有效控制不行，他也是个零。作为1的你一定要正。”

2.“道”的核心在于内部构建相同的愿景和目标

“道”的核心在于“上下同欲”。振石在制定企业的战略规划与战略目标时，采用了以“自上而下分解”与“自下而上合成”相结合的方法，广开言路，汲取骨干和员工的智慧，博采众长，尽可能地将广大员工的理想融入企业的发展使命和愿景中，企业不是一个人的企业，而是全体员工的共同事业，所以大家有着共同的愿景和目标。

因此，企业在内部管理和战略决策过程中，可以选择从下至上广泛讨论，使得我们制定的企业战略规划与战略目标是组织上下讨论、集采众人智慧的结晶。要尽力避免领导干部关在办公室里拍脑袋做决定，这极容易犯下战略方向性的大错误或者做出不够民主的决策，这样便很难达到组织成员“上下同欲”

的效果。

3. 一把手要有为人和职业之道，以德服人

张毓强作为振石的一把手，他始终将自己的全部心血灌注在企业战略发展的事业中。在新时期的企业发展战略中，他提出要与员工共享企业发展的成果，这就是他的以德服人之道。

领导者的德首先是职业道德，忠于一个目标，除了关心自身，还应当忠于一项事业，一件产品，一个组织，一个工作团队或一个想法。同时，要具备自我管理能力，能够独立思考工作，无须严密监视。

最重要的还是要达到孙子对为将之道的一个要求，就是“故进不求名，退不避罪，唯民是保，而利合于主，国之宝也”。作为企业的领导者，就是要做到一心为全体员工努力，为企业出力，才能值得上下信任，全员跟随。

4. 一把手要有管理之道，以道驭人

张毓强相信组织的每一个成员都是人才，让大家共同参与企业未来发展战略规划的编制。

在企业的战略发展规划确定之后，通过隆重的发布会形式向每一个人传达企业的战略规划和战略目标。这不仅仅是表面上的传达，而是说清楚为什么要制定出这样的规划与目标的思考。

这样，企业内部管理要让员工充分参与和理解，提高组织成员的分析能力和思考能力，通过这种方式有利于达成“上下同欲”的共同愿望。

同时，企业还要想办法促进不同职能部门的组织成员之间交流与沟通，互相了解其他部门的工作流程与基本职能，甚至于其他部门工作过程中的特点与难点。唯有相互了解与沟通，才能容易相互体谅、相互协调，上下同欲去实现组织制定的工作目标。

5. “主孰有道”的生命就在于人心

孙子认为道的关键就在于“令民与上同意”，这里的“令”就是“使”的意思。所以，“主孰有道”不仅是要一把手自己心里有“道”，更重要的是，一把手要将“道”的种子播进员工的心里，通过得民心和民意的方针政策和种种领

导艺术，使得军民自觉自愿地与上层的意思和目标达成一致。

上下一致就是得了道，上下离心离德就是不得道，这一条既是战争胜负的决定因素也是企业竞争成败的首要条件。张毓强在领导振石制定“十四五”战略发展规划之后，又将战略目标进行发布和分解，明确各单位的战略目标落实的计划和措施，从而推动战略发展规划目标按计划落地实现。

所以，一个企业，一个领导有了好的理念，就需要通过自己的理念来影响员工的行为，并且设置一套维护这种理念的制度和行动准则。

企业管理工作千头万绪，其中的关键就是要让员工之间产生一种强大的团结力量，增强企业内部的凝聚力，让员工对企业未来形成共同愿景，形成孙子所说的“上下同欲者胜”的精神力量，从而提升员工对企业的向心力和忠诚心，这就是“主孰有道”的生命力所在。

应用指南 || 如何构建大业同心的能量场?

振石“十四五”战略规划制定的案例，充分展现了企业的上下同欲之道。阅读完这一案例及从中拓展出的“商战智慧”，可以很清晰地总结出企业基于“主孰有道”构建大业同心能量场的核心原则和主要方法：

- “主孰有道”关键在于一把手，一把手立身正，治企方向才能正。
- “道”的核心在于“上下同欲”，管理者要在内部构建相同的愿景和目标。
- 一把手要有为人和职业之道，以德服人，做到一心为全体员工努力。
- 一把手要有管理之道，以道驭人，让员工充分参与和理解企业管理，逐步达成“上下同欲”的共同愿望。
- “主孰有道”的生命就在于人心，一把手要将“道”的种子播进员工的心里，增强企业内部的凝聚力、向心力和忠诚心。

三、将孰有能——打造强有力的核心管理团队

——优秀的核心管理团队是企业发展壮大的中流砥柱，而优秀的核心管理团队应当适应动态环境，具有“进不求名、退不避罪”的担当和“唯民是保而利于主”的境界。所以，企业组织管理的有效手段就是人尽其才，识众寡之用者胜。

千军易得，一将难求。孙子认为，决定战争胜负的五个关键要素之一就是“将”，“知兵之将”是士兵生死存亡和国家安危的主宰。企业的经营管理也是这样，要靠管理团队的运筹帷幄、审时度势、指挥调度、灵活应变，可以说优秀的管理团队是企业发展壮大的中流砥柱。那么，如何打造一支卓越的核心管理团队呢？这是每一个企业都十分关心的现实问题。

将孰有能，置将不善，一败涂地。

“将孰有能”，就是对比敌我双方，看谁的将领更有德、有能。在战场上，将帅的领导力主宰着军队的胜败命运。

在长平之战中，赵国的主将廉颇抓住了秦国客场作战不占地利耗不起的弱点，采取了只守不出战的策略，廉颇占据地利，秦军也拿他没办法。这时，赵军的优势就在于廉颇这位主将有能，秦军在被动的情况下采取了“先夺其所爱”的策略，通过离间计让赵王把主将由廉颇换成赵括。由于赵括擅长纸上谈兵但

缺乏实战经验，最终导致赵军败北。可见，同样一场战争，主将不同，战争的局势就不同，胜败的关键就在于“将孰有能”。

如果换一个角度看，在长平之战中，赵军失败的真正原因不是主将本身的过错，廉颇和赵括本来就各有短长，这是事实。所以，如果赵王知人善用，不临阵换将，则胜负“或未易量”。所以，如果战争的失败是因为主将无能造成的，则错不在主将，而在于用将不当。

孙子提出了分析评判将领能力素质高低的五个方面，或者说将领应当具备的五种核心能力素质，就是“智、信、仁、勇、严”这五个将领的领导力要求，一般称为“为将五德”。尽管我们说优秀的将领应当同时具备这五种领导力素质，但金无足赤、人无完人，每个将领都会有各自的特点，各有短长。因此，在选将、用将的过程中，要特别注意扬长避短，“识众寡之用者胜”。如果有知兵之将则要知人善用，但千军易得，一将难求，所以还要爱惜将才。

在秦国灭赵之战中，王翦统兵，李牧迎战，也要坚守而不主动出战，结果秦军没办法又故技重施，离间赵王派人杀掉了李牧，导致赵军败亡。其实此前，秦军曾多次进攻赵国，都被“李牧连却之”，李牧是赵军中难得的“有能”大将，可以说是秦军的心头大患。可惜的是，赵王没有信任和爱惜这样的将才，轻而易举地把他给杀了。

苏洵对此深有感触，他在《六国论》中分析六国败亡的原因时，就很惋惜地说：“（如果）良将犹在，则胜负之数，存亡之理，与秦相较，或未易量。”其中的“良将”指的就是李牧，赵国本来还可以与秦国抗衡，胜负难料，但赵王杀掉了李牧就相当于伐掉了赵国自己最后的一根顶梁柱，导致覆灭。“灭六国者，六国也，非秦也。”六国灭亡的原因不在于秦国，而在于六国自己。其中，赵国灭亡的原因也不在于秦国，而在于赵国自己，赵王在杀死良将李牧的时候就断送了赵国最后的希望。

振石打造精锐中层核心管理团队

振石一直特别注重打造厂部级和科级中层干部队伍，通过引入竞争机制，建立健全程序规范，实施中层干部竞聘上岗，加强干部任期内的考评管理，贯彻集团公司对中层干部“能者上、平者让、庸者下”的选人、用人原则，以增强中层干部队伍的竞争意识和工作的责任感、紧张感和压力感，从而增强中层干部的活力，提升综合素质。

中层干部都要竞聘上岗，科级干部每两年竞聘一次，总助级及以上干部每三年竞聘一次。竞聘上岗采用“自主申报—资格审查—公示—竞岗陈述—全面评审”的评审程序，综合考察干部任职能力，择优聘用，宁缺毋滥。竞岗陈述的内容要求目标明确、重点突出、任务具体、措施得当、条理清晰、实事求是，并且所有参与竞岗的人员在竞岗时提出的工作计划和做出的业绩承诺必须符合科学性、先进性和可操作性的原则，接受经济责任制考核。

对竞聘上岗的中层干部要进行聘任期内考核，包括两项：一是晋升职务干部考核期（考核期六个月）考核，二是中层干部年度综合考核，考核具体按照《中层干部任期考核管理实施细则》执行。经过考核，如果发现中层干部在任期内存在违法、违规、过失等行为，不能胜任工作或者不服从工作调动安排等情况时，对任期内的干部进行解聘、降职、调岗等处理。

实际上，振石的中层核心管理团队已经形成了务实能干、执行高效、有责任、有担当的整体态势，随时随地体现出“品行、创新、责任、学习、激情”的核心能力素质：

- 品行：诚实守信，简单做人，真诚待人，踏实做事，遵纪守法，作风正派，充满并能传递正能量。
- 创新：有扎实的专业知识和技能，创新意识强，敢于和善于引领创新实践，能够适应新的工作环境的要求，能够接受不同工作岗位的挑战。
- 责任：热爱公司，热爱岗位，有强烈的责任意识和履行责任的能力，能够以大局为重，接受工作调动，服从统一指挥、统一安排，独当一面，不推卸责任。
- 学习：热爱学习，善于学习，乐于传、帮、带培养新人，善于总结工作经验和教训，不断丰富自己的岗位知识、提升管理技能。
- 激情：工作、生活态度积极向上，身体健康，充满激情。

在振石内部，“品行、创新、责任、学习、激情”被称为“十字方针”，既是分析评判领导干部能力素质高低的五个着眼点，也是领导干部在工作过程中发挥领导力的五种途径，还是领导干部带领团队的五大抓手。振石的“十字方针”与孙子的“为将五德”一脉相承，通过创新和学习强“智”，通过品行立“信”倡“仁”，通过责任显“勇”示“严”，通过激情充分发挥“智、信、仁、勇、严”的领导力。

1.能够适应动态环境的领导素质

孙子认为，优秀的将领一定要适应动态的环境，善于在不同环境中利用有利条件，以获得地利优势。他在《九变篇》中说：“故将通于九变之地利者，知用兵矣。”强调将领用兵要根据不同的地形环境灵活变通，才有可能获得地利，也才有可能利用地理条件充分发挥出官兵的作用。

振石也特别注重培养适应动态环境的中层领导干部，主要采取两种途径：

一是培养中层领导适应动态环境的工作能力。除了要求中层领导干部要有扎实的专业知识和技能之外，还注重培养中层领导干部的创新工作能力，使得中层核心管理团队的创新意识强，敢于和善于引领创新实践，能够适应新的工作环境的要求，能够接受不同工作岗位的挑战。

二是将中层领导投入动态环境中进行锻炼。振石的中层领导都需要接受工作调动，服从统一指挥、统一安排，在国内与国外不同的动态环境中“上挂、下派、外练、互动”。这样的内部管理机制和文化造就了中层核心管理团队适应动态环境的觉悟、意志和能力。

2.“进不求名，退不避罪”的领导担当

孙子强调将领要有担当，他在《地形篇》中说，将领要“进不求名，退不避罪”。需要进攻就果断进攻，不是为了追求个人的名利，需要撤退就坚决撤退，哪怕要因此承担撤退的罪责。

张毓强要求中层干部践行责任，独当一面，不推卸责任，强调领导者要有与其岗位职责相对应的担当。在振石内部，领导者所承诺的工作任务和计划不是虚的，而是实实在在接受经济责任制的考核。工作目标完不成或者出现问题和损失，在谁的职责范围之内，就由谁承担责任。即便完全是下属的过错，领导者也要承担全部责任，张毓强将这种责任称为“领导的过剩责任”。

实际上，一个好的领导者应当具有“进不求名，退不避罪”的担当，专注于履行自己的岗位职责，而不在工作中夹杂追求自己的个人名利，为了完成工作任务能够坦然面对和承担责任。

3.“唯人是保，利合于主”的领导境界

孙子在《地形篇》中说，将领要“唯人是保，而利合于主”。一切都是从整

个组织的角度出发，从组织的根本利益，同时也是领导的长远利益的角度来考虑问题。这样的人才是组织中最宝贵的财富。

张毓强经常强调，领导者一定要有悟性，要执行领导的决定，但不是简单地言听计从。如果没有悟性，不能领会上级的真正意图，领导说干啥就干啥，而不知道根据实际情况进行变通，这只能算是听话，但绝对不符合真正意义上的执行力要求。

因此，领导者要能从整个组织的角度考虑问题，他可能不是100%按照上级的要求一字不变地执行，但是他的所作所为是基于实际情况的变化而从组织长远的角度考虑问题，完全符合组织的全局利益和领导的真实意图。同样，领导者要求下属全力达成自己的工作目标要求，而不会苛求下属一味地拘泥于自己的具体的方案和命令，甚至能够坦然承认自己的指示错误，并根据下属的意见来调整更切合实际、更有效的方案。

这样的领导真正把自己的命运与组织的命运联系在一起，休戚相关，荣辱与共，因而把组织的利益看得高于个人的得失。因此，才能更好地从组织意图的角度理解任务的真正含义，而不拘泥于任务本身，从而更富有创造性地去帮助员工实现任务目标。

4.“惟无武进，足以并力、料敌、取人”的领导能力

孙子认为，行军打仗不在于兵力越多越好，只要不轻敌冒进，并能够集中兵力、判明敌情、取得部下的信任就足够了。因此，领导者要有“惟无武进”的稳重，要有“足以并力、料敌、取人”的综合能力。

振石坚持“组织精简、人员精干”的原则，着力打造精锐的中层干部队伍。通过中层干部竞聘上岗以及任期考核，增强竞争意识和工作的责任感、紧张感和压力感，从而锻炼了中层干部的稳重和务实。

振石的中层干部都要传、帮、带培养新人，善于总结工作经验和教训，不断丰富自己的岗位知识、提升管理技能。这样能使领导始终保持知识和技能的先进性，有助于树立和增强领导的权威，提升领导的“并力”和“取人”能力。

同时，还要求中层干部能“料敌”，结合实际环境完成工作任务，要求工作目标明确、重点突出、任务具体、措施得当、条理清晰、实事求是，具备完成职能工作的综合能力。

5. 把人放在最合适的岗位上，“识众寡之用者胜”

孙子在《谋攻篇》中强调：“识众寡之用者胜。”领导者要善于配置和利用资源，以便最大限度地发挥资源的效能。在组织管理中，领导者也要善于根据不同人的特点，把人放在最合适的岗位上，以便充分发挥人的作用和价值。

张毓强任用领导干部都是“择其能而用之”，振石聘任的有些中层干部是“有争议的人”。人无完人，有的人或多或少存在一些缺点，但某一方面的优点也很突出，就可以把他放在合适的岗位上发挥其优点。比如，将一个性格火暴、喜好权力但执行力极强的人放在国外生产项目现场管理的岗位上，可以高效地完成艰苦条件下的“拓荒”任务。

6. 信任并爱惜知兵之将，“将能而君不御者胜”

由于企业所处的经营环境是复杂多变的，经营管理行为也是动态的，任何一个经营计划和行动方案都不可能是完美的、绝对正确的，而且很多突发事件和新问题的处理根本来不及等到决策层制订一个具体的计划和行动方案。

在这种情况下，重要的就不再是上级具体的方案和命令，而是如何实现上级的整体意图和总体工作目标，方案和命令只是实现整体意图和总体工作目标的手段。张毓强习惯于将工作目标下放给中层领导干部，然后通过经济责任制考核与任职考核挂钩的方式将工作目标责任到人，牢牢把握住任务目标，而适度放开落实目标的具体计划和方案。

孙子在《谋攻篇》中也强调：“将能而君不御者胜。”因此，好的组织管理要信任并尊重中层领导，他们往往更贴近现场，更了解实际情况，要允许他们对制定的方案和命令进行合理的变通执行，并给予他们处理突发事件和新问题的适当的“自由裁量权”。

应用指南 || 如何打造强有力的核心管理团队？

振石打造精锐中层核心管理团队的案例，充分展示了企业打造强有力的核心管理团队的成功实践。阅读完这一案例及从中拓展出的“商战智慧”，可以很清晰地总结出企业基于“将孰有能”打造强有力核心管理团队的原则和主要方法：

- 培养能够适应动态环境的领导素质，使得领导者善于在不同环境中利用有利条件，以获得市场“地利”优势。
- 培养“进不求名，退不避罪”的领导担当，使得领导者专注于履行自己的岗位职责，而不在工作中夹杂追求自己的个人名利。
- 培养“唯人是保，利合于主”的领导境界，从组织意图的角度理解任务的真正含义，而不拘泥于任务本身。
- 培养“惟无武进，足以并力、料敌、取人”的领导能力，结合实际环境完成工作任务。
- 人尽其才，把人放在最合适的岗位上，以便充分发挥人的作用和价值。
- 信任并爱惜知兵之将，允许更了解实际情况的人对制定的方案和命令进行合理的变通执行。

四、天地孰得——营造开放融通的内部管理环境

——企业处在经济潮流涌动的市场环境中，因此，营造开放融通的内部管理环境是“知天知地”从而达到“胜乃可全”的前提条件。

有的企业很擅长内控管理，生产效率高，产品质量好，于是大手笔扩建生产线。但产能放量之后发现产品根本卖不出去，最后发现市场上早就存在性价比更高的替代产品，自己的产品虽有小众的需求，但并没有大的市场。出现这种问题的根源就在于企业的生产经营者不知天不知地，不了解外面的经济环境和市场情况。所以，企业经营总是在特定的时空条件下进行的。因此，在战略决策时，我们就需要借鉴孙子的策略，比较分析天地孰得，掌握天时地利优势。

天地孰得，谁掌握天时地利优势。

“天地孰得”，就是看交战双方谁得到天时与地利的优势。天与地都是客观环境和条件，交战双方无不想尽办法抢占天时地利。而天时地利始终自然存在，自然运转，不会自动地倾向哪一方。要想得到天时地利只有一个办法，那就是看谁更能发挥主观能动性赢得天时和地利。所以，“天地孰得”重在“得”字。那么，如何积极作为，赢得有利的天时地利条件呢？

首先要“知天知地”，天和地指的是战争所面临的宏观形势和战场环境。孙子认为，如果在作战中仅仅知道敌我双方的情况而不了解战场的地形情况，则“胜之半也”。只有既了解敌我双方的情况，又充分了解战场地形环境的有利条

件，才是“知兵者”，才能在战场上做到“动而不迷，举而不穷”。对战场环境了如指掌，在军事行动中，才能够充分地利用各种有利条件想出层出不穷的取胜办法，这样就能“得”天地之利。

此外，处于战场环境的地形条件多种多样，孙子认为存在“九地之变”。这些复杂多变的地形条件如果不了解，就会成为我们行军作战的陷阱和障碍。但如果我们了解正常复杂的地形情况，就可以充分利用地形的有利条件找到克敌制胜的“捷径”或者“诡道”，甚至还可以综合运用“九地之变、屈伸之利、人情之理”来营造提振士气的“内部管理环境”，借“九地之变”造“霸王”之势，成倍放大军队的战斗力。

对企业而言，也要“知天知地”。了解宏观政治的经济大势和行业的竞争格局，才能在市场竞争中掌握主动权。更重要的是，我们要借鉴孙子的智慧，在企业的内部管理中通“九地之变”，放大团队的战斗力，成就“霸王之兵”。

“通九地之变”，振石和巨石营造多场景的内外交流环境

张毓强多次强调企业管理工作要与外界联通，要适应外部市场的变化，要主动适应市场，求变应变。他要求员工特别是业务人员的办公地点不应该局限在办公室，要从办公室里走出去，主动出击，紧盯市场，关注各种信息。因此，振石和巨石都会不断参加各种展会，如法国复合材料展、国际风能展、上海国际复合材料展、德国复合材料展、美国复合材料展、中国进口博览会，世界互联网大会等。通过参与这些外部会议，员工可以获得关于最新产品和市场变化的第一手信息，通过与参会客商的沟通，彼此增进了解，还可以获得合作的机会。

为了更好地了解市场并进行资源整合利用，振石和巨石每年都会举行行业年会，邀请全球100多个国家和地区的客商齐聚桐乡企业总部，交流信息，洽商业务，深化合作，在企业内部创建了一个全球性开放融通的行业信息和业务交流平台。比如，巨石每年坚持举办国际玻纤年会，2004年前的中外客商就有500多人；2006年，时任博鳌亚洲论坛秘书长的龙永图参加第十一届巨石年会时，用“小联合国”形容年会的盛况；之后，每年的客商都有1000人左右，来自近100个国家和地区。参会的客户和巨石进行宏观经济大势预测、行业发展趋势分析、产品应用前景展望、商贸合作洽谈，资源和信息融会贯通，更好地赋能企业的创新发展。

除此之外，张毓强还在企业内部构建沟通与交流的多场景平台，比如定期和不定期地召集核心管理层早餐会、月度总裁工作例会、年中工作会、年终工作会等，保持常态化内部沟通和交流，随时了解和掌握企业自身的经营现状与外部市场变化情况，从而获得了立足“先知”，把握“先机”的竞争优势。

除了工作环境以外，张毓强还要求员工在工作中充分考虑外部环境因素的影响，比如投资项目在决策之前需要充分考虑项目相关的投资环境影响，新产品的开发需要考虑市场需求，产能的扩张需要考虑行业的饱和程度等。总之，企业的内部管理工作都是与外部环境紧密联系的，无论是工作环境、工作机制，还是工作方法，都需要做到内部管理工作与外部环境信息融通交流。

1. 内部管理要有利于了解宏观大势和市场环境

前面我们讲过，“天地孰得”重在“得”字。那么，如何积极作为，赢得有利的天时地利条件呢？首先要“知天知地”。对企业而言，天和地指的就是企业经营所面临的宏观形势和行业环境。如果不了解外部的天时地利情况，则企业经营就会处于“胜之半也”的尴尬境地，就不能“得”天地之利。

因此，振石和巨石企业管理的一个很重要的方面就是要架起内部管理与外部市场之间的桥梁。通过这个桥梁，内部的员工可以很便捷地了解和进入外面的环境，外部的环境信息和资源也可以很便捷地流入企业的内部，这样才能做到“知天知地”，然后得天地之利。

因此，企业的管理者要把握一个原则，那就是内部管理要有利于“知天知地”，了解宏观大势和行业环境。如果企业内部管理仅仅局限于“内部”，而忽略了和外部的联系，那么，企业经营就会陷入故步自封的状态，跟不上外面市场形势的变化，最终走向被市场淘汰的结局。

2. 建立多场景的内外交流平台

一般而言，处于战场环境的地形条件多种多样，孙子认为存在“九地之变”。同样，企业所面临的经济形势和行业环境也是复杂多变的，企业管理者要比较全面地了解外部信息并不是一件容易的事情。

张毓强在振石和巨石创造了日常化的早餐会、定期的工作例会和一年一度的行业年会等多场景的内外交流平台，从而实现了外部信息的畅通流入和信息流入后的充分消化吸收和利用。

这种多场景的集中交流既是一种平台，也是一种工作机制，建立交流平台有利于信息分享与利用工作机制的形成，而这种工作机制的形成又有利于进一步丰富交流平台的功能，这就是企业内部管理的“多场景”信息赋能。

3. 营造开放融通的工作环境

如果说多场景的交流平台是硬性的工作环境，那么多渠道的对外交流方式便是软性的工作环境。

张毓强强调企业管理工作要与外界联通，要适应外部市场的变化，要主动适应市场，求变应变。他要求员工特别是业务人员的办公地点不应该局限在办公室，要从办公室里走出去，主动出击，紧盯市场，关注各种信息。这样，企业就形成了员工“走出去”与外界交流的工作环境。

4. 建立战略决策和经营计划的环境分析模式

除了工作环境以外，张毓强还要求员工在工作中充分考虑外部环境因素的影响，在战略决策和经营计划中形成环境分析模式，以便于决策和计划适应外部环境的变化，更加切合实际。

比如，投资项目在决策之前需充分考虑项目相关的投资环境影响，进行项目的外部环境评价与分析，从外部政治、经济、社会和技术等方面考察项目的优势和劣势，预判项目存在的机遇和挑战。

这样，企业的内部管理工作都是与外部环境紧密联系的。在振石和巨石，无论是工作环境、工作机制还是工作方法，都需要做到内部管理工作与外部环境信息融通交流。

5. 充分利用市场环境的“九地之变”，营造团队的创新应变之势

处于战场环境的地形条件多种多样，孙子认为存在“九地之变”。市场环境如同战场环境一样复杂多变，企业可以综合运用“九地之变、屈伸之利、人情之理”来营造提振士气的“内部管理环境”，借“九地之变”造“霸王”之势，成倍放大团队的战斗力。

张毓强在振石构架内部管理工作与外部环境紧密联系的“桥梁”，无论是工

作环境、工作机制，还是工作方法，都可以做到内部管理工作与外部环境信息融通交流。这样，外部环境的复杂多变也会推动形成内部管理的主动应变和创新求变的态势。

当企业员工对外围环境都特别敏感的时候，企业还可以利用外部环境的压力来增强团队的凝聚力和工作动力，利用孙子“圮地则行、围地则谋、死地则战”的造势智慧，激发员工不畏困难、勇敢前行、创新突围、绝地反击的精神和力量。

应用指南 || 如何营造开放融通的内部管理环境?

振石和巨石营造多场景的内外交流环境的案例，充分展示了企业营造“通九地之变”的内外环境的成功实践。阅读完这一案例及从中拓展出的“商战智慧”，可以很清晰地总结出企业基于“天地孰得”营造开放融通内部环境的核心原则和主要方法：

- 内部管理要有利于“知天知地”，了解宏观大事和市场环境，架起内部管理与外部市场之间的桥梁，实现内外信息和资源互通利用。
- 建立多场景的内外交流平台，形成信息分享与利用工作机制。
- 企业管理工作要适应外部市场的变化，营造开放通融的工作环境。
- 要求员工在工作中充分考虑外部环境因素的影响，建立战略决策和经营计划的环境分析模式。
- 充分利用市场环境的“九地之变”，营造团队的创新应变之势，成倍放大团队的战斗力。

五、法令孰行——以制度建设为基础强化执行力

——法令孰行彰显的执行力就在于令而素行，哪怕选择“君命有所不受”，虽立功，也能心甘情愿受罚。

对处于快速发展期的企业，规模越来越大，业务范围越来越广，人员也越来越多，组织管理的难度就会越来越大。那么，大型的优秀企业的强大执行力和战斗力是来自哪里呢？其中一个很重要的因素就是“铁的纪律”。

其实，大型的企业管理可以借鉴军队管理的理念。正所谓“铁打的营盘，流水的兵”，不管兵员如何流动，营盘始终如铁打一样稳固，关键就在于有统一的行动规范，纪律严明，这就是孙子所强调的“法令孰行”。

法令孰行，谁更能执行法令。

所谓“法令孰行”，就是看谁能更好地坚持贯彻法治，谁就能提升形成更高的军队战斗力，这是保证军队在战争中获胜的一个关键因素。

对孙子讲的“法令孰行”，我们可以从以下三个方面来理解：

首先，法令孰行的前提条件是要有法令。也就是说，要事先建立起法令法规以便遵守，才能统一规范军事行为。汉高祖刘邦在攻占秦都城咸阳之后，就“约法三章”，宣布了三条必须遵守的法律：杀人者要处死，伤人者要抵罪，盗窃者也要判罪。这三条法令无论是谁都要遵守，父老乡亲要遵守，军队战士也要遵守，所以要管理好秩序，就得先有法令。

其次，有令必行。如果法律仅仅停留在纸面上或者口头上，而得不到有效的执行，那这样的法律也就是一纸空文，起不到约束和规范的作用。所以，有令必行很关键，建立起法令法规之后还必须做到真正地贯彻执行，才能让法律法规的要求落实到具体的行为中，达到规范的效果。

最后，令必素行。这里的“素”是“向来，平时”的意思，“素行”就是强调各级将士服从管理的关键在于上级是否坚持贯彻执行法律法规，一旦颁布，就必须坚决贯彻执行，决不朝令夕改。如果法律法规执行时紧时松、因人而异，那就得不到士卒们的敬佩和服从。

治企如治军，现代企业也要重视法治管理，要建立健全一套完全适合企业自身发展的管理制度，并使之贯彻执行，提高管理效率，提升企业的执行力和竞争力。

“令必素行”，振石制度建设中的执行力来源

振石是一家执行力很强的大型民营企业，它的执行力来源是多方面的，但其中一个最主要的来源是在制度建设的过程中，员工通过持续参与制度的制定、执行、指导、监督、评价过程，形成的执行力文化。

张毓强一贯以来，特别重视制度和执行力建设。以振石为例，一直紧抓八大管理的新提高，健全并提升集团“企业文化管理、人力资源管理、体系管理、投资管理、财务管理、采购管理、销售管理、稽查法务管理”体系，这在振石发展战略中被称为“八新任务”。“八新任务”以集团各职能部门为中心以制度建设为基础，以制度执行为抓手。

在2015年至2019年这五年中，振石制定新标准229个，修订简化制度和标准635个，废止88个。截至2019年底，现行有效的制度与标准1520个。集团总部向下发的标准不存在不一致的问题，这些标准有的叫“遵照执行”，大家要无条件遵守；有的叫“参照执行”，分厂、子公司可以结合自身情况进行调整，但调整后必须报总部，经审核没有问题后，由总部纳入管理体系的平台；分厂、子公司自己可以有一些自己的标准，但也要放入总部的平台，纳入集团总部的整个管理体系之中。

这些制度和标准都是由各职能部门和业务单位作为责任单位，结合企业的实际情况拟定制度和标准初稿；然后组织相关部门和人员进行讨论修订，形成

征求意见稿，发给集团范围内的各单位征求意见；各单位一般在收到征求意见稿之后2到4个星期内结合自己单位的实际情况，就制度和标准征求意见稿提出修订意见，反馈给责任单位；责任单位汇总、分析、吸收修订意见形成制度和标准的报审稿，报送体系管理部门进行制度的标准化审查；标准化审查通过后形成定稿，再按照制度文件的相关管理规定进行审批下发。

根据集团的制度下发和执行要求，各单位在收到新的制度和标准之后，应当由负责人组织相关人员进行专题学习，并形成制度学习会议纪要，记录制度培训学习的参与人员以及学习内容、学习过程和学习评价情况。

同时，制度和标准的责任单位有责任根据制度和标准的制定情况和可适用情况，自主组织相关单位和人员进行制度的贯彻和落实。然后由体系管理部门对制度和标准的执行情况进行定期和不定期的检查和评价，并根据评价结果对相关单位的负责人进行制度执行的考核，考核结果直接与相关人员的奖励挂钩。

体系管理部门有责任在制度建立的基础之上强化管控执行，提升管理执行力。每年修订完善部门职责权限和分工，完善制度和执行力的管理短板和漏洞，将制度的建设和执行纳入创新工作计划目标管理。突出重点和关键目标，更彻底、更有效地开展各子公司制度建设和体系管理，评审和监督指导工作，通过季度交流和专家开课培训，提供相互学习、相互沟通的平台和机会，协助子公司开展制度建设和管理体系的导入、运行、管理等。

1.“方则止，圆则行”，立足于实际进行制度建设

企业的管理制度只有与企业的发展战略和实际情况相契合，才能有效落地并发挥规范作用。振石在制度建设中，就特别重视这一点，为了使新的制度和标准满足实际需求，制度和标准的制定要由相关的业务单位结合业务实际负责拟定初稿，这样的制度和标准被制定出来之后，在执行的过程中才能“行得通”。

孙子说：“方则止，圆则行。”企业的管理制度就像木材和石头一样，能不能滚动产生效力取决于其“形”是方还是圆。如果一个制度不是从实际出发而只是“方形”的套用“模板”，那么它就缺乏适用性；反之，如果一个制度是从企业的实际情况出发，在制定的过程中就磨掉了不能满足实际需要或者与实际需要不契合的“边角”部分，那么它就如同“圆的石头”一样，就能滚动执行下去。

2."有令必行"的执行力培养要从员工参与制度制定开始

前面我们讲过，如果法律仅仅停留在纸面上或者口头上，得不到有效的执行，那这样的法律也就是一纸空文，起不到约束和规范的作用。所以，"有令必行"很关键，企业在建立起制度和标准之后还必须做到真正的贯彻执行，才能让制度和标准的要求落实到具体的行为中，达到规范的效果。

但是，有的企业可能经常会碰到这样的难题：企业的制度下发了之后，员工根本没有动力去执行，甚至直接将企业下发的制度和标准放在一边，连看都不看，在这样的情况下，制度的执行力无从谈起。

产生这种情况的一个很重要的原因就是，员工认为，制度和标准就是企业对自己的单方面要求，甚至带有抵触情绪。振石在制度建设的过程中，都是由业务单位一线讨论并形成制度和标准的初稿，制度和标准都是一线领导和员工的工作经验和智慧的总结，相当于是员工自己的劳动成果和智慧结晶。因此，员工更容易接受和执行这样的制度和标准。

3."令必素行"，将遵守制度转化成一种行为习惯

"令必素行"，就要求企业的规章制度在任何情况下都能得到遵守和执行。但是在实践中，很多企业容易出现一个问题，即企业的制度和标准在刚下发的时候，员工是遵守和执行的，但没过多久大家就松懈了，时间再过久一点，这些下发的制度和标准都形同虚设，得不到有效的执行。

导致这种情况的原因有很多，但有一个原因是最为常见的：制度下发以后，企业缺乏对制度的贯彻执行，有的企业甚至今天下发的制度，明天就废除了，改成新的制度，使得员工无所适从。

要知道，制度内化于心、外化于行，是需要一个积累和转化的过程的。振石在制度建设中为了有效地避免此类问题，在制度下发以后，体系管理部门对制度执行情况进行了长期的跟踪、监督、评价和考核，并总结提出制度执行的改进和优化措施，指导每一名员工都将遵守制度转变成自己的行为习惯。

4."三令五申"，让法令深入人心

"三令五申"这个成语的出处与孙子的经历直接相关，来自人们耳熟能详的

"吴宫教战"。根据《史记》的记载，孙子在吴王的面前通过三令五申的方式，将手无缚鸡之力的宫女变成骁勇善战的战士。孙子也不惜以被吴王杀头的方式告诉人们，法令法规一旦颁发，要通过三令五申的方式强化认识，潜移默化，使得法令法规深入人心，以保证大家清楚法律，遵守法律。

企业的管理制度也是这样，如果员工对一项制度的要求不了解，那么，制度的执行就无从谈起；如果员工对一项制度的目的和精神不理解，他们也就不情愿去好好地执行。所以，企业制度建设的一个很重要的任务，就是要让员工充分地了解制度的要求，理解制度的目的和精神。

那么，如何让员工去了解和理解制度呢？我们可以参照孙子"三令五申"的办法，比如可以借鉴振石的经验，在新的制度和标准下发以后，由单位负责人召集本单位的员工学习下发的制度和标准；同时，由制度制定的责任单位有针对性地按计划对相关单位和个人进行制度的执行培训；体系管理部门定期或者不定期地对制度执行情况进行检查，并将检查中发现的问题和改进意见反馈给相关单位和个人。这样每一个制度执行的跟踪环节就相当于"三令五申"，让每个人都清楚制度的要求。

5.简单易行，让企业"宪法"成为无形的手

法令颁布出来，是需要执行的，而执行需要建立在大家理解的基础之上，所以法令越简单易行往往越执行有力。比如，刘邦约法三章，就告诉人们不能杀人、不能伤人、不能盗窃，如果触犯这三条法律重则处死，轻则判罪。这样的法律，大家一听就懂，而且很快就能记住，容易贯彻执行。

张毓强经常强调，制度不能太庞杂，要简单易行。因此，振石在2015年至2019年这五年中，根据企业业务发展的实际需要制定新标准229个。同时，为了提高制度的执行效率修订简化制度和标准635个，废止适用性不强的制度和标准88个。

不仅如此，张毓强还从2019年开始，在振石推行制度和标准的简化和汇编，未来将在此基础之上形成一部简明扼要的"振石宪法"，统一规范主要的企业经营、管理和操作行为，并让这部"振石宪法"从纸面上落实到全体振石人的心中，成为一只无形的手，指挥大家统一行动，协作共进。

6.“君命有所不受”是冒自己违令受罚的风险维护“大义”

在实践中，往往会出现一项制度的执行并不利于大局利益的情况，那怎么办呢？孙子说：“君命有所不受。”在国君的命令不符合前线实际的特殊情况下，将帅可以不接受命令，而是根据实际情况进行变通，“而利合于主”，维护“大义”。

需要说明的是，“君命有所不受”并不是说将令可以不遵守国君的命令，如果真是这样，大将可以不听国君的命令，小将也可以不听大将的命令，每个人都自己判断，不接受上级的命令，那就违背了“有令必行”的原则，无法“令行禁止”。

实际上，“君命有所不受”讲的是战场变通，如果按制度规定办事可能导致企业的利益受损，如果自己根据现实情况变通执行制度要求，则可以找到有效的方法维护企业的利益。在这种情况下，我们只有两个选择，一是违令受罚，保全企业的利益；二是照章办事，保全自己而损失企业的利益。到底选哪一个呢？孙子倾向于自己冒风险维护大义，虽立功却心甘情愿受罚，受罚是维护法令的权威。

应用指南 || 如何基于制度建设强化执行力？

振石制度建设中的执行力来源就在于“令必素行”，充分展现了企业加强制度执行力的成功实践。阅读完这一案例及从中拓展出的“商战智慧”，可以很清晰地总结出企业基于“法令孰行”，基于制度建设强化执行力的核心原则和主要方法：

- “方则止，圆则行”，立足于实际进行制度建设，从企业的实际情况出发。
- “有令必行”的执行力培养要从员工参与制度制定开始，让员工主动接受和执行这样的制度和标准。
- “令必素行”，将制度转变成员工的行为习惯。
- “三令五申”，让法令深入人心，让员工理解制度的目的和精神。
- 简单易行，让企业“宪法”成为无形的手，“约法三章”，让大家更容易贯彻执行。
- “君命有所不受”是冒自己违令受罚的风险维护“大义”，基于法令权威，违令则主动受罚，即使受罚也要保全企业的利益。

六、兵众孰强——通过完善管理的物质基础培育精神动力

——企业管理必须扎根于物质基础，才具有旺盛的生命力，员工享有优越的物质条件也能增强“气场”，强势扩张企业的竞争力优势。

我们经常看到有的企业花大力气想通过加强企业文化、培养团队精神、强化思想教育等精神和文化激励的方式来提升工作效率，但给员工配备的工作用电脑很多都是老式陈旧的。员工在工作中经常遇到“电脑罢工”导致无法正常开展工作，甚至出现“关键的时候掉链子”的情况，极大地降低了工作效率。为什么会出现这种情况呢？问题的关键就在于很多企业管理者忽略了管理的物质基础。其实，企业管理与军队管理一样，士兵的战斗精神和战斗效率都需要建立在武器装备等军需保障的物质基础之上。因此，孙子认为，“兵众孰强”是战略决策时必须考量的重要因素。

兵众孰强，谁的武器装备更精良。

对“兵众孰强”，不少专家解释为“兵员众多，兵力强大”，和“士卒孰练”的含义差不多，薛国安教授认为这是误解。我认为薛教授的观点是有依据的，如果将“兵众孰强”中的“兵众”理解为兵员，就和“士卒孰练”中的“士卒”出现了主体的重合，孙子在“七计”中分别考量“主孰有道”“将孰有能”“士卒孰练”，“主”“将”“士卒”这三级军队的构成人员都属于战略决策时要考量的关键对象，作为底层的“士卒”被重复强调或深入解读的依据不足。

实际上，“兵众孰强”中的“兵”指的是兵器，“众”指的是众物，众多方面的物资保障。“兵众孰强”则是指看哪一方的武器装备、军费保障等物质基础更强盛。

孙子的这一观点告诉人们，打仗不能玩花拳绣腿、摆花架子，最终打倒对方靠的是拳头。战争决策不能单纯靠拍脑袋，而必须建立在雄厚的物质基础之上，充分利用有利资源。军心士气也不能单靠口头忽悠，而必须以强大的物质基础为依托。就像狙击手远距离狙杀目标的技能和信心必须依靠他手中称手的狙击步枪，如果领导只给他配备一把老旧手枪，那么他远距离狙杀目标的信心和成功率都会大大地降低。

并且，孙子认为，物质基础的优势可以培育和放大精神力量。他说：“故胜兵若以镒称铢，败兵若以铢称镒。”（《形篇》）“以镒称铢”是用夸张的手法强调力量优势的重要性，就是说物资准备不能仅仅满足于作战的需要，更要想办法超过敌军，形成绝对优势，这样打起仗来必将士气高涨，力量倍增。这是物质决定意识对唯物辩证主义原理的具体表现，先有物质，后有意识，物质是第一性的，意识是第二性的，意识要建立在物质基础之上。

振石在高档次办公环境中实现高标准管理

2018年9月25日，在桐乡凤凰湖畔，新落成的振石控股集团总部大楼正式投入使用。

振石总部大楼正式落成，是振石的喜事，也是桐乡的喜事。这座182.28米高的大楼是桐乡第一高楼，是桐乡新地标，它占地50亩，总建筑面积6.5万平方米，主栋外立面全部采用异形玻璃幕墙，花瓣式的造型源于竹笋的形状，寓意节节上升。大楼内的智能化办公设施、五星级自助餐厅、室内游泳池、健身房、篮球馆等堪称国际一流水平。

张毓强在致辞中说：“大楼的成功落成，大大提升了振石控股集团的企业形象，增强了集团总部运营管控能力，进一步优化资源配置，是振石发展历史上一个不可磨灭的里程碑。这也明确宣告，桐乡是振石永久的总部，不能变、不会变；振石有总部就要有分部、有分（子）公司，振石要加速发展，不能停、不能等；振石总部在桐乡，就要为桐乡的发展有表现，有贡献，不能滞后、不会落后。”

张毓强提出了新的管理要求：新大楼引入高端智能化办公设施和五星级的

生活设施，显示出超前的高档次。从有形的物质角度展示了振石的新形象，更重要的是要充分利用这样高档次的办公环境进一步加强高标准的内部管理，再上管理的新台阶，展示振石人的精锐新气象。

我们以振石总部的食堂为例，一般外来人员走进振石的员工食堂都会首先对其宽松、大气、敞亮、干净、整洁、豪华的外在环境赞不绝口，然后在食堂自助餐的模式下，面对丰富、美味的饭菜，往往会一不小心就吃得很饱。这就是振石食堂提供的五星级的饮食享受。

其实，高档次的背后是高标准的管理，振石食堂也实行了精细化的管理。比如，一天不能少于几个菜，荤菜几个，素菜几个，一个菜每月不能重复几次，每个月都要推出新菜品；食堂的水、电、气和人工支出，集团不算在菜价上；同时，集团规定，盈亏必须做到正负1%内，多了不行，少了也不行；每道菜旁边都放着一个牌子，上面写着菜名和制作这道菜的厨师的名字，这道菜是否受欢迎，关系到厨师的荣誉，就餐员工评价也是重要的考核指标。张毓强要求："每一位餐饮工作者要像给自己的亲人做饭烧菜一样对待每一位就餐的同事。"这就是五星级食堂配套的高标准食堂管理要求。

在这样的环境中，员工也随之体现出与高档次的物质条件相匹配的高素质的新精神面貌。在振石的食堂中，我们会看到这样的场景：刷卡机前，有的员工忘记带卡，说一声，之后来补刷就可以；有的是发现算错金额，主动回来重新刷卡，将少打的金额补足，员工就餐，自己选菜、自己取菜、自己结算菜价及刷卡付费，公司赋予员工充分的信任，也在无形中培养着他们诚信自律的品行。有一次我看到在餐具的回收处，有一个有剩饭菜的碟子没有放好，身边的同事异口同声说："这个碟子一定是客人放的。"为什么呢？原因很简单，振石员工都养成了吃多少取多少的习惯，不会剩菜在碟子里面，即便有特殊原因剩菜也会将碟子清理干净再放好，这就是企业自己的文化自信。

当然，不仅仅是在食堂，新环境如同创新管理的土壤，培育出来很多振石特色的新标准、新表现、新进步、新面貌。总之，振石在高档次的物质基础之上，开出了高标准的管理之花。

1. 企业管理必须扎根于物质基础，才有旺盛的生命力

企业的物质条件先于精神文化而存在，因此，企业的管理必须建立在物

质基础之上。经营管理企业必须先具备厂房、设备、资金、技术、原材料等物质条件，然后才能借助于有效的组织管理和员工的生产经营，进而创造出精神财富。

没有物质条件就没有生产和经营的场所，没有创造和升华的前提，也就不可能产生厚实的企业文化，无法培育出鲜活的团队执行力。有的企业花大力气想通过加强企业文化、培养团队精神、强化思想教育等精神和文化激励的方式来提升工作效率，但达不到相应的效果，就是因为企业的管理缺乏必要的物质基础条件。

张毓强一直有一个经营理念，要给员工创造一流的办公环境，配置一流的办公设施。同时，员工也要具备与环境相适应的管理意识和素质。这样扎根于物质基础的企业管理，才能具有旺盛的生命力。

2.员工的物质条件优越也是企业的竞争力优势

孙子提出“以镒称铢”，强调力量优势的重要性，就是说物质条件不能仅仅满足于作战的需要，而要想办法超过敌军，形成绝对优势，这样打起仗来必将士气高涨，力量倍增。

振石的员工处在一个高大上的工作环境中，也就无形中对自己有高大上的要求，管理要求要高、视野格局要大、责任激情要上，雄厚的物质基础转化为强大的精神力量，也就是物质变精神。

而当员工有了强大的精神力量，有了执行力的优势和工作效率的优势，就聚合形成强大的文化力量优势，这种优势就是企业的一个核心竞争力优势。

3.舒适的工作环境并不是导致员工懒惰的根本原因

现实中，有不少企业领导认为，企业工作环境越好，福利待遇越高，员工越不领情，越不买账，员工有钱了，就会失去奋斗的动力。

其实，这样的认识有点偏颇。给员工提供一个安稳、宽松、舒适的工作环境以及优厚的工作待遇，本身并没有错，一般员工也绝不会因为身处优越的环境中享受优越的待遇而日益懒惰。以振石为例，振石的员工享受着一流的办公环境，但并没有因此而产生懒惰。相反，他们因为处于优越的环境中，反而提升了对自己的要求，更加激发了自己的工作激情和工作效率。

所以关键还在于是否有制度保障，是否把握分寸，是否善于利用优越的物质基础条件来培育企业的管理精神，提升企业的管理标准，丰富企业的管理文化。

4. 优越的物质基础有利于培养员工的气场，放大企业的竞争优势

企业的经营管理活动都是靠人来完成的，根据孙子的思想，将团队中的人放在不同的环境中，可以造就不同的管理态势。如果一支军队，士兵个个自信、斗志昂扬，在对手眼里就是“堂堂之阵”，只能理性地选择“不击”，这就是军队士气态势的影响力。

我们也能经常体会到，就像振石对一个剩菜碟子的放置进行判断的时候所表现出来的文化自信一样，一个优秀的大企业代表和一个一般企业的代表坐在一个桌子上谈判，会存在很明显的气场区别，谈判地位的高下直接决定了谈判的结果。两个完全自由平等的人，为什么会有如此区别呢？这是因为前者所处的环境好，所享受的待遇高，因而其受环境影响而形成的格局更高、视野更广、自信心更强，所以气场更足，就能很自然地掌握主动优势，而后者由于受到环境和待遇的局限，格局和视野没有打开，自信心没有树立起来，气场也就无法释放，自然处于被动地位。

所以，从一定意义上讲，为员工提供优越的物质条件就是为企业自己造势。当员工享受优厚的待遇，提高了格局，开阔了视野，立足更高远，那么，员工就会在工作中和竞争中占据主动地位，从而获得竞争优势。实际上，这也是企业强大的物质力量通过员工的物质自信，形成管理势能的聚变，是企业竞争力扩张的一种有效的手段。

应用指南 || 如何通过完善管理物质基础培育精神动力?

振石在“高档次”办公环境中实现管理“高标准”的案例，充分展现了企业完善管理物质基础的成功实践。阅读完这一案例及从中拓展出的“商战智慧”，可以很清晰地总结出企业基于“兵众孰强”通过完善管理物质基础培育精神动力的核心原则和主要方法：

• 给员工创造一流的办公环境，同时也要让员工具备与环境相适应的管理意识和素质，从而培育企业管理的旺盛生命力。

• “以镒称铢”，员工的物质条件优越也是企业的竞争力优势，员工获得雄厚的物质条件才会形成更高的自我要求。

• 舒适的工作环境并不是导致员工懒惰的根本原因，要利用优越的物质基础条件来培育企业的管理精神。

• 优越的物质基础有利于培养员工的气场，放大企业的竞争优势，这也是企业竞争力扩张的一种有效的手段。

七、士卒孰练——练就高效行军作战的团队

——“士卒孰练”的总体要求是行军时“疾如风，徐如林”，作战时“侵掠如火，不动如山”。

很多企业都知道员工素质的高低直接影响到生产效率和企业形象，因此都很重视员工的职业培训，但往往培训效果却不明显。那么，如何让员工更加训练有素呢？孙子提出的“士卒孰练”思想对解决这一问题具有很强的实践指导意义。

士卒孰练，谁的士卒更加训练有素。

“士卒孰练”，对军队而言，就是指分散与集合的阵法、起坐与进退的号令，哪一方的士兵更加训练有素。

在战争中，武器装备当然重要，但使用武器装备的人同样重要，再好的武器装备也要有人去使用，会使用，才能真正发挥出武器的效能。一支好的狙击步枪，只有训练有素的狙击手才能用之发挥出最大的杀伤力。

然而，士兵的作战技能不是与生俱来的，需要经过长期的训练，才能掌握使用武器的技术，提高适应战场运动的体能，锻炼克服战场压力和困难所需要的意志，养成遵守纪律的习惯，根据战场情况的变化灵活调整战术，以及打造形成团队的认同组织的价值观等综合的作战知识和技能。

可以说，没有训练就不会有战斗力。士兵如果平时缺乏训练，打起仗来就会惊慌失措，不知如何行动；将领如果平时缺乏训练，打起仗来就会糊里糊涂，

不知如何应变。

因此，如果要准备用兵，一定要先训练部队，要使得三军的士兵训练好疏开、集结、分散的战法，熟悉停止、行动、前进、后退的号令。这样，部队在与对方作战的时候，就可以根据旗帜的挥动而应变，根据金鼓的声音而进退。这是作战取胜的前提条件。

军队的管理水平在很大程度上表现在训练上，训练使个体完成了从平民向军人的转换，使军队完成了从乌合之众向精锐之师的转换。优秀的军队一定有一个清晰的训练流程，一个人走进这个流程时还是个毛手毛脚的新兵，走出这个流程时已经成为令人生畏的战士，整支军队也在这一过程中脱胎换骨。因此，战国时期军事家吴起总结说："用兵之法，教戒为先。"

养兵千日，用兵一时。平时坚持练兵才是持续胜利的真正基石。因此，"士卒孰练"也值得每一位企业管理者实时追问，只有员工训练有素，企业才会基业长青。

士卒孰练，振石的多级培训模式

振石经过多年的快速发展，已经形成"第二、第三产业并重，新、老产业并行，轻、重产业并举，国内、国外并跑"的多元化产业链协同发展的格局，并且在埃及、印度尼西亚、土耳其等国家建立了生产基地，为超过1万人提供了就业机会。

振石是如何驾驭如此巨大的商业航母的呢？加强全员教育和训练无疑是其非常关键的成功因素之一。

在人才培训方面，振石创造了独具特色的多级培训体系，其培训计划从新员工培训、班组长培训、储备干部培训到员工在职培训，涵盖了业务技能、交流能力和管理能力等模块的培训。因此，振石持续保持了公司员工的高素质，这是振石强大竞争力的来源之一。

为了更好地开展培训工作，振石很早就建立了内训师制度，从企业内部各个岗位挑选精通业务和管理的资深人员组成内训师团队，并且由企业提供专项资金用于内训课程的开发，逐渐完善培训课程。这样，振石为内部培训储备了雄厚的师资力量和丰富的课程资源。

振石每年都会对新进员工进行为期一年的入职培训，分阶段实施：

• 第一阶段为期半个月到一个月，采用集中封闭培训的方式，让新进员工全面熟悉企业的情况，了解企业的使命、愿景、价值观，熟悉企业的各项规章制度和相应的岗位工作要求。在这个培训阶段，企业还会对员工进行团队协作精神的培养和拓展训练。

• 第二阶段为期三个月，让员工下到子公司相关业务岗位进行轮动现场实习，充分了解企业的一线工作情况，熟悉基本的产品质量要求和技术要求，了解现场管理知识。

• 第三阶段为期八个月，让员工到自己的实际工作岗位上，采用师带徒的模式，让员工学习岗位工作技能，培养专业工作能力，继续训练职业精神和团队协作精神。

实践证明，新员工入职以后，经过这三阶段的学习和培训，基本上都能从毛手毛脚的“新兵蛋子”转化为文化认同、目标统一、爱岗敬业、职业匹配的正规战士。

振石人才培训的第二个部分是员工的在职培训。张毓强一直强调员工要加强学习，并将学习列为企业的“十字方针”之一。他认为，市场竞争日趋激烈，员工在工作中要能适应市场的变化，就需要知识和技术不断更新换代，否则就跟不上商业环境和新兴技术的发展步伐。所以，振石特别重视员工的在职培训。

振石的员工在职培训主要包括在职员工的再培训计划，以及针对技术干部和管理人员的管理课程。其中，在职员工的再培训计划是一项日常化的工作，是从“5W1H”开始的：

• 目的（Why）：为什么做这件事情？

• 对象（What）：做什么？

• 地点（Where）：在什么地方做更恰当？

• 时间（When）：什么时间开始？什么时间结束？

• 人员（Who）：由谁做合适？由谁来负责？

• 方法（How）：怎么做？用哪些措施保障有效？

振石员工在职培训中的管理课程分为五个级别，各级培训分别以前一级别培训为基础，从第五级别到第一级别，所获技能依次提高，其具体培训内容大致如下：

• 第五级别是管理理论课程，主要针对具有管理潜能被列入干部培养计划的员工，主要培训内容有振石企业文化、自我管理能力、个人发展计划项目管理、了解及满足客户需求的团队协作技能。

- 第四级别是基础管理课程，主要针对具有较高潜力的初级管理人员和后备干部，培训内容有综合项目的完成质量及生产效率管理、财务管理、流程管理、组织建设及团队行动有效的交流与成果展示。

- 第三级别是高级管理教程，主要针对负责核心流程和多项职能的管理人、科级中层干部，培训内容有企业管理方法、业务拓展及市场发展策略、技术革新管理、文化融合与交流、创新管理以及领导力提升。

- 第二级别是总体管理课程，主要针对厂部基地第一负责人以及跨区域、跨业务的项目负责人，主要培训内容有企业价值、宏观经济形势、企业战略管理与决策分析、知识管理、资产管理、风险与绩效管理、项目投资与合作管理等。

- 第一级别是振石执行课程，主要针对已经或者可能担任重要职位的核心管理人员，主要培训内容会结合企业的经营实际情况与国际经济形势进行变化，主要目的在于提升他们的问题分析和解决能力以及创新能力和领导力。

通过不同级别的管理课程培训，企业内正在从事管理工作的员工或者有管理潜能的员工都得到了学习管理知识和参加管理实践的良好机会。这些课程的培训提高了参与者管理自己和他人的能力，使他们从跨职能部门交流和跨国知识交换中受益。同时，在公司员工间建立了密切的内部网络联系，增强了企业和员工的竞争力，达到了开发员工的管理潜能、培养公司管理人才的目的。

可以看出，振石作为一家民营大型多元化企业，在管理与培训方面具有超前的眼光。比如，在职员工的管理课程参考了西门子的五个级别的划分方法，结合企业自身的实际情况针对干部培养对象、后备干部、科级干部、厂部级干部和项目负责人等群体开展相应的课程培训，增强了培训的实际效果，为企业储备了大量的后备干部和管理骨干。

1. 一个员工的操作失误可能损失财产万千，甚至人命关天

在战场上，一个士兵如果没有经过训练，不懂号令，不懂战法，那么他上了战场就等于送命。而一支没有经过严格训练的军队，就如同散兵游勇无法形

成整体的战斗力。同样，一名员工如果不经过严格的训练，不懂操作规程，不重视劳动纪律，不明确工作职责，不清楚任务标准，那么他在工作中就很容易操作失误，行为出轨，作业不稳定，执行不力，导致产品质量事故、现场安全事故。可以毫不夸张地说，如果员工的训练不到位，一句话就可能把客户拒之千里之外，一个动作就可能毁掉千辛万苦打造的品牌。也就是说，一个员工的操作失误，可能损失财产万千，甚至人命关天。

振石旗下有物流运输企业、模压加工企业、金属冶炼企业、矿山开采企业等，安全生产取决于员工的熟练稳定操作。为了避免员工因操作失误带来的事故和损失，振石的经验就是持续多层面地通过培训的方式让员工练、练、再练，直到练成习惯。

2.“练”就是要达到“一人之耳目”，统一行动

孙子所说的“士卒孰练”中的“士卒”，不是一个个体概念，而是指由个人组成的群体。一支军队如果不经过严格的训练，士兵的能力不一、性格各异、认知不同，无法进行协同统一作战。

因此，孙子在《军争篇》指出：“《军政》曰：‘言不相闻，故为金鼓；视不相见，故为旌旗。’夫金鼓旌旗者，所以一人之耳目也。”这里的“一”就是统一号令的“一”，统一官兵的思想，统一官兵的行动，做到一切行动听指挥、步调一致得胜利。然而，要让士兵训练好疏开、集结、分散的战法，熟悉停止、行动、前进、后退的号令，就要从建立统一的指挥号令着手，通过培训方式反复训练，才能使整支部队平时养成令行禁止的习惯，战时形成行动一致、整体作战的状态。

这就是为什么振石特别注重员工的团队协作和统一思想以及文化认同的重要原因。在培训计划中，除了培养员工的岗位工作技能之外，还设置了大量的团队协作、企业价值观、企业文化等方面的课程。

3.员工培训也要注重“兵有选锋”

在企业管理中，我们强调员工要统一价值认同、统一文化理念、统一行动号令，但同时也要注意因人而异，要发挥出不同的人的长处和潜力。孙子认为，只有根据不同人的特点，在相应的岗位上安排合适的人履行岗位职责，这样才

是“识众寡之用”，才能取胜。

振石根据这一要求，设置了不同层次的培训课程，对新员工、后备干部、干部培养对象、科级干部、班组长、厂部级干部及项目负责人等除了有共同的企业文化课程之外，还根据不同层次的人员设置了不同的管理课程，从而强化不同层次员工的能力培养，以有效避免“兵无选锋则北”。

这样的员工培训更能够满足不同岗位人员的实际需求，增强了培训的针对性和实效性，既提高了不同岗位员工的特战能力，又达到了全军官兵统一号令、统一行动的效果。

4.行军时“疾如风，徐如林”，作战时“侵掠如火，不动如山”

既然“士卒孰练”对提升战斗力很关键，那么，要达到怎样的要求才算练得好呢？

孙子用“风林火山”的状态比喻了“士卒孰练”的效果。他在《军争篇》中有这样一句名言：“故其疾如风，其徐如林，侵掠如火，不动如山，难知如阴，动如雷震。”日本战国时代有一位名将叫武田信玄的将军，他特别喜欢孙子的这一句名言。他根据这一句名言的精神训练了一支能征善战的突击队，还曾经让突击队高举一面战旗，旗上绣着“风林火山”几个大字，以激励官兵们英勇作战。此后，日本人便以这四个字纪念武田信玄将军。

“风林火山”有什么特殊的含义呢？其实，这四个字反映了孙子对一个团体应有面貌的总体要求：

- “其疾如风”指部队动作神速犹如狂风之迅疾。
- “其徐如林”指部队行列整肃，舒缓如林木般井然有序。
- “侵掠如火”指部队攻击时犹如烈火之猛，不可遏制。
- “不动如山”指部队防守像山岳一样稳固，不可动摇。

前两句是对部队行进时的要求，“快如风，徐如林”；后两句是对部队作战时的要求，“攻如火，守如山”。

由此可见，孙子对“士卒孰练”的要求是特别高的。他强调一支部队要像风、林、火、山一样，千军万马的官兵组合在一起形成一个整体，在同一时间、同一步骤做到高标准、高难度的统一行动，这并不是一件容易的事情，需要持续地高强度训练。

应用指南 || 如何练就高效行军作战的“特战”团队?

振石的多级培训模式充分展现了企业高校员工培训的成功实践。阅读完这一案例及从中拓展出的“商战智慧”，可以很清晰地总结出企业基于“士卒孰练”练就高素质团队成员的核心原则和主要方法：

- 一个员工的操作失误可能损失财产万千，甚至人命关天，要持续多层面地通过培训的方式让员工练成习惯。
- “士卒”是由个人组成的团体，“练”就是要达到“一人之耳目”，统一行动。
- “识众寡之用者胜”，员工培训也要注重“兵有选锋”，员工培训要能够满足不同岗位人员的实际需求，增强培训的针对性和实效性。
- “士卒熟练”的总体要求是行军时“疾如风，徐如林”，作战时“侵掠如火，不动如山”，千军万马的官兵组合在一起形成一个整体，统一行动。

八、赏罚孰明——高效激励机制的建立

——企业的执行力，需要依靠奖惩制度的严格实施，而重赏慎罚则是所有奖惩制度实施的灵魂所在。赏罚孰明的激励效果就是，谁都希望自己第一个站上城墙口。

自古以来，国君将帅都用赏罚作为激励官兵冲锋陷阵的重要手段。很多企业也喜欢用赏罚手段来激励员工，但往往发现赏了很多也不见效果，罚多了还导致很多怨气，达不到赏罚的目的，团体的执行力提不起来，这样的问题怎么解决呢？管理企业如同管理军队，重视赏罚作为激励手段，这没错，关键在于如何赏罚才能最有效。因此，孙子将“赏罚孰明”作为衡量敌对双方实力强弱的一个重要标准。

赏罚孰明，谁的赏罚更公正严明。

赏罚孰明，其实也是“主孰有道”的重要手段，因为要做到“令民与上同意”，上下一心，就要共享胜利果实，对民众政策得当，对属下舍得封赏。

韩信在刘邦和项羽之间做的选择就是一个经典的例子。刘邦问韩信，你怎么不跟项羽而是跟我呢？韩信说：“项羽对人民残酷，对部下不舍得封赏大印，刻好了在手里摸来摸去，边角都磨圆了，还舍不得拿出去，甚至给出去了恨不得再收回来。主公您就不一样了，您对民众约法三章，对手下舍得封赏放权。”

刘邦舍得在胜利的时候封赏还有一个经典的案例。他在宣布政策时说，取得项羽首级者封万户侯，项羽乌江自刎的时候，看见包围他的人里面有一个改投刘邦的人是他的老部下吕马童，说：“吕马童，老朋友哈！我的人头送给你了！”说完就抹了脖子。吕马童旁边的人可不听他的，上去就抢尸，最后有五个人一人割了一块到刘邦那儿去抢功，刘邦根本不问到底是谁，五个人都封万户侯。

不仅如此，赏罚还是巩固胜利成果的重要手段。怎么理解？孙子在《火攻篇》中指出：“夫战胜攻取，而不修其功者凶。命曰费留。”凡是打了胜仗，攻取了土地城池却不能巩固胜利战果的，会很危险，这种情况叫“费留”。就像水一样白白地流走了再也回不来，如果不及时巩固胜利战果，那么以后我们就没机会了。

怎么巩固胜利战果呢？孙子用车战来举例说明了这个问题。他在《作战篇》中说：“取敌之利者，货也。故车战得车十乘已上，赏其先得者。而更其旌旗，车杂而乘之，卒善而养之，是谓胜敌而益强。”想要使士兵勇于夺取敌方的资财，就必须以敌方的资财作为奖赏。所以在车战时，抢夺敌方车辆达到十辆以上的，就奖励最先抢得战车的士兵。在夺来的战车上更换上我方的旗帜，将夺来的战车与我方的战车编排在一起使用，善待并使用俘虏的敌人，这就叫战胜敌人也使自己更加强大。可见，战胜攻取之后巩固战果的首要环节就是奖赏。

由此可见，赏罚的关键主要有三点：

- 一是明确。
- 二是及时。
- 三是适当。

关于赏罚明确。赏罚首先要有标准，达到什么条件赏，达到什么条件罚，必须明确。比如，孙子举的车战案例中，“得车十乘已上”就是奖励条件。这里需要说明的是，赏与罚并不是一一对应的关系，赏是基于业绩目标实现的激励，而罚一般是针对士兵违纪或者过错的惩罚，由于赏罚的主要目的是激励，所以实践中一般是以赏为主、罚为辅，赏多罚少。

关于赏罚及时。赏罚要及时，做好事的利益，让士兵马上得到，做坏事的惩罚，让大家马上看到，如果不能及时，效果就要大打折扣。在车战胜利后，先行赏，载更旗、杂车、养卒，才能在战胜敌人之后，使自己变得更强大。

关于赏罚适当。赏罚还要适当，无故滥赏，大家拿了好处还不感激你；滥罚无度，人人愤恨，将领也没有威信。此外，“赏其先得者”是看谁优秀就奖励谁，但奖励的条件要建立在团体目标完成之上，如果得车少于十乘，只有九乘，因为没有达到总体目标，先得车的人也不赏，但总体目标一旦达到就要论功行赏，不能“费留”。

点燃激情，振石和巨石高效奖评激励执行力

振石和巨石历来重视树先进、立标杆，鼓励各单位形成比学赶超的良好竞争氛围，鼓励员工发挥模范带头作用，形成了系统规范的年度评比标准和流程以及行之有效的奖励和评比机制。

——奖项设置

以振石2020年度评奖职责分工为例，集团年度评比奖项分为集体奖项和个人奖项，其中：集体奖项包括集团年度“优秀企业”“技术创新突出贡献奖”等17个常规奖项。个人奖项包括“先进工作者”“最佳总经理”等17个常规奖项。

除以上常规奖项外，设置集团年度“特别嘉奖”，由总裁或董事局主席直接提名，用以奖励在本年度集团公司中心工作中表现特别突出、具有特殊贡献的集体和个人。

——评奖职责

集团财务会计部负责审核“经济效益标杆单位”“销售成长标杆单位”“成本下降标杆单位”的考评依据和考评结果。

集团稽查监管部负责审核“优秀企业”“最佳销售员”的考评依据和考评结果。

集团人力资源部负责审核“学习型团体标杆单位”“最佳部门”“最佳总经理”“最佳中层干部”“国际化优秀人才”“最佳班组长”“明星员工”“先进工作者”“荣誉员工”“终身员工”“功勋员工”“外部荣誉员工”的考评依据和考评结果。

集团体系管理部负责审核“质量管理标杆单位”“安全管理标杆单位”“现场管理标杆单位”“技术创新突出贡献奖”“技术创新奖”“技术创新提升奖”“技术创新特别嘉奖”“管理创新奖”“创新英才”的考评依据和考评结果。

集团办公室负责审核“文化建设标杆单位”“先进党支部”“先进团支部”“优

秀工匠”的考评依据和集体奖项、个人奖项的考评结果，上报总裁和党政工联席会议并下文公布评选结果。

——评奖方式

根据各奖项的评选标准进行评分排名，按照排名结果进行评选。对于具体奖项，如各参评单位或者个人达不到要求的，根据实际情况可以空缺，宁缺毋滥。

——奖项评选标准

对每个奖项都设定了明确的量化指标，按照指标的排名进行打分，比如经营层最佳总经理评选标准中，主要经营指标的评选标准如下：

营业收入增长率占20分。营业收入与上年营业收入相比，按升降比例计算，增长比例排名第一的得10分，每降一名扣2分，依次类推；营业收入预算目标完成的得10分，每低一个百分点扣0.5分。

利润增长占20分。利润与上年相比，完成去年利润的得10分，在去年基础上，每降一个百分点扣0.5分；按照利润预算目标完成率进行计算，完成预算利润的得10分，每低一个百分点扣0.5分。

成本下降占10分。按照成本下降，标杆评分排名，排名第一的得10分，每下降一名扣2分。

现场管理占10分。质量管理、安全管理、文化建设、执行力这四个指标分别占5分，均按照相应的管理标杆评分排名，排名第一的得满分，每下降一名扣1分。

其他指标占20分。由集团领导根据年度经营业绩、廉洁自律、班子建设、人才培养等综合考评打分。

——评奖流程

各考评单位将考评审核汇总结果报分管领导审批后，由办公室统一报集团党政工联席会议审定批准，统一下文公布年度考评结果并进行颁奖。

——奖励标准

每年根据经营情况设定具体的奖励标准，一般按照奖项的贡献值来衡量，贡献值越高，奖金就越多。比如，重大创新项目奖励是100万元封顶，但特殊情况下不封顶，技术创新项目的最高奖励是5万元到20万元不等。

除了奖金之外，对工作中具有突出贡献获得奖励的个人，在其管理岗位竞聘、技术职务评聘中，都会被作为参考依据纳入员工晋升考评。

——隆重的颁奖盛典

振石和巨石都会举行一年一度的颁奖盛典，公司会隆重邀请获奖人员参加盛典，对海外回国参加颁奖盛典的人员报销其往返费用。

颁奖盛典都是精心策划、充满隆重的仪式感，对“优秀企业”“最佳总经理”等重要奖项，借鉴奥斯卡颁奖礼的形式，现场播发颁奖词，然后进行隆重的授奖、颁发奖牌。

同时，为了更好地提高执行力，树立榜样力量，公司还会通过内部报纸、通信、公众号、电视台、网站、文件、通知等形式对先进人物和事件进行大力的立体宣传和报道，让每一个振石和巨石的人都时刻觉得“榜样就在身边”“我的身上也有闪光点”“我们都能为公司做贡献”“我们有更好的表现”。

1.“战胜攻取”，要看谁第一个冲锋到城墙口

我们以孙子举的车战例子来看，在车战时，抢夺敌方车辆达到十辆以上的，就奖励最先抢得战车的士兵。谁是最先抢得战车的士兵呢？那就需要将领自己或者安排专门的人去观察作战的过程，并在作战结束以后能够依据事实评价士兵的作战表现。这是进行战胜修功，论功行赏的必要条件。

同样，企业管理者的一个很重要的工作就是评价员工。振石和巨石在日常的管理工作中，特别注重对员工的工作表现进行评价和记载，比如领导每月根据员工的表现情况填报考核评价表，并在评价表中对奖励或者扣罚的理由和事实给予详细的记载。这样在年底进行奖励评比的时候，只需要对大家在这一年中每一个月的评价情况进行汇总比较，就能很清楚地看到谁是得分最高的人。

所以，领导者在企业管理中，要有一个理念，指挥作战很重要，但在指挥作战的过程中，除了要执行完成预先制订的战略目标计划，还需要看谁是第一个冲锋到城墙口的人。只有看准了人，奖励对了人，才会大大地激励人。如果不注重作战评价奖励错了人，则会适得其反。

2.“赏罚孰明”重在“明”

“赏罚孰明”的关键就在于一个“明”字，公正严明是影响赏罚效果的关键

因素。孙子认为，通过观察赏罚是否严明，可以判断对方军纪是否严整，战斗力是否强盛，无论是赏还是罚，都要公开透明，才能真正令人心服口服。

在振石和巨石，都是按照公开的标准，公开透明地进行评比，赏罚完全是按照公平公正的原则和提前制定的规则来进行的。奖赏公认该奖赏的人，人们就会心服口服并且向他学习。惩罚也是对事不对人，每个人因为自己的错误而受到处罚也不会怨恨，还会自觉地引以为戒。

所以，只有公平公正公开地进行赏罚，才能达到赏罚的激励效果。赏罚要明，就需要克服赏罚的随意性，克服私心，要有明确统一的标准，不能搞双重标准、多重标准，力求奖惩透明化。这其中的关键就是建立科学的绩效考核机制，以保证赏罚透明公正。

3.“施无法之赏”，可选择超常规奖励的激励方式

为了提高奖赏的有效性，企业还可以借鉴振石和巨石的经验，除了设定常规奖项以外，再设定适当的非常规奖项，增加奖励的力度，从而增强奖励的激励作用。振石和巨石除常规奖项以外，还设置了集团年度“特别嘉奖”，由总裁或董事局主席直接提名，用以奖励在本年度集团公司中心工作中表现特别突出、具有特殊贡献的集体和个人。

孙子在《九地篇》中也说：“施无法之赏，悬无政之令；犯三军之众，若使一人。”就是主张实施超出惯例的奖赏，打破常规的命令，把军队指挥得像一个人一样。此外，孙子还主张对立有战功和提供有价值信息情报的人员给予从精神上和物质上超乎寻常的丰厚奖励。

当然，实施重赏不能基于情感的喜好或亲疏远近而实施，而是从实际的作战需要和作战管理出发，这体现了孙子高超的管理智慧和极强的务实精神。通用公司前任总裁韦尔奇先生认为，所谓的执行力，就是企业奖惩制度的严格实施，而重赏重罚则是所有奖惩制度实施的灵魂所在。

4.赏罚重在激励，“卒未亲附而罚之，则不服”

人都是有情感和自尊心的，所以一般的人都喜欢接受奖励而不愿意接受惩罚。惩罚作为一种反向的激励方式，只有罚在点上，惩罚适度，才能让人心服口服。只有心服口服地接受惩罚，才会引以为戒，达到激励的效果。

孙子说："卒未亲附而罚之则不服，不服则难用也。"（《行军篇》）士卒还没有亲近依附就对其进行惩罚，那么他们必定不会服气，不服气就很难带领他们。我们换一个角度理解孙子的这句话就会发现，如果要用惩罚手段，那就需要让被惩罚的员工心服口服才能充分发挥出惩罚的反向激励作用，否则只会越罚越不服气，越罚越不好管。

振石和巨石的经验很值得借鉴，惩罚重在激励，特别是通过奖励的方式进行正向的激励，并通过宣传的方式进行舆论造势，成倍放大激励的效果。而在平时的管理中，明确规范，严格要求，通过批评、末位淘汰等方式，统一员工的行动，达到反向激励的效果。

5. 把握好赏罚的节奏，数赏不如重赏

振石和巨石每年都给员工进行一次年终奖励，但很少在其他的时间和场合进行随意的奖励，员工需要通过一年的工作表现和努力，才能有获得奖励的机会。由于平时员工有所期待，所以年终颁奖时获奖的员工都备受鼓舞。但是，有的企业可能隔三岔五就给员工奖励，员工虽获得奖励却没有多少惊喜，甚至还为领导没有频繁地给予奖励而感到沮丧，还有很多员工因为经常挨罚，对领导给予的处罚也不以为然，这是为什么呢？

正如孙子在《行军篇》中所说，"数赏者，窘也；数罚者，困也。""数"就是频繁、多次的意思。如果不断地颁发奖赏，那是因为将领没别的办法鼓舞士气，是窘迫的表现；不断地实行惩罚，是因为将领处境困难，没有别的办法摆脱困境。频繁的奖罚会让领导者失去威信，陷入困窘的境地。

这虽然是从将帅角度来说的，但是也反映出奖罚的一个原则就是不能频繁地进行奖励和惩罚，奖赏的次数太多，往往失去其激励效果，动不动就实施惩罚也会失去警示作用。

所以，在企业管理中，奖励和惩罚都不是目的，而是手段，如果频繁实施，就会适得其反。尤其是惩罚手段作为一种反向的激励方式，运用得当是可以激励人的，但要做到惩罚并让人心服口服却很难，所以动用惩罚手段要慎之又慎。一般而言，奖惩也要善于抓住主要矛盾，主要对象，及时重赏重罚，才能影响巨大，效果突出。

应用指南 || 如何建立高效赏罚的激励机制?

振石和巨石高效奖评激励执行力，充分体现了企业通过激励点燃员工激情的成功实践。阅读完这一案例及从中拓展出的“商战智慧”，可以很清晰地总结出企业基于“赏罚孰明”建立高效激励机制的核心原则和主要方法：

- “战胜攻取”，要看谁第一个冲锋到城墙口，奖励真正立功的人，才会真正激励下属。
- “赏罚孰明”重在“明”，克服赏罚的随意性，克服私心，建立明确统一的标准。
- “施无法之赏”，可以选择超常规奖赏的激励方式，对立有战功和提供有价值信息情报的人员给予从精神上和物质上超乎寻常的丰厚奖励。
- 奖赏重在激励，“卒未亲附而罚之，则不服”，要通过奖励的方式进行正向的激励，成倍放大激励的效果。
- 把握好奖赏的节奏，“数赏不如重赏”，奖赏的次数太多反而会失去激励效果。

九、兵非益多——精兵协同的扁平化管理

——协同高效组织建立的一种参考模式，是坚持“兵非益多”的理念。在组织结构扁平化、模块化“精简”的基础上配备“精锐”人员，抓住职能“精要”建立“市场链”，实现企业内部组织管理的内部协同和资源内外循环。

一个企业如同一支军队，如果机构太复杂、人员过多，组织太臃肿了也不适宜灵活作战。因此，孙子强调军队的指挥层级要进行精简以便于军事指挥首尾协同，提出了“兵非益多”的组织建设“精兵”思想。

兵非益多，精兵简政，高效管理。

“兵非益多”，简单而言，就是兵不是越多越好。孙子在《行军篇》中说：“兵非益多也，惟无武进，足以并力、料敌、取人而已。”用兵打仗不是兵员越多越好，取胜的关键在于不轻敌冒进，集中兵力、掌握敌情、择人善用。

这就是说，兵不在于多，而在于精。“精”应该有三层含义：

- 一是组织结构的“精简”。
- 二是部队人员的“精锐”。
- 三是核心骨干的“精选”。

如果军队指挥层级精简，作战人员精锐，核心骨干精选，那么，在战场上作战就能首尾呼应，协同高效。对此，孙子在《九地篇》中举了一个非常形象

的例子：军队的协同策应要像常山地区的一种叫作“率然”的蛇一样，打它的头部，尾巴就会来救应；打它的尾巴，它的头就会来救应；打它的腰部，它的头和尾巴都会来救应。

孙子用蛇来比喻军队的协同，一支军队就像是一条蛇，是依靠内部机制而形成的组织整体，体内血脉和神经相通。因此，在行动时能够迅速反应，协同一致，无论遇到什么情况，整个军队就像蛇的身体一样，都能围绕一个目的统一行动，首尾呼应。

精兵强将，振石三级扁平管理中的高效密码

张毓强一直坚持“兵非益多”的理念，他认为兵不在于多，而在于精。所以，他在振石推行“精兵强将”的三级扁平管理。

为了实现组织结构的“精简”，设“决策层—管理层—经营层”这三层管理架构：

- 决策层：董事局是集团最高决策机构，由三名成员组成。
- 管理层：集团设总裁、副总裁，分管集团相关职能部门及下属子公司工作，管理层也是执行层，负责执行董事局的各项决策以及集团总裁例会决定的各项工作。
- 经营层：集团部分职能部门直接参与企业的生产和经营工作，如采购供应部、全球销售部、财务会计部等。各子公司通过集团董事局和子公司董事会的授权，并在分管的集团总裁和副总裁的领导下，独立开展生产与经营。

基于以上三层管理组织架构，加强核心干部的“精选”，通过竞聘上岗“择人”，并通过“经济责任制考核合同”授权履行职责，释放人才的创造力。

特别是加强了高层分管领导的选任与培养，大胆起用了一批年轻能干的职能部门总经理独立根据总经理经济责任制考核合同的规定，负责整个集团范围的战略投资、财务、人事、体系、采购、销售、法务、审计、行政、党群等经营管理事务，这样形成了集团的高层领导与职能部门总经理组成的管理层中坚力量。每一个职能部门和子公司的领导在集团分管领导的带领下，形成一支小型的独立完成特殊职能任务的“特战分队”，不同职能的“特战分队”在集团董事局主席和总裁的统一指挥下“奇正相生”，共同组成带领整合集团千军万马的“将军营”。

这样，从决策层到管理层再到经营层，每个层级都形成了强将手下无弱兵的精兵强将队伍，满足集团公司既能协同统一作战，又能多点局部突击的人才配备要求。

另外，振石《五年发展战略规划（2021—2025年）》明确表明："战略规划的有效实施离不开合适的组织架构，因为组织架构在很大程度上决定了企业的资源如何配置。"此外，该规划还明确了"国际、国内、集团三环互动的高质量发展"，完善国内大循环的产品和服务体系，然后以国内大循环为本，充分利用国外各种优质资源，在扩大进口的同时，也扩大高附加值产品的出口，实现集团内小循环，国内大循环，国内、国际双循环相互促进的新发展模式。

这就说明，振石组织管理已经突破单纯的人员绩效管理范畴，进一步加强了组织管理与资源配置的协同。

1."直线职能型管理"，保证团队高效协同

振石"决策层—管理层—经营层"的组织结构，带有"直线职能型"管理的特点，是一种集权式的组织结构，其形式及特点是企业管理岗位，是按照垂直系统直接排列的，集团职能部门和子公司领导执行集团分管领导的统一指挥，履行经营和管理职能。在这种管理模式下，由于各部门监管关系比较简单稳定，这种组织结构权责分明，沟通方便，便于统一指挥，集中管理。

由于各职能部门和子公司采取总经理负责制，可以将决策层的战略目标和经营计划直接一次性贯彻到底，使得企业上下高效协同，如同率然之蛇首尾呼应。

2.经济责任制授权，保证组织对市场快速灵敏反应

振石多元化业务的快速发展和国际化布局的不断完善，使得集团各部门的管理幅度不断加大，部门内部的直线职能管理层级也在增加，但决策层和管理层对市场的反应速度似乎并没有变慢，这是振石管理模式的一个新特点。

其实，振石三级管理模式中的"直线职能型"在职能层级增加的情况下，仍然保持着高效运转，最重要的一个原因是总经理经济责任制。该制度授权各职能部门和各子公司独立管理，同时经营层的各业务单位都是市场竞争的主体，独立核算，拥有较大的自主权，能够更加快速积极地回应市场。此外，由分管

领导统一协调相关分管单位的经营管理工作，进一步加强了各层级横向的管理协同。

3.通过“三环互动”打通组织管理“市场链”

振石将市场经济中的利益调节机制引入企业内部，在集团决策层、管理层和经营层三级调控下，将内部上下流程、工序和岗位之间的业务关系在行政管理关系之外，建立了平等的买卖、服务和契约关系。这样外部市场订单就转变为企业内部的订单，实现企业内部的“小循环”。

这种组织形式围绕业务交易中心，相关职能部门和子公司形成责任清晰，利益共享的作业链条，一环扣一环，并可随着整个任务的完成状况进行适当调整，就如同率然之蛇，各单位在同一个业务目标下协同一致，相互配合，达到整体利益的最大化。

4.在组织结构扁平化、模块化精简的基础上配备精锐人员

以上我们总结了振石对“兵非益多”的组织建设思想的拓展应用，具有创新特色，非常有借鉴价值。简单而言，在企业管理中，组织结构体系对企业发展十分重要。一个企业要想精干高效，就必须合理设置管理机构正确用好各类人才。

在机构设置上，要放弃大而全、繁而杂的思想，要优化组织结构，避免职能交叉和模糊，做到机构少而精。同时，企业管理工作在本质上是适应企业业务和市场的快速变化需求，高效协同、快速反应。因此，就需要建立扁平化、模块化结构。扁平化是将总部与各个执行单位直接连接，尽量减少中间环节，以便快速执行；模块化是说各个职能部门各有特色、各有分工，需要时可随机组合，以便合作执行。

结合振石的经验，在组织建设中，尽可能树立职能单位的业务中心目标，通过“市场链”来引领和统一不同职能部门的工作协同目标，进一步提升各单位的市场敏感性和快速反应能力。

此外，在人员配备上，可以借鉴振石“一人多岗、一专多能”，因事设岗，人人有岗，人尽其才，才尽其用，将最合适的人配置在最合适的岗位上。做到机构精简，人员精锐，职能精要，流程精练，从而最大限度地释放组织的效能。

应用指南 || 如何达到精兵协同的管理目标？

振石三级扁平管理中的高效密码案例，充分展现了企业精兵强将的成功实践。阅读完这一案例及从中拓展出的“商战智慧”，可以很清晰地总结出企业基于“兵非益多”精兵强将组织管理的核心原则和主要方法：

- 企业“直线职能型管理”保证高效协同，便于统一指挥，集中管理。
- 通过经济责任制授权扩大组织“前沿部位”的自主权，保证组织对市场反应的灵敏性和迅速协同。
- 通过“三环互动”打通组织管理“市场链”，实现管理与市场的协同与整合。
- 在组织扁平化、模块化精简的基础上配备精锐人员，最大限度地释放组织的效能。

十、胜兵先胜——面向未来战场进行团队建设

——面向未来，企业发展战略的实施要坚持“先胜后战”。因此，面向未来战场进行团队建设，做到“胜兵先胜”，是战略成功实施的组织保障。

有的企业在快速发展的过程中，总是觉得自己的团队战斗力不高，在新的市场区域、新的业务领域、新的交易模式出现的时候，企业内部团队综合战斗力不能满足公司发展需求的困境。如何解决这个难题呢？孙子提出的“胜兵先胜”原则为企业管理者解决这一组织管理的难题提供了很有价值的借鉴。

胜兵先胜，成大事首先要有一支战斗力强的团队。

“先胜”作为孙子的重要战略思想，既可以指导宏观的战略决策，也可以指导具体的战略行动，当然，还可以用来指导内部组织建设。

孙子在《形篇》中说：“昔之善战者，先为不可胜，以待敌之可胜。”真正善于作战的人，先规划武装好自己，让自己成为不可战胜的一方，然后等待可以战胜敌人的时机。

其实，对一支军队来讲，只要战斗力极强，战无不胜，那么他就可以掌握主动，抓住一切可以抓住的机会“作战”，进行资源的重新分配，从而享受胜利的果实。但是如果我们是一支战斗力差的军队，就会在作战中处于被动状态，落后就要挨打，不仅无法享受到胜利果实，甚至到手的战利品也会被别人抢走。

正是基于这种情况，孙子在《形篇》中强调“不可胜在己，可胜在敌。”能

不能取胜的关键在自己，首先要武装自己“立于不败之地”，然后当取胜的机会出现的时候我们才能抓住机会。否则身边再多的机会也都是别人的，因为对别人来说，很轻松就能抓住的机会我们却把握不住，原因就是我们太弱，自己的团队无法将战机转化成胜机。

所以理论上讲战机随时都有，战斗力越强的军队能够把握住的机会就越多，机会总是钟情于有准备的人。孙子在《形篇》中说：“不可胜者，守也。”无法战胜敌人时，应该注意重防守，在防守中进行团队建设，为迎接未来的战斗做好准备。也就是说，这里的“守”就是进攻前的准备，就是取胜条件的积累。积累到一定程度，形成绝对优势的时候，就有了必胜的充足条件。这样，一旦进攻就可以“动于九天之上”，产生“降维打击”的效果。

所以，“胜兵先胜”对我们的内部组织建设具有很好的借鉴意义。孙子在《形篇》中还说：“是故胜兵先胜而后求战，败兵先战而后求胜。”我们首先要有“胜兵”，有战斗力优的军队才能“先胜”，获得主导胜利的地位，获得取胜条件之后就可以随时投入战斗。如果我们没有“胜兵”，就处于竞争的被动地位，抓机会总是力不从心，不打永远没机会，冲上去打，也只能企图在战斗中捕捉机会，侥幸获胜，风险极大。

“胜兵先胜”，振石应对欧盟钢铁双反调查的“逆袭之旅”

2020年10月7日，欧盟委员会对华热轧不锈钢板卷案发布反倾销终裁裁决，三家抽样应诉企业中，山西太钢不锈钢股份有限公司的税率为19%，福建福欣特殊钢有限公司14.6%，振石旗下东方特钢获得9.2%的全国最低税率；两家未被抽样的企业享受17.5%的平均税率；其他未应诉的中国企业税率为19%。一个月后，欧委会宣布终止对同一产品所提起的反补贴调查。经过此次双反调查之后，东方特钢不但成功地保住原有的热轧不锈钢板卷欧盟市场，还进一步扩大市场份额，成为此次双反调查中最大的赢家。

事实上，此次欧盟双反应诉是东方特钢史上第一次直面外国贸易救济调查，整个应诉过程一波三折。虽然在初裁阶段，东方特钢被裁定最高惩罚性税率，但经过振石团队不屈不挠地反复抗辩，最终反败为胜。更为不易的是，东方特钢即便在反倾销应诉阶段遭遇重大挫折的时候，面对后期新追加的反补贴调查，依然不忘初心，一方面坚持在反倾销程序中据理力争，反复抗辩；另一方面，在行业龙头企业都已然放弃的背景下，毫不气馁地在反补贴程序中继续全面配合，在巨大的压力下与欧委会“死磕到底”。最终在终裁阶段反败为胜，将反倾销税率从全行业最高，戏剧性地“逆袭”成全行业最低的个位数水平，同时也促成欧委会终止反补贴调查，锁定胜局。

欧盟是世界最大的热轧不锈钢板卷市场之一，中国企业一年对欧盟市场出口涉案产品22.3万吨，涉案金额高达4.05亿欧元，印度尼西亚和中国台湾地区的涉案金额也高达2.55亿欧元。但是，近年来，东方特钢的不锈钢产品也销往海外40多个国家和地区，总出口量占公司销量的比例一直维持在5%左右的水平。公司初步统计后发现，调查期内东方特钢的涉案产品对欧盟出口仅占公司总销售的2%多一点。事实上，由于出口体量一直非常有限，在历年来众多的针对中国不锈钢产品的贸易救济调查中，东方特钢一直得以置身于事外。

考虑到出口数量有限，应诉成本极高，胜算不大，东方特钢在收到立案消息后的第一反应是此次调查跟东方特钢关系不大。但是，振石高层认为，振石在国际化发展过程中势必面临国际贸易摩擦，所以决定为了未来战场的需要进行练兵而应诉。

于是，由振石集团法务部牵头，迅速召集财务、销售、采购、计调等人员组成项目组，明确职责分工和工作方式，在抽样阶段提交了抽样问卷。意想不到的是，东方特钢竟然成为排名第三的抽样企业，公司陷入骑虎难下的境地。

由于东方特钢是此次欧盟反倾销浙江地区唯一的抽样企业，包括浙江省商务厅、嘉兴市和桐乡市商务局在内的各级地方政府主管机关相当重视，通过各种渠道联系企业，询问企业在应诉方面存在哪些障碍和困难，是否有需要地方政府帮助协调解决的地方。东方特钢因为主要专注于国内市场，在应对国外贸易救济调查方面缺乏经验。但母公司振石在近十几年里，旗下的玻璃纤维部门、玻纤织物部门屡屡遭遇来自欧盟、印度和土耳其的贸易救济调查，应对经验极为丰富。

在了解到东方特钢居然“有幸”成为欧盟不锈钢反倾销调查的抽样企业之后，振石法务部门和业务部门重新评估了应诉事宜，最终统一意见，下决心齐心协力投入应诉工作中。振石团队基于律师的建议，考虑到东方特钢调查期内出口量小，出口价格较高，产能有限的特点，制定了全面但有限的配合应诉的策略，尽可能用最小代价，走完应诉程序。

公司在这个策略的指导下，明确应诉过程中要有所侧重，根据自身情况，避实就虚，将工作重心放在力保出口价格和公司整体应诉合规上，而对“市场扭曲”的正常价值辨析工作只做最低限度的投入，“有所为，有所不为”。然而，随着调查的深入，东方特钢遭受来自欧委会的“迎头一棒”。在2020年4月8日的初裁裁决中，东方特钢被裁决征收18.9%的最高额的临时惩罚性税率。案件立案阶段，各方对应诉结果的悲观预期变成了现实。

在欧盟的反倾销调查中，调查机关一旦在初裁阶段形成倾向性裁决，应诉企业的抗辩在终裁阶段大多只能形成局部性调整，要在终裁中实现逆转的概率极低。而如果反倾销终裁仍是这一税率水平，裁决后，东方特钢将注定无法继续出口欧盟市场。在此情况下，东方特钢前期的所有应诉投入，将付诸东流。

能打“顺风仗”永远不是检验一家企业团队战斗力的关键指标。在复盘前期工作之后，振石团队经过与律师的深入沟通，决定不改初衷，坚持与欧委会“死磕”，哪怕最终结果是失败，也要让团队经受考验。东方特钢相继提交了多次抗辩，据理力争，反复论证调查机关在初裁裁决中确定的高额税率在法律上完全站不住脚。

最后一次的抗辩成为扭转乾坤的关键。在终裁裁决中，欧委会接受了东方特钢团队的抗辩意见，为东方特钢重新计算倾销幅度和损害幅度，从而将东方特钢的反倾销税率从初裁的最高税一举调整到9.2%的全行业最低水平。

在欧盟的反倾销调查中，终裁大幅逆转的案例并不多见。而在近年来欧盟对华钢铁产品反倾销调查中，个位数的终裁税率更是绝无仅有。总结此次东方特钢的欧盟双反胜诉经验，最重要的一点就是不忘初心，坚持不懈。这一方面体现在反倾销调查中的迎难而上，逆转翻盘；另一方面体现在面对突然加码的反补贴调查，也毫不气馁，咬牙坚持。

“屋漏偏逢连夜雨”，振石团队在下定决心应诉反倾销程序之后，欧委会又突然在反倾销调查的基础上，增加了反补贴调查。新增的反补贴调查使得应诉成本、工作量和潜在税率都将直接翻倍，特别是由于新冠肺炎疫情，反补贴实地核查迟迟无法实施，欧委会负责反补贴的调查官员在反补贴调查程序中通过不停地发补充问卷来了解情况。当东方特钢应诉团队深陷在反倾销调查初裁泥沼中焦头烂额之际，需要同时在反补贴程序中持续大量投入，收集海量材料并翻译成英文提交。

继续坚持，还是干脆放弃？“困于心，衡于虑，而后作”，其间的煎熬和无力感，不一而足，但这是团队磨炼的最好机会。

在反倾销调查中的三家抽样企业，同样也成为反补贴程序的抽样企业。但是被抽样的龙头企业之一——山西太钢不锈钢，在反补贴调查中，综合各方面考虑，放弃了应诉。这实际上意味着该企业放弃了整个双反应诉，因为即便山西太钢不锈钢在反倾销应诉中能获得较低税率，其在反补贴调查中的不应诉的行为，必然导致其最终结果会是惩罚性的最高税。

山西太钢不锈钢的放弃，并没有让振石团队失去信心，反而加强了东方特钢坚持应诉到底的底气。“行百里者半九十”，既然龙头企业都已经放弃，甘愿接受最高税的结果，对东方特钢而言，最坏的结果也不过是并列最高税。但如果坚持下去，有相当的概率能起码获得比山西太钢不锈钢更为优惠的税率。

在反补贴调查程序中，东方特钢也因其不懈坚持和韧性迎来了胜利的曙光。2020年11月9日，随着欧盟委员会在欧盟官方公报发布裁决，正式终止对华热轧不锈钢板卷反补贴调查，此次涉案金额高达4.05亿欧元、历时14个月的对华“双反调查”，尘埃落定。

东方特钢因此成为此次双反调查最后的赢家。2020年11月双反调查胜诉后，东方特钢在2020年12月重拾欧盟市场，欧洲订单纷至沓来，当月欧盟出口量就接近调查期的一半。截止到2021年上半年，东方特钢对欧盟出口金额接近外销总额七成水平，超过调查期间的四成的水平。与此同时，中国对欧盟钢铁出口从2015年690万吨的高点，骤然下降到2020年7月至2021年6月期间132万吨的水平，仅为2015年出口量的19%。

1.“先为不可胜”，主动打造“胜兵”团队

企业在组织建设中，要有“先胜”思维，主动打造一支随时能战、随地可战、战则能胜的“胜兵”团队。就像军队里面的特种部队，平时经历了这种战场科目的训练，无论是单兵作战还是团体协作作战，战斗力都很强，能够出色地完成别人完不成的任务，抓住别人抓不住的机会，这就是团队竞争力。

振石的团队之所以能够根据企业发展的实际需要组成有战斗力的项目团队，成功克服项目中的重重困难，迎接项目中可能出现的各类挑战，取得项目的成功落地，关键就在于项目团队在项目启动前就已经具有丰富的项目操作经验，

做到“先为不可胜”，具备了“立于不败之地”的必胜条件。

在竞争环境中，“不可胜在己”，只要自己团队的战斗力比竞争对手强，我们就有更大的取胜机会，如果我们的团队战斗力超群出众，那么我们就可以在更多的竞争领域获得成功的优势。

2.“以待敌之可胜”，团队能力建设要面向未来战场需要

“可胜在敌”，当自己具备了必胜的有利条件之后，竞争取胜的关键还要看竞争对手能不能给我们取胜的机会，这个机会在于竞争对手和市场形势，自己不能决定。但是一旦有了这个机会，我们准备好了就可以发挥主观能动性随时去抓住并且把握它。

因此，团队能力建设要面向未来战场需要。振石利用反倾销应对等大量项目操作的机会锻炼团队迎接未来挑战的经验值得借鉴。实际上，振石中层管理人员都需要面向未来接受大量的培训学习，除了自己的专业知识和技能以外，一般还需要学习非人力资源管理专业的人力资源管理、非财务管理专业的财务管理、非市场人员的市场管理。此外，还要学习过程管理、团队管理、绩效管理、现场管理、风险管理等，以满足未来的工作需要。

3.“藏于九地之下”，团队能力建设需要日积月累

孙子提倡面向未来进行自身的能力建设和积累，他在《形篇》中强调：“善守者藏于九地之下。”在没有作战任务的时候，就需要隐藏自己，沉下心来苦练内功。

振石特别注重团队能力建设的日积月累。比如，振石团队尽管在应对反倾销方面已经有多次实战经验，在预期欧盟热轧不锈钢板卷反倾销完全没有胜诉可能的情况下，仍然出于团队锻炼的目的开战应诉工作，在持续的项目操作中锻炼团队的实战能力。

4.“动于九天之上”，打造团队的高效战斗力

企业处在发展的过程中，面临更多的未来困难和挑战。例如，振石在国际化的过程中，就遭遇了接二连三的欧盟反倾销、反补贴调查，将来还可能面临欧盟的反规避、反吸收调查。

因此，企业为了应对未来可能面临的困难和挑战，并顺利地实施战略计划，需要打造团队的高效战斗力。就拿振石的反倾销应诉团队来说，通过多次的反倾销应对实战锻炼了高效的战斗力，团队之间已经积累了高度的工作协作默契，即便他们接受新的项目，照样能体现高效的战斗力。

那团队的战斗力究竟怎样才能称得上是高效呢？孙子在《形篇》中也说："善攻者动于九天之上。"善于进攻的人，会让自己的军队仿佛从天而降一样掌控全局、视野开阔，行动迅速、灵活、准确，这样才能够保全自己并获得全胜。

应用指南 || 如何打造"胜兵"团队，在未来战场未决先胜?

东方特钢欧盟钢铁双反调查的"逆袭之旅"案例，充分展示了企业在发展中打造战斗力强的团队的成功实践。阅读完这一案例及从中拓展出的"商战智慧"，可以很清晰地总结出企业基于"胜兵先胜"面向未来战场进行团队建设的核心原则和主要方法：

- "先为不可胜"，主动打造"胜兵"团队，平时经历"特战"科目的训练，出色地完成任务，抓住机会。
- "以待敌之可胜"，团队能力建设要面向未来战场需要，时刻准备接受未来的工作任务。
- "藏于九地之下"，团队能力建设需要日积月累，沉下心来苦练内功。
- "动于九天之上"，打造团队的高效战斗力，保全自己并获得全胜。

第六部分：13条纲领和40字秘诀

——《孙子兵法》落地实操

伟大的智慧只有在我们掌握之后自觉应用时，才能闪耀最璀璨的光芒。

本部分接下来将在前文逐条解析的基础上，根据《孙子兵法》的篇章结构和核心内容，总结提炼出13条商战应用的精华和40字秘诀，旨在进一步加深我们对兵法商战应用智慧的理解和融会贯通，供大家参考。

这13条精华和40字秘诀是我本人结合《孙子兵法》13篇的内容和张毓强的企业管理实践智慧梳理总结提炼而成，力求既深度领会兵法原文的精义和内外逻辑，又宏观总结张毓强的企业管理理念精要。

为了最大限度地提升行文中的智慧价值，提取尽可能多的“干货”，采用最简练的表述，字字推敲，句句精要，虽然缺乏鸡汤的清新感，但有浓厚的韵味，可以起到“星星之火，可以燎原”的启发效果，希望大家能够沉下心来仔细阅读。

一、企业管理的13条兵法纲领

《孙子兵法》13篇的核心思想就是企业管理的13条纲领。

《孙子兵法》不仅是具体的战略原则和战术思想，而且是全景实战、全局系统的操作体系，根据其“兵法”结构可以导出一整套企业管理框架：

- 战略发展与战略计划实施。
- 价值创造与资源配置。
- 自主发展与市场竞争。
- 治理结构与组织建设。
- 决策理性与信息化建设。

你可能已经发现，本书前文内容就是根据这一框架结构展开的。接下来，我们还是根据这一结构来逐一解读《孙子兵法》13篇的核心思想中的商战智慧。

（一）战略发展与战略计划实施

1.首先要有战略性思维，在优势中挖掘潜在优势，培育新的优势，“先计后战”做好战略决策和计划，才能保证事业成功，基业长青。

《计篇第一》是总纲，告诉我们如何了解组织所处的环境、组织所拥有的“五事七计”为核心的综合能力，如何确定使命、制定战略。战略决策要立足于“上下同欲”的文化凝聚力、天时地利环境、管理团队素质、制度执行力等基本面，正道、顺天、立地、选将、修法。同时，也需要“因利而制权”，在战略决策实施方案中留有权变空间，授权管理者做好“尽职调查”，特殊情况特殊处理，通过“兵者诡道”以变应变，保证战略决策的有效实施。

需要注意的是，诡道作为非常规战法，能够在战术中运用，但解决不了企业发展壮大的战略问题。其实，所有的出奇制胜都是对客观规律的运用，依靠的是“修道保法”和“择人任势”。如果实力不够，就要以计取胜，以谋取胜，而不是以力取胜。

2. 从来都没有以弱胜强的神话，本质上都是创造局部的以强胜弱，从而带动全局的胜利。因此要“先胜后战”，做好战略计划实施准备，抓住不容易被对手模仿的两个主要方向：一是成本领先战略；二是资源配置到位，“军食可足”。

《作战篇第二》是讲资源预算和风险控制。每个企业可利用的资源都是有限的，因此，“兵闻拙速”，最有效的成功方法往往就在于“简单直接的一击”。这一击有效避免了时间拖延所带来的不确定性变化风险，并且可以有效降低消耗成本，从而做到成本领先。这样就不容易被对手模仿，也就掌握了核心竞争力。

在进行资源配置，落实战略计划实施准备的时候，首先要保证“军食可足”，避免资金链断裂等资源不足风险的发生，还要充分发挥资源的利用价值，尽可能降低库存。“因粮于敌”就地补给原料和装备，而且要尽可能一次性把事情做到最好，最大限度减少资源的消耗，实现“胜敌而益强”。

当然，作战也需要建立在经济基础之上，如果可利用的资源有限，仗还得打，无法做到全局以强胜弱，那么就可以通过局部“速胜”带动全局发展。基于自己现有的作战力量，发挥最大的效能，通过实现战场上一个又一个的小胜来实现战略态势的转变，从而彻底扭转战局，改变敌我力量的对比，以获得更丰富的资源，打更大的仗。

3. 要朝着正确的方向高效出击，“上兵伐谋”，战略是核心，战术也是核心，战略目标需要自上而下分解、自下而上落实。

《谋攻篇第三》是战略目标管理和战术策略组合。战略目标层面要追求“必以全争于天下”的竞争境界和“不战而屈人之兵”的竞争理念，战略计划目标要确立“全为上，破次之”的优先层级，并按照组织层级自上而下进行目标分解以便自下而上地落实目标任务。

在落实战略目标任务的过程中，要综合运用“上兵伐谋，其次伐交，其次伐兵，其下攻城”的策略，在战术层面通过诡道、迂直、虚实、奇正等手段解决“致人而不致于人”的问题，选择最佳策略组合，以最小的成本获取最大的收益。任何时候都要看到两败俱伤可能带来的危害，这样才能在残酷的现实和复杂的环境中掌握主动。

（二）价值创造与资源配置

4.要“先为不可胜”进行资源配置和构建内部结构的“攻守之形”，聚集“积水千仞”的市场地位和威慑力，“先胜后战，不胜不战，战则一战而定乾坤”。

《形篇第四》是讲内在资源配置，外在攻守之形的设置。自己“谋形”，规划自己的各个要素，分配自己的兵力，同时根据自己的资源能力和自己的实力而构建“攻守之形”。并且“守则不足，攻则有余”，要基于现实来选择攻守之道。守则让敌人无机可乘，攻则动如雷震，势不可当，这样的“攻守之形”才能“自保而全胜”。

所以，要有“先胜而后求战”的攻守思维，才能真正“立于不败之地”。在此基础之上，洞察敌情、洞悉战机，就可以“不失敌之败”，从而取得胜利。一代大商孟洛川精明能干，资金链断了，也得把生意拱手让给别人，最后解救他的还是老母亲手头上的那十万亩土地。所以，先武装自己再出战，先学会生存，再考虑发展，准备好了才能随时抓住取胜的机会。

其实，这个世界能确定的就是不确定性，我们想控制任何人、任何事，但事实上都是无法做到的，最终我们会发现，我们能控制的也只有自己。所以，在条件“不足”的时候，要善于“守”，有七八成把握再去做，条件“有余”的情况下随时可攻。

“守则不足，攻则有余”，一旦出手进攻，就是“动于九天”的高质量。战国时代四大名将之一的李牧就是个低调的打仗高手，和匈奴人打仗，三年放羊、牧羊，不管不问，匈奴人来打、来抢都不管，但是三年不鸣，一鸣惊人。“守”到敌人麻木了，一战而定乾坤，把匈奴人打得十年不敢再来挑衅。

5.“势如彍弩，节如发机”，顺势是成功的关键条件。因此，要“求之于势”，抓住最佳发展节奏，掌握有利的作战态势，最大限度发挥资源利用效能，充分释放自己的全部“势力”。

《势篇第五》告诉我们，要主动创造条件，通过内部奇正组合与布局营造有利态势，并利用势能杠杆放大资源效能，如同“千仞之山推千钧之石”，借势轻松获得最大收益。实际战场形势很复杂，懂势、顺势，还要结合实际情况，充分利用取胜的有利条件造势、任势。这样，才能提高取胜的概率，扩大胜利的效果。

“凡战者，以正合，以奇胜。”做企业也应当以正做管理，依法治理企业，做事情要以奇取胜，奇正相生，相互支持。在竞争中，最好有两手准备，永远保持自己手里有张底牌，用于关键时刻克敌制胜。奇正之本在于变，变的核心是“机”，通过奇正相互转化的运作，创造改变竞争态势，打破战场平衡，从而赢得转机。

对企业发展而言，任势的关键在于把握好时机和节奏，高效发挥资源效能，战略上“识众寡之用”，物尽其用，人尽其才。战术上要在关键点上聚集资源，集中优势兵力，将资源转化成实力，将实力转化成战斗力，灵活运用势能杠杆，抓差异化亮点，重点突破，以局部突破带动全局决胜，以“单打冠军”推动多元发展，通过小规模资源利用的出奇制胜，形成大规模资源全面运动的“正合”之势。

（三）自主发展与市场竞争

6. 在激变复杂的环境中，很容易迷失方向，失去自我。因此，要“致人而不致于人”，掌握战场变化中的主动权，主动创造战场，驱动市场，而不要被市场驱动。

《虚实篇第六》是讲如何借势、造势，找到并打开突破口。在行动的过程中，一定要调动、牵制对手，而不被对手调动、牵制，要将主动权永远掌握在自己手里。掌握主动权的一种有效方式就是调动对手，扭转不利态势，找到对手的弱点作为突破口，避实击虚。而调动对手的关键则在于“攻其所必救”，掌握住对手的要害。

行动容易暴露弱点，急躁是失败之源，所以等待也是强有力的战斗形式。孙子说：“静以幽，正以治。”打仗和做人一样，主将一定要冷静、稳重、成熟，而且不做作、不任性、不霸道、不偏不倚，很多时候人都是自己作死，当敌人来刺激我们的时候，不断给我们找事的时候，我们是否能沉住气呢？如果沉不住气，露出破绽，我们照样会被敌人打败。所以沉住气等待，能忍能持戒，始终不忘初心，做自己该做的事，不失误，才是制胜的关键。

7.要在竞争中获利，就需要抢占制高点，构建有利态势，并通过“将军之心”激发“三军之气”，上下一致，“以迂为直”，抢占先机。

《军争篇第七》是讲如何抓先机，抢占制高点。在两军相争的战场上，远和近、迂和直，既是空间概念，又是时间概念。在战场空间中，远而虚的地方，易行易进，费时少，远而为近；近而实的地方，难攻难进，费时多，近而为远。军争，就是两军争利，要率先占领先机，抢占制高点，抢占战略要地，以构建有利于自己的态势。而要在竞争中成功抢占先机，这需要在“一人耳目”的指挥系统下统一行动，保持“勇者不能独进，怯者不能独退”的行动态势，并把握行动节奏，确保部队的士气与体力，“治气、治心、治力、治变”。

8.变化是永恒的规律，只有立足于变化并“通九变之利”才能掌控和扭转局面，而创造“变局”获得最大利益的秘诀就在于“杂于利害”。

《九变篇第八》是讲运作过程，因环境变化而创造新的“变局”。管理者在经营管理的过程中要因地而变、因利害而变、因组织环境而变、因人而变、因准备情况而变，也就是“因形而变”。这样才能把握永恒不变与应时而变，通过创新、变革来增强惯性和变化性的管控能力，从而增强企业的核心竞争力。

因此，管理者要有“利害”思维，“智者之虑，必杂于利害”，要从利害角度思考权变之法，从有利的条件中发现可能的危害，从不利的条件中发现机会，扭转局面。

如何立足于变化，利用变化之利呢？按照《孙子兵法》的逻辑，关键做到四点：一是利害，二是奇正，三是迂直，四是虚实。也就是以利害为基本原点、奇正为手段、迂直为策略，最终置人于虚实之中，从而找到虚弱部位作为突破点。“屈诸侯者以害”“趋诸侯者以利”，通俗讲就是用萝卜引诱驴子拉车向前，用鞭子恐吓驴子听话。我们能洞察掌握别人的利害，也同样能以利害驱动别人，让别人跟着我们的节奏走，而不是我们跟着别人的节奏走，主动创造战场，我的地盘我做主。

（四）治理结构和组织建设

9.企业管理也要坚持“处军相敌”的原则，立足所处的环境针对“敌情”做好排兵布阵，合理调整内部战斗序列，完善日常“军政”管理。

《行军篇第九》《地形篇第十》《九地篇第十一》是讲势的外部约束，管理要基于客观环境、基于行业、基于市场。《行军篇第九》侧重于自然地理环境约束，外部环境影响与内部能力资源的匹配、组织内部结构与能力的组合是发挥地利的关键。

特别强调，在“处军相敌”的同时，将领要高度重视内部管理。“兵非益多”，行军打仗靠的不是人多，而是智慧、洞察力。管理的重点在于各级指挥员的思想，要避免他们盲目自大、冒进、轻敌，并能赏罚分明，激励士气，只有平时“令而素行”才能“与众相得”，干成事。

10. 面临不同的地形要采取不同的攻守进退策略才能取胜，因此要有知兵的将领和善战的士兵“并力”行动。“知天知地”占据有利市场地形，并利用地形的有利条件主导竞争格局。

《地形篇第十》侧重于讲攻守进退，战势地形的约束，启发我们充分利用有利的地形条件主导竞争格局。自然地形可以在人的参与和利用下产生地势，能否充分利用地势和地利的关键还在于人，即便有地利，但没有人和，也无法取胜。

然而，地形复杂多变，只有现场的指挥者最了解真实情况，所以上将之道就在于“料敌制胜”。知用兵，知地形、地势，并且能够果断临阵决策，抓住地利。要做到这一点，管理者需要有“进不求名，退不避罪”的领导责任担当，以大局为重，不计较个人的利益得失而尽忠职守，全力保全大局利益。

另外，管理者临阵决策能够“知彼知己，知天知地”。也就是说，要了解市场竞争格局、行业和产品、技术的发展趋势、自己的核心竞争力才能算得上是“知兵者”，无论市场地形多么变幻莫测都能“举而不穷”，找到解决方法，行动胸有成竹。

11. 环境塑造人，管理者要利用“九地之变，屈伸之利，人情之理”控制和激发团队士气，利用战地环境做好组织建设，力求统率三军“若使一人”，达到高效协同。

《九地篇第十一》侧重讲区域地形，对士卒心理影响的约束，核心是如何利用“九地之变，屈伸之利，人情之理”控制和激发团队的士气，形成“齐勇若一”的态势。因此，管理者既要善于通过“先夺其所爱”来调动敌人，又要能“静幽正治”调动士卒，把握攻守屈伸“威加于敌”。在关键的时候能够集中力量“并敌一向，千里杀将”，高效完成斩首行动，突击制胜。

做事情永远无法复制任何人的成功，除了业务模式和管理工具之外，大家所处的天时地利环境都不一样，别人能成功不一定我们就能成功。所以孙子说要“践墨随敌”，根据自己的实际情况，因时、因地、因人而不断地调整战略战术，这样才能成功。

（五）决策理性与信息建设

12. 要以大局利益为中心，“非利不动，非得不用，非危不战”，要坚持理性决策和行动，借势突破之后及时战后修功，扩大并巩固成果。

《火攻篇第十二》重在讲势成之后，巩固和扩大战果，并重视战后修功。“非利不动，非得不用，非危不战”，“利害”是战争决策的一条红线，要立足于大局“合于利而动，不合于利而止”。同时，管理者要坚守理性，始终保持谨慎，不可情绪化“怒而兴师”或者“愠而至战”。这才是“安国全军之道”，唯有不失理性才能保持企业的健康稳定和持续发展。

13. 只有掌握全面真实的信息和数据才能做出正确的决策，精准出击。因此，明智的将领都善于利用“上智为间”构建情报系统，做到别人做不到的事情。

《用间篇第十三》是讲“先知”的信息收集模型，与《计篇》一体。明智的将领“所以动而胜人，成功出于众”的关键就在于“先知”。“先知”是决策和行动的前提，想要先知有价值的情报就必须派专人从对方获取。因此，需要“以上智为间”，从底层到上层，再到掌握敌情的关键人物，构建一个完整的、全覆盖的信息收集网络系统，这样才能“必成大功”。

读到这里，我相信大家对《孙子兵法》13篇的核心思想都有了比较深入的了解，对企业管理的13条商战兵法纲领也有了自己的体悟，这为我们更好地理解和综合运用本书前文所讲的44条商战法则起到了提纲挈领的作用。

既然是纲领，就会比较抽象，有兴趣的朋友可以结合《孙子兵法》13篇的原文来对照理解上述内容，相信你一定能找到“温故而知新”的愉悦感和获得感。

我们掌握了这些纲领，也就有了决策方向和把控能力。为了更好地领会和应用兵法的商战智慧，接下来，将和大家分享我提炼的《孙子兵法》实战的制胜秘诀。

二、企业经营管理的40字制胜秘诀

解决企业8个最关心的重要问题，只需要记住《孙子兵法》中的40个字！

企业经营管理的40字秘诀分为五言八句，每5个字一句，回答和解决一个企业经营管理的重要问题，八句策略有机组合构成企业经营管理的完整框架。

40字秘诀：

1.利用知机全——战略决策的基本原则。

2.道天地将法——核心战略要素。

3.计谋积转争——经营管理的实操步骤。

4.守奇迂虚致——竞争的策略组合。

5.度量数称胜——资源配置的方法模型。

6.策作形角间——寻找突破口的方法。

7.智信仁勇严——领导力的核心要素。

8.风林火山雷——行动执行力的要求。

注释：

1.利用知机全

这第一句五个字是战略决策的基本原则，回答解决“如何进行战略性思考，正确把握好决策的方向”这一问题。

“利”是全局长远利益，是一切经营管理活动的目的，任何决策和行动都要“因利而制权”，权衡利弊，“合于利而动，不合于利而止”。

“用”就是利用，物尽其用，人尽其才，充分发挥资源的效能，“识众寡之用者胜”。

“知”就是知悉全面真实的信息，这是正确决策和行动的前提条件，因此，“先知”也是赢在起点上的战略原则。

“机”就是机会，成功的关键就在于抓机会的能力，势之维系处为机，事之转变处为机，物之紧切处为机，时之凑合处为机。

“全”就是立足于保全利益确定目标计划，“必以全争于天下”，尽可能避免损人不利己的两败俱伤，尽力“求全”用最小的代价获得最大的收益。

2.道天地将法

这第二句五个字是决定基本面的核心战略要素，回答解决“如何确定战略要素，创造取胜条件”这一问题。

“道”是决定“上下同欲”的理念和价值观；“天”就是天时，宏观大势；“地”就是地利，行业格局和市场环境；“将”就是管理者，核心骨干；“法”就是制度保障。道、天、地、将、法，这五个字有机组合，共同构成“道正、天时、地利、人和、法全”的战略资源优势。在本书“五事七计”章节中有详细解析，不再赘述。

3.计谋积转争

这第三句五个字是经营管理的实操步骤，回答解决“如何制定和实施决策计划，实现经营目标”这一重要问题。

“计”就是计算、计划、计谋，明智的管理者都有“先计后战”的战略性思维，“计”拆分理解就是“言”“十”，强调四面八方加上天和地这十个方面都要考虑到，“计”的关键就在于周密。

“谋”就是策略选择和目标计划的制订，“谋”拆解为“言”“某”，就是从全面之“计”中选择最优的某一个或者某一组策略，确定最佳的目标计划，“上兵伐谋”的本质就是考虑“成本—收益”的竞争优势。

“积”就是创造“积水于千仞之谿”之形，通过“计”“谋”做出了正确的战略决策和目标计划就要“先为不可胜”，强大自己，让自己具有抓住机会的能力做足准备，进可攻，退可守，机会一旦出现就逃不出自己的手掌心，这是立于不败的前提。

“转”就是“求之于势”，创造“转圆石于千仞之山”之势，相对于“积水千仞”之形所产生的静态威慑力而言，“千仞推石”之势形成的是动态的冲击力。自己做好了准备之后就要把握好出击时机，踩准趋势节奏，充分利用势能杠杆的作用成倍放大资源利用效能，利用有限的资源，创造出超额的收益，从而获得比别人更快速的发展。

“争”就是争利，既然是争，其核心的成功因素就是抢占先机，争当第一，先到手者胜。在竞争中掌握主动权的有效策略是“以迂为直”，创造“后发先至”的效应。当然，要保证争利目标的达成，就要有统一行动的指挥系统和执行力，并在行动过程中坚定“将军之心”，激发“三军之气”。

4. 守奇迂虚致

这第四句五个字是竞争策略组合，回答解决“如何主导竞争格局，抢占市场制高点”这一重要问题。

“守”就是积极地攻守、防守，在取胜条件“不足”的时候，要善于“守”，有七八成把握再去做，条件“有余”时可随时攻击。当然，“守”不是消极的等待，而是积极的准备。在“守”中弥补不足，克服短板，养精蓄锐，等待机会的出现，将等待作为一种强有力的战斗形式。

“奇”就是“以正合，以奇胜”，突破常规，把握变化中产生的机会，同时坚持“并敌一向”，集中优势资源在关键点上各个击破，以局部决胜推动多级发力的全局转变，形成“奇正相生”，多元化产业交叉发展，这是一条企业多元化发展的成功之道。

“迂”就是“以迂为直”，发展的道路不可能都是最近的，因此，需要找到抵达目的地的通路，突破常规发展的瓶颈。之后，还可以一往无前，放弃原来顺畅但迂回的竞争途径，重新投入开辟一条属于自己的更直接通道，“变迂为直”，从而形成更大的竞争优势。

“虚”就是“避实击虚”，从战略全局出发，尽可能避开残酷的正面消耗战，选择利用市场和竞争对手关键而脆弱或者空白的环节，作为战略发展的方向，采取市场填空或者差异化发展的方式，从而通过单点的突破来带动战略全局的发展。

“追击是取得胜利的第二步骤”，要在市场突破后充分利用突破的机会和竞争对手来不及反应的时间，立即投入强大的资源，制造强大的持续进攻力量，粉碎竞争对手任何追随复制或重新组织防御的竞争行为，迅速巩固和扩大成果，这是单点突破之后，能否带动全局发展的关键。

“致”就是“致人而不致于人”，主动调动牵制别人而不被别人调动牵制，永远将竞争的主动权掌握在自己手里。哪怕是在困境中，也要“攻其所必救”，以扭转总体上的弱势和被动地位，有效的方法是集中优势资源，在关键的部位或者关键的要素上积极地竞争，从而抓住竞争的要害，影响并改变竞争对手的竞争策略和行为。

5. 度量数称胜

这第五句五个字是资源配置的方法模型，回答解决“如何进行高效的资源配置，达到成本最优”这一重要问题。

“度”是“度地之势”，结合市场地形的特点找到地利所在，并能够探明获得地利的主要途径和关键点，这就是“地生度”。也就是说，要整体把握市场特点和行业格局，找到获得市场红利的突破点。

“量”就是测量评估市场地形的容量，比如根据地形的高低估量可以容纳多少兵员，根据地形的远近距离估量运输能力和物流成本，根据地形的广狭估量产品需求的容量，根据地形的险易估量需要投入的资源数量，这就是“度生量”。

“数”就是地利已经“度”明，容量已经“量”清，接下来就要根据自己的资源、兵力情况来确定具体的资源投入数量和资源优化组合方案，这就是“量生数”。

“称”就是做好投入的资源和人与市场地形的匹配方案，以保证投入的资源、兵力以及资源的配置组合方式，契合地形的实际特点和条件，充分利用地形特点发挥人的主观能动性和资源利用效能，获得最大的地利，这就是“数生称”，资源投入是否有效的关键就在于取得地利的突破点。

“胜”就是在人和资源契合地利的基础上，立足战场的实际展开行动，物尽其才，人尽其用。“因利制权”，就已然“先胜”，必然可以创造胜利。当然，取胜的关键还在于资源配置方案中是否有具体的落实计划。

6. 策作形角间

这第六句五个字是寻找突破口的方法，回答解决“如何察知市场行情和竞争虚实，从而找到突破口”这一重要问题。

“策”就是策划、谋划，在图上或沙盘上推演分析敌情设想，对方可能的部署谋略，然后派侦察兵去验证，以此判断，敌我作战计划之优劣，这就是“策之而知得失之计”。

“作”就是触动、激动、诱逼，也就是刺探或触动敌人，让他动起来，以了解他的动静规律，这就是“作之而知动静之理”。

“形”就是查明，通过佯攻示形了解和掌握有利地形和不利地形，查明敌人所占区域哪里容易进攻，找到兵力配置的弱点区域，避实击虚，这就是“形之而知死生之地”。

“角”就是较量，通过战斗侦察、火力侦察的方式查明敌人的兵力部署情况，试探敌人的兵力、兵器、粮草、将领等实力，对虚实强弱做出明确判断之后再发动进攻，这就是“角之而知有余不足之处”。

“间”就是利用间谍获取情报，这是“策作形角”方法的补充，利用对手内部的人员和资源获取机密信息为我所用，所以认为“能以上智为间”的将领“必成大功”。

7. 智信仁勇严

这第七句五个字是领导力的核心要素，回答解决“如何培养和修炼管理者的核心领导力”这一重要问题。智、信、仁、勇、严，这“五德”具备，方能为大将。具体内容在本书第一部分进行了详细解析，不再赘述。

8. 风林火山雷

这第八句五个字是对行动执行力的要求，回答解决“如何培育高效协同的执行文化，提高战斗力”这一重要问题。日本战国时代的名将武田信玄最注重“风林火山”的运用，他将这四个字写到自己部队的旗帜上。

“风”就是“其疾如风”，行军、进攻、撤退等行动都需要速度，要像风一样迅速，所向披靡。

“林”就是“其徐如林”，队形或阵形行列整肃，犹如森然不乱的树林，整齐从容地推进，给人强大的压迫感，让人找不到攻击的突破口。

“火”就是“侵掠如火”，侵掠就是进攻，进攻的时候像熊熊烈火燎原一样，士气高涨，势头火热凌厉，不可抵御。

“山”就是“不动如山”，屯兵防守不动的时候，像山石一样不可撼动，别人的角撞上来就会立即摧毁。

“雷”就是“动如雷震”，行动要“如迅雷忽击，不知所避”。居高临下，以迅雷不及掩耳之势垂直打击。

三、企业商战兵法“三步走”分解动作要领

如何将《孙子兵法》的智慧自觉有效应用于商战或者企业经营管理？这是本书自始至终都在思考和回答的问题，好用就不能太复杂，实用就需要注重操作方法和工具。因此，本书前文重点介绍了44条法则，可以作为我们解决企业经营管理重点、难点问题的思路和方法。在本部分前文提炼出企业经营管理的13条纲领，可以作为我们把握大局的原则和准则，起到提纲挈领的作用。40字制胜秘诀相当于不同类型的武器或者工具，我们可以利用这些工具解决相应的具体问题。可见，《孙子兵法》对企业管理或者商战的实用价值，就体现在兵法智慧既可以给我们提供战略指导原则和纲领，又可以提供给我们具体的实操方法、模型和落地方案，有的法则本身既可以指导方向，也可以提供实操方法。

接下来，我们再来根据兵法框架结构和张毓强的管理实践，提炼一份企业经营管理的执行标准和实操步骤，我称为“三步走”工作法。

1.“三步走”工作法的关键步骤：计划—准备—执行

张毓强十分重视工作计划管理，他要求各个单位每年进行精细化预算管理，并分解到每个管理人员的工作计划中，进行考核执行。这种工作法已经成为常态化工作方式，从规范化到精细化，再追求精准化。

第一步，计划程序——先计后战，运筹帷幄。

《孙子兵法》第一篇讲“计”，用兵先计后战，企业经营管理的任何决策和行动都需要运筹帷幄。就大局大事而言，这是一种战略性思维；就管理工作而言，这是一种工作方法。这种思维和方法决定成败，计划的关键在于周密。

第二步，准备程序——先胜后战，蓄势待发。

《孙子兵法》第二篇讲作战预算准备；第三篇讲计划的目标分解，谋攻；第四篇讲积累“先胜”攻守之形，准备的关键就在于出击之前立于不败之地，也就是先让自己具有不能被别人打败的实力。

第三步，执行程序——因利制权，克敌制胜。

《孙子兵法》第五篇讲顺势行事；第六篇讲利用虚实掌握行动的主动权；第七篇讲以迂为直抢占先机；第八篇讲立足利害以不变应万变；第九、十、十一、十二、十三篇讲利用天时地利人和完成计划。

2.计划程序中的三步分解动作

第一步，思想上的计划决策——明确工作任务。

计划做什么？这个计划过程首先是想做什么？然后通过分析比较“五事七计”判断能做什么？这就是《孙子兵法》第一篇中讲的“计利以听”的思维计划过程。

第二步，组织上的计划决策——明确组织安排。

做什么定下来之后，就要确定派谁去做以及给他多少人马？《孙子兵法》第二篇讲物资预算投入计划；第三篇讲计划目标确定之后，落实具体的执行将领，组织计划效果的好坏还取决于合理的授权安排。

第三步，行动上的计划决策——明确作战方针。

《孙子兵法》第一篇就看到计划赶不上变化，具体上了战场如何打？这个问题要先制定好方案，并且要立足战场实际情况预留“不可先传”的行动自由裁量权。在执行中不能固执地生搬硬套计划，要从计划的目标和大局利益出发，有原则地灵活变通，避免表面走计划程序，但计划目标落空的情况发生。

3.准备程序中的三步分解动作

第一步，思想上的战前准备——为打好心理战做准备。

《孙子兵法》第一篇开篇就讲思想准备，要认识到用兵无小事，避免草率造成千里之堤溃于蚁穴的后果；第二篇讲到要“因粮于敌”，做好在行动中就地解决问题的思想准备；第三篇讲到从思想上认清全局利益，计划落地往往取决于现场的临阵决策指挥，管理者要做好“将能而君不御”的思想准备。

第二步，组织上的战前准备——为打好人才战做准备。

《孙子兵法》第一篇中讲到组织准备的关键就在于要有能够理解和善于执行计划的将领；第二篇讲到“十万之师”的团队组建；第三篇讲到选将、用将；第四篇讲到组织能力建设打造“胜兵”，以便在将来的行动中没有失误，抓住可能出现的任何机会。

第三步，行动上的战前准备——为打好经济战做准备。

《孙子兵法》第一篇中就讲到任何行动都要“因利”和权变，先要确定这个行动的原则；第二篇讲到为行动做好必要的物质保障和补给准备；第三篇讲到行动准备要“识众寡之用”，充分发挥人力和资源的效用；第四篇讲到行动准备要扎实，准备越扎实，行动越容易，越有底，从而“胜于易胜”。

4.执行程序中的三步分解动作

第一步，战场上的克敌制胜思路——如何有效控制战局的节奏？

《孙子兵法》第五、六、七篇讲到运用正合奇胜、避实击虚、以迂为直的克敌制胜思路，强调致人而不致于人，掌握执行的主动权，打破僵局，寻找突破口，抢占先机，扭转战局，占领制高点。

这一战场上的克敌制胜思路又有三小步分解动作：

- 扬长避短——我方进入角色并保持状态。
- 避实击虚——从敌方身上寻找突破口。
- 摧枯拉朽——秋风扫落叶般抢占先机。

第二步，战场上的克敌制胜方法——如何有效控制战局的步伐？

《孙子兵法》第八、九、十篇讲克敌制胜的方法就在于立足于利害获得地利，“得人之用”。通过“相敌32法”把握真实行情和竞争格局，利用不同地形条件和组织的“六败”特点“料敌制胜”。

这一战场上的克敌制胜方法又有三小步分解动作：

- 随机应变——避免被动，扭转局势。
- 见机行事——力争主动，合理排兵布阵。
- 当机立断——抓住地利，夺取胜利。

第三步，战场上的克敌制胜措施——如何有效控制战局的效果？

《孙子兵法》第十一、十二、十三篇讲利用外部环境的有利因素，在执行中掌控“九地之变，屈伸之利，人情之理”，顺势而为，“合于利而动”，发挥核心人员的关键作用。

这一战场上的克敌制胜措施又有三小步分解动作：

- 地利——抓着有利地形加以利用，形成威慑力并重点突击。
- 天时——抓着有利时机加以利用，抓住外势红利。
- 人和——抓着有利人才加以利用，释放智慧和信息的价值。

参考文献

秦朔:《新工业时代——世界级工业家张毓强和他的“新石头记”》，北京：中信出版社，2019年8月。

［德］克劳塞维茨:《战争论》，北京：解放军出版社，1964年。

宫玉振:《善战者说：孙子兵法与取胜法则十二讲》，北京：中信出版社，2020年8月。

薛国安:《商战智慧：向孙子兵法学经营管理》，广东：广东经济出版社，2018年8月。

图书在版编目(CIP)数据

打法：孙子兵法与中国管理智慧 / 李鸣鸿著. —
北京：中国法制出版社，2022.9
ISBN 978-7-5216-2814-2

Ⅰ. ①打…　Ⅱ. ①李…　Ⅲ. ①《孙子兵法》—应用—
企业管理—研究—中国　Ⅳ. ①F279.23

中国版本图书馆CIP数据核字(2022)第139201号

策划编辑：赵　宏　　责任编辑：陈晓冉　　封面设计：汪要军

打法：孙子兵法与中国管理智慧

DAFA: SUNZI BINGFA YU ZHONGGUO GUANLI ZHIHUI

著者 / 李鸣鸿

经销 / 新华书店

印刷 / 三河市国英印务有限公司

开本 / 710毫米 × 1000毫米　16开　　印张 / 22　字数 / 380千

版次 / 2022年9月第1版　　2022年9月第1次印刷

中国法制出版社出版

书号 ISBN 978-7-5216-2814-2　　定价：78.00元

北京市西城区西便门西里甲16号西便门办公区

邮政编码：100053　　传真：010-63141600

网址：http://www.zgfzs.com　　编辑部电话：010-63141835

市场营销部电话：010-63141612　　印务部电话：010-63141606

（如有印装质量问题，请与本社印务部联系。）